Um último aviso, filho meu:
Fazer livros é um trabalho sem fim.
Eclesiastes, 12, 12

Imprensa Oficial do Estado

Diretor-Presidente

Sérgio Kobayashi

Diretor Vice-Presidente

Luiz Carlos Frigerio

Diretor Industrial

Carlos Nicolaewsky

Diretor Financeiro e Administrativo

Richard Vainberg

Oficina do Livro Rubens Borba de Moraes

Claudio Giordano

Memória Brasileira 35

- *Amigos Escritos*
  Sueli Tomazini Barros Cassal

Dados Internacionais de Catalogação na Publicação (CIP)
(Câmara Brasileira do Livro, SP, Brasil)

Cassal, Sueli Tomazini Barros
Amigos escritos : quarenta e cinco anos de correspondência literária entre Monteiro Lobato e Godofredo Rangel; Monteiro Lobato : um utopista na Jecatatuásia (ensaio) / Sueli Tomazini Barros Cassal. -- São Paulo : Imprensa Oficial do Estado : Oficina do Livro Rubens Borba de Moraes, 2002. -- (Memória brasileira; 35)

Bibliografia.
ISBN 85-7060-106-9 (Imprensa Oficial do Estado)

1. Cartas brasileiras 2. Lobato, Monteiro, 1882-1948 3. Lobato Monteiro, 1882-1948 - Crítica e interpretação 4. Rangel, Godofredo, 1884-1951 I. Título. II. Título: Quarenta e cinco anos de correspondência literária entre Monteiro Lobato e Godofredo Rangel. III. Título: Monteiro Lobato: um utopista na Jecatatuásia (ensaio). IV. Série.

02-6458 CDD-869.96

Índices para catálogo sistemático:

1. Correspondência literária: Literatura brasileira 869.96

Foi feito o depósito legal na Biblioteca Nacional
(Lei nº 1825, de 20/12/1997)

Oficina do Livro Rubens Borba de Moraes
Rua Gaspar Lourenço, 587
04107-001 - São Paulo - SP
Fonefax: (11)5571-5830
www.giordanoeditor@hotmail.com

Imprensa Oficial do Estado
Rua da Mooca, 1921
03103-902 - São Paulo-SP
Tel.: (11) 6099-9800 Fax: (11) 6692-3503
SAC 0800-123401
www.imprensaoficial.com.br
divulgacaoeditoriais@imprensaoficial.com.br

Sueli Tomazini Barros Cassal

AMIGOS ESCRITOS

Quarenta e cinco anos de
correspondência literária entre
Monteiro Lobato e Godofredo Rangel

•

Monteiro Lobato:
um utopista na Jecatatuásia
(ensaio)

IMPRENSA OFICIAL SP

Oficina do livro
Rubens Borba de Moraes

2002

SUMÁRIO

•

Monteiro Lobato: um utopista na Jecatatuásia

Nota do editor

Monteiro Lobato notabiliza-se em nossa cultura sob vários aspectos. Não será o menor deles sua atuação formidável como editor e estimulador do livro no Brasil, o que nos é particularmente grato.

Por isso, nossa satisfação em acolher o trabalho de Sueli Tomazini Barros Cassal sobre a obra capital lobatiana — A Barca de Gleire, *exaustivo inventário das cartas de Lobato a Godofredo Rangel, mostrando ao leitor a riqueza múltipla desse universo epistolar.*

Por ter suas raízes no mesmo A Barca de Gleire, *achamos oportuno incluir nesta edição o ensaio da autora intitulado* Monteiro Lobato: um utopista na Jecatatuásia, *onde nos mostra alguns aspectos da obra de Lobato, como: caráter profético, ausência da família e da escola, contestação ao poder, rebaixamento do dinheiro e da propriedade privada.*

A Oficina do Livro Rubens Borba de Moraes sente-se gratificada de ter mais uma vez a participação da Imprensa Oficial-SP nas edições da Coleção Memória.

C. Giordano

Dissertação apresentada à Comissão Coordenadora de Pós-graduação em Letras da UFRGS, para a obtenção do grau de mestre em literatura brasileira, sob a orientação de Ana Maria Lisboa de Mello.

Este trabalho teve o apoio da CAPES.

Leitor ignaro, se não guardas as cartas da juventude, não conhecerás um dia a filosofia das folhas velhas, não gostarás o prazer de ver-te, ao longe, na penumbra, com um chapéu de três bicos, botas de sete léguas e longas barbas assírias, a bailar ao som de uma gaita anacreôntica. Guarda as tuas cartas da juventude!

Machado de Assis

Não tolerávamos nem sequer a nossa própria presença pessoal. Nas raras vezes em que nos encontramos no decurso de 40 anos sentimo-nos constrangidos um diante do outro, sem facilidade no dizer — e com uma grande vontade de separar-nos novamente e novamente retomarmos a correspondência. Não somos amigos falados, somos amigos escritos.

Monteiro Lobato

Agradecimento

A Ana Maria Lisboa de Mello, pessoa fora de série.

A Cassiano Nunes, que deu voz a muitas cartas de Lobato.

Dedicatória

A minha irmã Sônia, amiga escrita.

1. Introdução

O objeto deste estudo é o livro *A Barça de Gleyre*[1], cuja primeira edição, de 1944, traz o subtítulo "Quarenta anos de correspondência literária entre Monteiro Lobato e Godofredo Rangel". Note-se que, de início, o título apresenta alguns enigmas. Que barca é essa? Quem é Gleyre? Quem é Godofredo Rangel? Responderemos a essas perguntas no decorrer de nosso trabalho.

Abstraímo-nos de esboçar um histórico do gênero epistolar que floresceu num tempo em que os meios de comunicação eram rudimentares, e cujas origens remontam à antigüidade greco-romana. José Paulo Paes inventariou exemplos de cartas que marcaram a História, no livro *Grandes cartas da História* (Paes, 1969). Desse livro, além da correspondência entre Marx e Engels, cumpre destacar, pela ancestralidade, uma carta de Sólon a Creso (século VI a.C.) e, pela dramaticidade, uma carta de Beethoven, anterior à composição de suas obras-primas, falando da surdez incipiente, que o acompanharia pelos trinta

1. Companhia Editora Nacional/1944. As citações de Lobato remetem à seguinte edição: Obras completas de Monteiro Lobato: literatura geral, 3ª edição, São Paulo, Brasiliense, 1950, 13v. *A Barca de Gleyre* será assinalada apenas com v. 11 e v.12. As outras fontes usadas serão indicadas no texto. ***Optamos por respeitar, nas citações das obras de Lobato, a sua acentuação gráfica peculiar***, pois se trata de um registro histórico, já que as edições recentes são submetidas a atualizações ortográficas. Vale salientar que o escritor intencionalmente empregou essa ortografia (que contrariava a reforma ortográfica vigente em 1944, quando organizou a edição de suas Obras completas), em protesto contra Gustavo Capanema, ministro da educação por doze anos. A respeito, ver p. 149 e segs.

anos seguintes. Outros exemplos ilustres são as novecentas cartas que Cícero escreveu, meio século antes de Cristo, ao amigo Ático e ao irmão Quinto, entre outros e as cartas de Heloísa e Abelardo, escritas no século XII. Nessa mesma direção, citam-se também as cinco cartas de amor da freira portuguesa Mariana Alcoforado, escritas em francês e publicadas em 1669. Dessa mesma época, destaca-se a correspondência entre Mme. de Sevigné e sua filha Mme. de Grignan, residente na então longínqua Provence. Lembremos ainda o longo bate-papo literário entre George Sand e Flaubert, que durou dez anos e selou, pelas cartas, uma amizade só interrompida pela morte da escritora em 1876.

A correspondência dos escritores podem dar-nos pistas valiosas sobre sua concepção artística. É assim que, em duas cartas, uma a Paul Demeny e outra a Georges Izambard (conhecidas como "Cartas do Vidente"), Rimbaud define o poeta como um novo Prometeu. É numa carta a Verlaine que Mallarmé fala de seu projeto da Grande Obra, o Livro. É também numa carta a Edoardo Bizarri, seu tradutor italiano, que Guimarães Rosa dá a clave interpretativa de sua obra, atribuindo quatro pontos para o plano metafísico-religioso (atribui um ponto para o cenário, dois para o enredo e três para a poesia). Em 1935, em duas cartas a Adolfo Casais Monteiro, Fernando Pessoa narra a gênese dos heterônimos. Quantas informações preciosas não nos reservam a correspondência dos escritores, que configuram, muitas vezes, discursos críticos sobre obras próprias e alheias?

Gostaríamos de consignar aqui trecho de uma carta de Mallarmé a Zola, que mostra a importância do estudo da epistolografia para complementar a história da literatura. Ao publicar *L'assomoir*, romance sobre o mundo operário e o alcoolismo, Zola recebeu, em 3 de fevereiro de 1877, uma carta emocionada de Mallarmé. Esse poeta da "poesia pura", que em "*Crise de vers*" assinalou que a flor é "*l'absente de tous bouquets*" (Mallarmé, 1979, p. 368), esse mesmo poeta que cultuou a agrafia, o silêncio e o vazio, quase chorou diante de uma página do naturalista Zola:

> ... *La fin sombre du livre et votre admirable tentative de linguistique, grâce à laquelle tant des modes d'expression souvent ineptes forgés par de pauvres diables prennent la valeur des plus belles formules littéraires puisqu'ils arrivent à nous faire sourire ou presque pleurer, nous lettrés! Cela m'émeut au dernier point* ... (Bernard, 1968, p. 61).

Em língua portuguesa, rareiam estudos e publicações de documentos pessoais. Sobressaem-se, todavia, as *Cartas*, de Vieira, (1735/46), consideradas superiores aos *Sermões*; a correspondência de Camilo Castelo Branco (1874); as *Cartas íntimas de Garrett* (1904) e as de Castilho (1910-1914), conforme afirma Homero Pires (Barbosa, 1919b).

No Brasil, excetuando-se o livro *Machado de Assis e Joaquim Nabuco*, organizado por Graça Aranha, editado pela Monteiro Lobato & Cia em 1923; as cartas de Rui Barbosa (1919); as de Machado de Assis (1923) e as de Aluísio Azevedo — incluídas no livro *Touro negro:* crônicas e epistolário, de 1938, a epistolografia só ganhou impulso com a publicação da *Barca de Gleyre*. Enquanto a maioria dos livros desse gênero são póstumos, em 1944 Lobato tomou a iniciativa de publicar a própria correspondência e a ela sobreviveu por quatro anos. Depois dessa publicação, seguiram-se outras: *Correspondência* de Lima Barreto, em 1956; *Cartas de Mário de Andrade a Manuel Bandeira*, em 1958; *Cartas* de Graciliano Ramos, em 1980; *A Lição do amigo:* cartas de Mário de Andrade a Carlos Drummond de Andrade, em 1982, para citar apenas as mais importantes publicações no gênero.

A correspondência de Lobato ainda não foi publicada na íntegra, apesar de sua morte há meio século. As informações do próprio autor levam a supor que, com Mário de Andrade, foi um dos maiores epistológrafos da literatura brasileira: "Minha correspondencia geral é incrivel. Tenho cartas de todo mundo importante desta terra e de outras. Se procurar bem, sou capaz de descobrir algum autografo do *Pithecanthropus erectus*...", escreve ele. (v. 12, p. 352). Ao comentar os gatafunhos de Rangel, Lobato revela-nos alguns de seus correspondentes:

> *A rija decifração tornou-me tão perito nessa ginastica que mais tarde me permitiu longa correspondencia com Oliveira Viana, homem de letra dez vezes peor que a tua. E depois atraquei-me com o Lima Barreto, que a tinha dez vezes peor que a do Oliveira Viana. Tudo venci, graças ao aturado treino que tua letra me impôs.* (v. 12, p. 356/357).

Edgard Cavalheiro[2] (1955), depositário dos arquivos de Lobato, publicou a correspondência com Lima Barreto[3] e, em 1959, os dois volumes de *Cartas escolhidas*, escritas entre 1895 e 1948 a diversos destinatários. No prefácio dessa miscelânea, Cavalheiro informa que os dois volumes representam apenas um décimo da produção lobatiana no gênero. Como a morte precoce de Cavalheiro dispersou o arquivo, o poeta Cassiano Nunes revezou-se no desafio de exumar e analisar a correspondência ativa de Lobato, tendo publicado vários volumes,

2. Quando se mudou para Buenos Aires, em 1946, dois anos antes de morrer, Lobato entregou seus arquivos a Edgard Cavalheiro. "Logo após a publicação de *A Barca de Gleyre*, ele apareceu uma noite. [. . .] Por fim esclareceu que ia mesmo de mudança para a Argentina. Talvez não voltasse. Tinha uma papelada imensa, que de nada lhe servia, mas que lamentava botar fora, pois talvez se prestasse para reconstituir certa época da vida literária brasileira. [. . .] Possuía milhares de cartas e documentos. [. . .] Finalmente parou e, olhandome firme, fez a pergunta que sem dúvida trouxera engatilhada:" — Quer ficar com o meu arquivo?" (CAVALHEIRO, 1956, v. 1, p. 13).
3. Essa correspondência foi reeditada em BARRETO, 1961, v. 2, p. 47-84.

entre os quais se destacam as cartas ao sanitarista Artur Neiva, e ao sócio do escritor na empreitada siderúrgica, Fortunato Bulcão. A Editora Brasiliense lançou, em 1969, *Cartas de amor*, reunião das cartas de Lobato à noiva Maria da Pureza de Castro Natividade, escritas entre 1906 e 1908, relativas ao período em que ele é promotor público.

Ao iniciarmos o estudo da correspondência de Lobato, chamou-nos a atenção que todas as grandes causas a que o autor se consagrou — o livro, o voto secreto, o ferro e o petróleo — foram movidas a cartas. O texto que o tira do anonimato, em 1914, é justamente uma carta-protesto contra as queimadas, conhecida como "Uma velha praga", endereçada à seção de queixas e reclamações do jornal *O Estado de S. Paulo*. Fazendeiro em Buquira, localidade perto de Taubaté, no vale do Paraíba, o escritor lutava para modernizar a fazenda mediante introdução de novas técnicas agropecuárias, quando esbarrou na inépcia do caboclo, incendiário de matas. A destreza com que manejava o vernáculo chamou tanto a atenção, que a carta ganhou foro de artigo. Nascia ali, para o público, um escritor que antes só aparecera sob pseudônimos, em publicações obscuras do interior paulista.

Se Lobato se tornou conhecido do grande público mediante uma carta, foi escrevendo uma circular que instituiu o comércio livreiro no Brasil, ao propor a venda de livro por consignação a comerciantes dos mais diferentes horizontes. Com essa carta — pedra básica da indústria editora brasileira — ele aumentou de quarenta para mil e duzentos os pontos de venda do livro, na década de 20. Lobato atribui tanta importância a tal carta que, em entrevista na década de 40, afirma que daria tudo por uma cópia da mesma, que agora ele só reconstitui de memória:

> *"Vossa senhoria tem o seu negocio montado e quanto mais coisas vender maior será o lucro. Quer vender*

tambem uma coisa chamada 'livro'? Vossa Senhoria não precisa inteirar-se do que essa coisa é. É um artigo comercial como qualquer outro, batata, querozene ou bacalhau. E como Vossa Senhoria receberá esse artigo em consignação, não perderá coisa alguma no que propomos. Se vender os tais 'livros', terá uma comissão de 30%; se não vende-los, no-los devolverá pelo correio, com o porte por nossa conta. Responda se topa ou não topa. (Lobato, v. 13, p. 213).

Foi ainda por endereçar uma carta ao presidente da República Artur Bernardes (depois incluída em *O voto secreto*: Carta aberta ao Dr. Carlos de Campos, presidente do Estado de São Paulo), em 9 de agosto de 1924, onde discutia as vantagens do voto secreto, que aquele, em represália, cancelou todas as encomendas de livros didáticos à sua editora, que dentro em pouco vai falir. Em 1926, também mediante carta, tentou convencer Washington Luís a baratear o custo do livro, cujos impostos configuravam o que chamou de "guerra fiscal contra a cultura".

Na década de 30, quando começou a campanha pela produção de ferro e de petróleo no país, empreendeu novas cruzadas epistolares junto às autoridades. Em 9/12/1930, exonerado por Getúlio Vargas do cargo de adido cultural em Nova York, escreveu-lhe para exaltar as virtudes do ferro e do petróleo. Enviou-lhe o *Memorial sobre o problema siderúrgico brasileiro*, cuja recepção, por parte de Vargas, lembra a do relatório de Policarpo Quaresma, por parte do Marechal Floriano Peixoto. Em 12/5/1931, Lobato propôs a Vargas, por carta, intercâmbio comercial com a Rússia, interessada na troca do excedente de café brasileiro por óleo cru. Em 29/1/1935, denunciou manobras contra a prospeção de petróleo em solo brasileiro. Em 19/8/1935, escreveu nova carta a Getúlio Vargas, denunciando a sabotagem que vitima sua companhia petrolífera. A partir de 1937, com a imprensa sob censura, recrudescem as cartas, onde o escritor, sem meias-palavras, denuncia a "camorra" incrustada nos organismos oficiais. Em 1940, sobre o mesmo assunto, escreve carta ao general Góis Monteiro, chefe do estado-maior do Exército (Azevedo, 1997, p. 294).

Da mesma forma que enviou cartas a Rangel com amostras de terra roxa paulista, "puro óxido de ferro", enviou cartas impregnadas com petróleo, para provar que, ao contrário do que afirmavam as autoridades, existia petróleo no Brasil. Talvez seja por isso que Cassiano Nunes afirmou que os textos de Lobato sobre as campanhas políticas são verdadeiras novelas — há cartas divididas em atos e epílogos — cujo desfecho, todavia, foi trágico. Com efeito, as atividades epistolares levaram o escritor para a cadeia. Uma carta confidencial a Getúlio, de maio de 1940, provocou a condenação de Lobato a seis meses de prisão, por "audaciosa e injustificável irreverência" (Nunes, 1986, p. 233). Absolvido em primeira instância, uma carta espirituosa (acompanhada de uma caixa de bombons) ao General Horta Barbosa, presidente do Conselho Nacional do Petróleo, levou-o de volta às grades, onde cumpriu pena de noventa dias. "O general do Petróleo houve por bem proporcionar-me uma estadazinha aqui, de descanso, à vista das minhas atividades epistolares", escreve ele a seu amigo, o desembargador Paulo de Oliveira Costa, da Casa de Detenção, em 26/3/1941 (Nunes, 1986, p. 236).

Vale salientar que, via de regra, Lobato transformava as cartas em panfletos, largamente veiculados na imprensa, onde o escritor tinha grande penetração. Em 19/2/36, escreve a Artur Neiva: "O Sr. deve ter lido a Carta Aberta que publiquei em dezesseis jornais, somando uma tiragem de 700.000 exemplares." (Nunes, 1986, p. 192). Ainda da Casa de Detenção, escreve ao tradutor argentino Benjamin de Garay: "O caso chamou a atenção de todo o país porque as cartas que deram causa a tudo foram divulgadas aos milhares e a denúncia havia sido publicada em todos os jornais e também irradiada pela Hora

Nacional. [...] soltei as cartas aos milhares, e quem as leu viu tudo claro." (Nunes, 1986, p. 238).

Esse é o Lobato publicista[4], que transformou a carta em um novo gênero, o panfleto, folhas volantes cheirando a petróleo, à terra, disseminando aos quatro ventos aquilo que ele chamou, em outra carta, de "alcalóide liberalina". Mas sua correspondência não se resume a epístolas doutrinárias. Escrevia cartas a torto e a direito, até para o leiteiro, reclamando, por exemplo, que o leite saíra "pagão" e chegara à sua porta "batizado". Mais tarde, escreverá a seus pequenos leitores e as poucas cartas restantes desse comércio intenso com as crianças provam que, se reunidas, constituiriam uma obra-prima no gênero[5], e revelariam a interatividade entre Lobato e seus pequenos correspondentes, a cuja demanda retificava ou criava novas histórias.

A correspondência com Rangel situa-se nos antípodas do publicista. Aqui, ao contrário da carta aberta, endereçada ao grande público, a carta íntima, em tom menor: a voz sussurra, claudica, confidencia. Se as cartas militantes são obra do aquafortista, as endereçadas a Rangel, têm o suave contorno do aquarelista. Já não há público a convencer, camorra a denunciar, só os ouvidos atentos do amigo, alheios aos ciúmes de Bárbara, cônjuge de Rangel, numa evocação das leituras e do espaço mítico da juventude, a república estudantil "Minarete"[6].

Por que estudar as cartas de Monteiro Lobato e, em especial, as cartas a Rangel? Uma correspondência constitui, na opinião de Josué Montello, uma "autobiografia fragmentada" (*Apud* Freyre, 1978, p. 8). Do epistolário revelado até agora, mapeamos os inúmeros projetos do autor e sua difícil relação com a escrita; aprendemos que se relacionava bem com os pais, com a irmã Esther, com o cunhado Heitor de Moraes,

4. A expressão é de José Guilherme Merquior. In: ZILBERMAN, 1986, p. 11.
5. Ver p. 235.
6. Ver p. 67.

com a sobrinha e nora Gulnara. Em compensação, as duas únicas cartas conhecidas endereçadas à irmã Judith podem significar um estremecimento entre ambos. Já nas cartas trocadas com Rangel, mergulhamos em um espaço literário onde reponta o Lobato leitor, crítico e criador.

Tratando-se de um escritor que se desviou da "grande literatura", enveredando pela literatura para crianças e pela literatura militante[7], a correspondência com Godofredo Rangel é importante pois mostra que Lobato não é o trânsfuga da literatura como se apregoa. Como José de Alencar que, em *Como e porque sou romancista*, também em forma de carta, delineia a gênese de suas obras, as vicissitudes do mercado para o produto literário, assim também Monteiro Lobato sente necessidade de uma explicação e publica, mediante cartas, seu testamento literário.

As cartas mostram que Lobato foi um homem coerente que, no final da vida, ao publicar seu epistolário, reiterou as coordenadas literárias e filosóficas que nortearam sua prática textual. Contrariando Machado de Assis, na epígrafe[8] deste trabalho, no fecho da vida Monteiro Lobato ainda advoga as mesmas idéias da juventude, e isto fica claro a partir do título da correspondência. Depois de passar incólume pelas vanguardas da virada do século, pelo movimento modernista de 1922, ele não repudia as opções de juventude, ao lavrar um tributo a Taine, em 1944, nomeando seu último livro *A Barca de Gleyre*, pois foi por intermédio de Taine que Lobato descobrira o quadro de Gleyre, que dá título ao epistolário. Lobato era, definitivamente avesso à modernidade literária[9].

7. Expressão de Lima BARRETO em "Literatura militante" (1956, p. 71-74).

8. Citada por Josué Montello em "O espelho das cartas" (*Apud* FREYRE, 1978, p. 7).

9. No final de sua vida, Lobato escolhe para título de seu epistolário um quadro de um pintor acadêmico (Gleyre), descoberto pela leitura de um crítico (Taine) identificado com o positivismo, situando-se, por-

O que singulariza a correspondência com Godofredo Rangel, além de compor o arcabouço estético por onde transita a obra de Lobato, é a duração de quase meio século (estendeu-se de 1903 a 1948). Na "Escusatória", ele reitera que sua correspondência é um fato inédito pela duração. "Não sei em nenhuma literatura de tão longa correspondencia, sobre o mesmo assunto, entre só dois sujeitos." (v. 11, p. 17). Esse

tanto, contra a corrente da modernidade, tal como a entendem George Steiner, Roland Barthes e Julia Kristeva. Segundo George Steiner, a revolução da linguagem poética da virada do século XIX caracterizou-se pelo "tropo do silêncio", ou por escritores que se desabrigam em outros idiomas, que questionam as línguas nacionais, buscando outros territórios lingüísticos. Lobato é, ao contrário, um escritor à flor da terra, revitalizando a língua materna, e seus primeiros escritos são tributários da opulência verbal. (Cf. p. 137). Já para Roland Barthes, "est écrivain celui pour qui le langage fait problème, qui em éprouve la profondeur, non l'instrumentalité ou la beauté" (Apud KRISTEVA, 1977, p. 40). Ora, Lobato considera justamente a linguagem como uma ferramenta que urge dominar. Jamais teve qualquer preocupação metalingüística (a não ser para ironizá-la, como no conto "Cabelos compridos"); jamais abriu uma brecha na confiança no idioma que testemunha ao longo de sua obra, brecha que encontramos em Euclides da Cunha, por exemplo. Se esse escritor é "um dos exemplos mais expressivos e bem sucedidos dos ideais estilísticos de seu tempo" (MARTINS, 1978a, p. 204), convém lembrar, porém, que ele não descreve os últimos momentos da queda de Canudos, perguntando-se "de que modo comentaríamos, com a só fragilidade da palavra humana", as atrocidades que se perpetraram naquele momento. Por sua vez, Kristeva lembra que é pelas palavras-cacos, pela sintaxe estilhaçada que o escritor tenta atingir os desvãos do homem deslocado de si mesmo, revelando o estremecimento do sentido e a crise da representação, que é a marca da modernidade. Segundo Kristeva, quando Mallarmé lança o seu "ptyx", qual bomba que explode a tessitura lingüística, está afirmando a irredutibilidade da linguagem ao mundo: a arte doravante inventa e não imita o mundo. Entendemos, então, "modernidade" no sentido de um vasto movimento nas artes, no final do século XIX, que faz tábula rasa do sistema de representação do mundo que, em literatura, tinha o romance realista como seu representante privilegiado. Se para Mallarmé, o mundo existia para resultar num livro, para Lobato, o livro existia assunto é a literatura: "Os livros de cartas que existem, como as de Euclides[10] e outros, são dum mesmo homem para varios, de modo que não ha unidade de estilo, tom e assunto", confidencia em outro momento (v. 12, p. 360).

Edgard Cavalheiro, primeiro biógrafo de Lobato, prefacia a obra. Certa noite, este o procurou com um maço de cartas devolvidas por Rangel, pedindo-lhe a opinião. Diante do entusiasmo de Cavalheiro, Lobato encarregou-o do prefácio. Nele, Cavalheiro sustenta, em duas oportunidades, que essas cartas seriam as "memórias" de Lobato. Este, porém, o contesta, na "Escusatória", afirmando que "o genero 'carta' não é literatura", diferentemente do gênero "memórias"; é, antes, conversa franca, ignorando o "monstro chamado Publico" (v. 11, p. 17). "Memórias", "conversa escrita", qual dos dois teria razão? Embora não destinadas à publicidade, Lobato sabia que Rangel guardava as cartas, tendo publicado algumas à sua revelia, quando morava nos Estados Unidos. "*Tu quoque!* Até você publicar trechos de cartas minhas! Não ha nada que me desaponte tanto, porque sou um perante o Respeitavel Publico e outro na intimidade", escreve Lobato, desapontado (v. 12, p. 311).

Em sua correspondência, o escritor frisa que sempre admirou cartas e memórias[11] (v. 11, p. 340), as primeiras pela vivacidade do estilo e as segundas por revelarem os *bas-fonds* da História. Escreve carta a Coelho Neto instando para que

para reproduzir a vida; e a pintura para espelhar a realidade. É por isso que afirmamos que Lobato é avesso à modernidade, o que não traduz, de nossa parte, nenhum juízo de valor. No máximo, poderíamos dizer que ele peca por anacronismo em relação a seu tempo.

10. Lobato refere-se ao livro *Euclydes da Cunha a seus amigos*, organizado por Francisco Venancio Filho e publicado, em 1938, na Coleção Brasiliana da Companhia Editora Nacional.

11. Escreve em 1915: "Já notaste como é mais vivo o estilo das cartas, do que o de tudo quanto visa aparecer em livro ou jornal? Acho maravilhoso o *prime saut* das cartas [...] Eu, por mim, só lia cartas e memorias como as do Casanova." (v.12, p. 54).

este publique um livro de memórias. Acredita, entretanto, que nas memórias os homens ainda conseguem se disfarçar, ao contrário do que ocorre nas cartas. Procedendo a uma verdadeira subversão do gênero, pela boca de Emília, Lobato nos diz em *Memórias de Emília*, que é “nas memórias que os homens mentem mais”. Citava como único exemplo de memórias isentas o *Diário de Samuel Pepys*, escritas em um código pessoal em meados do século dezessete, só decifrado em 1825. Lobato compôs, a seu pesar, as suas “memorias dum novo genero” (v. 12, p. 359), tendo como alvo um único espectador, o amigo escrito Godofredo Rangel.

Sinais de humor e de camaradagem espalham-se pelas cartas, como podemos verificar pelas assinaturas de Lobato: Yewsky, Lobatoyewsky, Hélio, “o amigo leiteiro”. Quanto ao tratamento dado a Rangel, Lobato usa algumas expressões como: “Rangel, anjo do Cenáculo”, “Bezuquet”, “*old chap*”, “Grande”, “Hércules de Moura Rangel”, “poço de bom senso”, “mestre Rangel”, “virgem incontaminada”, “toupeira em hibernação”, “ó grande Rangel’, “ó coruja de Têmis”, “homem feliz”, “meu bobinho”, “meu tranca”, “menino”, “Messias do Cenáculo”, “mano”, “ó meu prodigioso amigo”, “Moura”, “Mr. Lewisham de Moura Rangel”, “meu Rangel querido”, “Silvério dos Reis”, “queijo de Minas”, “Rangel, o incontentável’, “Juiz duma figa”, “meu pulha”, “animal”, “meu juiz”, “meu juiz estrelado”, “Godofredo”, “Godo”, “Homem Superior de Moura Rangel”, “Rangel, o intocável”, “meu grande, meu arqui-precioso, meu divino Rangel”, “Gramaticão de má morte”, “Cândido de Figueiredo de Santa Rita”, epítetos que denotam admiração e carinho, mas também críticas à obsessão gramatical do missivista e ao seu afinco profissional como juiz.

Pode-se dizer que a correspondência unilateral, que registra apenas o eco de Rangel, é fruto do desejo deste, somado ao espírito empreendedor de Lobato que, em 1944, organizou a edição, datilografando as cartas, apondo algumas notas (apenas uma é de Rangel) e a dedicatória. O mérito maior pela edição talvez caiba a Rangel, guardião das cartas, pela insistência com que, ao longo do tempo, venceu a relutância de seu correspondente, persuadindo-o a publicá-las.

Desde 1919, percebendo a importância do material que tinha em mãos, Rangel já cogitava na publicação das cartas (fazia apenas um ano que Lobato aparecera em livro), guardando-as com cuidado e devolvendo-as de vez em quando para que seu parceiro as relesse. Em carta de 26/05/1919, Lobato desabafa:

> *Que ideia sinistra a tua, de publicarmos as* minhas *cartas! Seria dum grotesco supremo, porque cartas só interessam ao publico quando são historicas ou quando oriundas de, ou relativas a, grandes personalidades. No nosso caso não ha nada disso: não são historicas e nós não passamos de dois pulgões de roseira — eu, um pulgão publicado; você, um pulgão inedito.* (v. 12, p. 198/199) [o grifo é nosso].

No decorrer do epistolário, várias vezes Lobato refere-se às próprias cartas, e dá-se conta da importância das mesmas. Considera-as "conversa escrita", "palestra epistolar", "memórias íntimas", "refúgio literário", "vida insuspeitada", "conversa carteada", "simbiose", "álbum de instantâneos", "nossa agulha", "vida secreta", "convívio epistolar", "convivência mental", "gamão", "corrente alternada", "Paradou", "conversa misteriosa". Eis o que escreve em 01/05/1919:

> *Só agora, que as reclamaste com autoridade de Juiz, quasi sob vara, disponho-me a devolver-te as cartas. Mas antes quis rele-las. Estão comigo ha quanto tempo? E só agora pude correr os olhos sobre algumas. Que fotografias, meu caro! Snap-shots. Estamos ali inteirinhos, com os sonhos todos e a grande ansia de criar...* (v. 12, p. 195).

Persuadido, afinal, a editar a correspondência, vinte e cinco anos depois, Lobato resolve publicar apenas as suas cartas, para excitar a imaginação do leitor. Mais tarde, seria a vez das de Rangel. Mas Lobato não conseguiu demovê-lo de seu obstinado silêncio. Apesar do pedido reiterado dos manuscritos, venceu a timidez do amigo, que deixou ordens expressas ao filho Nelo, para que não permitisse sequer a edição póstuma da correspondência ativa do pai. Assim, as cartas de Rangel, "puras delicias do genero humano" (v. 11, p. 74), contracanto das de Lobato, nunca vieram a lume. Rangel acreditava que não havia outro mérito nessas cartas "senão o de ter provocado as respostas de Lobato". Bem ao seu feitio, escondida numa nota de rodapé na *Barca de Gleyre,* há uma carta, provavelmente de 1944, onde Rangel explica as origens do "Cenáculo"[12]. Em correspondência de 29/12/1945, não incluída na *Barca*, Lobato escreve: "E as cartas, meu Godo? Continuam a reclamá-las. Deixa-te de enjoamentos e organiza-as, como fiz com as minhas. Todo comprador da "Barca" fatalmente comprará as tuas. Não vês isso, animal? Ganharás no mínimo (edição de 5 mil) uns 20 contos." (Cavalheiro, 1956, v. 2, p. 148).

A Barca de Gleyre traz uma dedicatória, que Lobato compara a uma casca de árvore onde entalha, a canivete, três nomes que lhe marcaram a vida. O primeiro nome gravado é o de Purezinha, esposa e companheira desde 1908, *mater dolorosa*, com a perda de dois filhos: Guilherme, aos 24 anos, em 1937, e Edgard, aos 31 anos, em 1943, arrebatados pela tuberculose. O segundo nome esculpido na casca da árvore é o de Marjori — Maria José Sete Ribas — representante das centenas de crianças que escreviam ao criador de Narizinho, impulsionando-o na saga infantil. Por intermédio de Marjori, ele presta homenagem a seus pequenos leitores e assíduos correspondentes. O terceiro é o de Ricardo Gonçalves (1883-

12. Ver p. 67.

1916), amigo dos missivistas desde os tempos da Faculdade de Direito: era o poeta do Minarete. Como teve morte trágica (suicidou-se em 1916), permaneceu como *Leitmotiv* melancólico nas cartas de Lobato, que em diversas ocasiões lhe escande os versos: "*A-ca-son-de-mo-ra-que-la/Me-ni-na-cor-da-çu-cena...*" Lobato jamais viria a saber quem era a "menina cor de açucena", musa de Ricardo, mas quase sexagenário, quando Ricardo é tão-somente memória, ainda evoca essa misteriosa figura em carta a Rangel.

Essas cartas, ora longas, ora simples bilhetes, em grande parte escritas a mão, "com as unhas" (v. 12, p. 319), são o testemunho de uma amizade sustentada na confiança mútua, amizade que desconhecia a inveja. A competição, se existia, era deslocada para o xadrez que jogaram por escrito até 23/10/1909, e encimou muitas das cartas. Nenhum dos missivistas omitia seus projetos. Pensavam juntos, escreviam a quatro mãos, trocavam idéias, ajudavam-se, criticavam-se, partilhavam livros e alegrias. Viviam a "corrente alternada" de que fala Rangel em *Vida ociosa*, e que, na sua mão dupla, é a prova dos verdadeiros afetos.

Como se não bastassem todos os seus livros, com a *Barca*, Lobato ergue um monumento à amizade. Atrás da desbocada Emília, escondem-se não apenas o petroleiro, o metalurgista, o crítico desabrido da realidade brasileira, mas também a figura de um amigo, embora amigo a distância.

Nos quarenta e cinco anos de correspondência, os missivistas raramente se visitaram, mas o correio, "a maior invenção humana" (v. 12, p. 303), oficiou uma amizade que durou quase meio século e que nos lembra as palavras de Montaigne, falando de seu amigo Etienne de la Boétie: "*À la vérité, si je compare tout le reste de ma vie aux quatre années qu'il m'a été donné de jouir de la douce compagnie et société d'un tel ami, ce n'est que fumée, ce n'est qu'une nuit obscure et ennuyeuse.*" (Montaigne, 1978, p. 365).

2. Uma correspondência em três tempos

Dividimos o epistolário em três momentos, dando destaque à primeira fase, que se estende de 1903 a 1917. Com efeito, das 342 cartas conhecidas escritas por Lobato a Godofredo Rangel, 214 são da primeira fase da correspondência, que termina em 1917, quando o escritor tem apenas 35 anos. Seguem-se mais trinta anos de correspondência, mas podemos dizer que o principal situa-se na primeira fase. Por quê? É a fase de uma longa formação, em que se sobressaem a difícil relação de Lobato com a literatura, uma pletora de projetos literários, um trabalho de crítica literária e uma poética. A segunda fase da correspondência, de 1918 a 1927, abarca o período em que o escritor é editor em São Paulo e no Rio de Janeiro. A terceira, de 1928 a 1948, abrange sua estada em Nova Yorque, como adido comercial e, de volta ao Brasil, retrata as decepções do metalúrgico e petroleiro.

2.1 1903-1917: o aprendiz

A primeira fase da correspondência compreende os anos de formação dos dois escritores. Inicia-se em 1903, um ano antes de Lobato bacharelar-se em Direito, e termina em 1917, quando deixa o interior pela capital paulista.

Acompanhamos, nesses longos anos, a vida de Lobato nas "cidades mortas" do vale do Paraíba, desertado pelo café. Primeiro vive em Areias, onde é nomeado promotor em 1907, depois de concurso, mas sem prescindir de um empurrãozinho do avô (v. 11, p. 159). Nessa época, como dispunha de muito tempo livre, começa a escrever contos e a correspondência avoluma-se. O número de cartas decresce quando se muda, em 1911, para a fazenda Buquira, que herda com a morte do avô. Durante alguns anos, assume as lides agrícolas, dedicando-se a modernizar a propriedade, com o mesmo ímpeto que até então burilara seus escritos, o que levou Wilson Martins a chamá-lo de "Policarpo Lobato" (Martins, 1978b, p. 13). Compra manuais de criação de animais, visando inteirar-se das últimas novidades; lê livros técnicos e escreve, entre outros, o artigo *Pecuária suína* (v. 12, p. 76). Mas a falta de políticas públicas adequadas para o campo e a inépcia do caboclo corroem-lhe as forças. Em carta à irmã Esther, de junho de 1915, escrita da fazenda, desabafa: "É trabalhar, trabalhar a ver se me safo do atoleiro." (Lobato, 1959b, v. 1, p. 140).

Essa etapa da correspondência é a crônica do aprendizado literário de um promotor-fazendeiro do interior paulista e um juiz mineiro, baseada em discussões sobre autores, leituras, estilo. Caracteriza-se pelo vaivém de livros emprestados, pelo intercâmbio dos primeiros escritos, com revisões e comentários. Os dois missivistas estão em alta voltagem literária: a correspondência é intensa, somando 214 cartas.

Como frisa o subtítulo da obra, trata-se de uma correspondência literária, na qual não cabem confidências ou emoções, tal qual ocorre na *Correspondência de Fradique Mendes*, de Eça de Queirós, que trata da edição da correspondência póstuma do personagem Fradique Mendes, intelectual idealizado, que se caracteriza pela independência de opiniões e pelo culto da forma. O narrador desse livro mantém com o personagem Fradique uma amizade espiritual, bastante parecida com a amizade entre Lobato e Rangel, conforme podemos averiguar no trecho abaixo:

> *Determinadamente lhe chamo 'intelectual', porque esta intimidade nunca passou além das coisas do espírito. Nas alegres temporadas que com ele convivi em Paris, em Londres e em Lisboa, de 1880 a 1887, na nossa copiosa*

correspondência desses anos, privei sempre, sem reserva, com a inteligência de Fradique — e ininterrompidamente assisti e me misturei à sua vida pensante: nunca porém penetrei na sua vida afetiva de sentimento e de coração. [...] E Fradique igualmente manteve comigo esta atitude de inacessível recato — não se manifestando nunca aos meus olhos senão na função intelectual. (Queirós, [s. d.], p. 57-58).

Lobato assinala as mortes do sogro e do avô apenas em virtude dos contratempos ou mudanças que acarretam, desvelando o homem pragmático que viria a ser. Nada filtra de seu casamento em 1908, escrevendo, anos depois, que se deveriam instituir férias conjugais. Quando Rangel se casa, em 1904, Lobato faz uma catilinária contra o casamento, e conforma-se em dividir o amigo com Bárbara, comentando que o hábito de escrever desdobrara-o em dois, um da noiva, em carne e osso, e o outro, o epistológrafo, só dele. Como Bárbara pilhara uma dessas cartas, passa a considerá-lo como inimigo e os ciúmes dela são o motivo freqüentemente invocado por Lobato para justificar a recusa em visitá-los em Minas Gerais. O conto *Por que Lopes se casou*, de *Cidades mortas*, é uma sátira ao casamento, escrita por ocasião do casamento de Rangel.

Os acontecimentos literários da época são debuxados superficialmente. Em 1908, Lobato assinala a morte de Machado de Assis e Artur Azevedo; em 1909, a passagem de Anatole France pelo Brasil e "o horror" da morte de Euclides da Cunha. As cartas silenciam também os problemas políticos. Em 1906 realizou-se o Convênio de Taubaté, reunião de cafeicultores que tentavam encontrar uma solução para a superprodução do produto. Apesar de morar na cidade, nada registra sobre o assunto. Ricardo Gonçalves, amigo dos missivistas, participou do movimento anarquista. Em 1906, levou um tiro num comício de ferroviários (Hardman, 1984, p. 145). Lobato comunica o fato a Rangel nestes termos livrescos: "Ricardo, magnifico, dorme empavonadamente sobre os louros conquistados na ultima bernarda, na qual agiu com a marreta e levou tiro." (v. 11, p. 124). Conforme afirma Cavalheiro (1956, v. 2, p. 140), não se pode dizer que *A Barca de Gleyre* é o afresco de uma época. A obra delineia a gênese do pensamento literário de Lobato, pois dois terços da mesma são consagrados à fase de aprendizado.

Na primeira etapa da correspondência, já emerge o Lobato vitalista e empreendedor. Anda de bicicleta, joga futebol no Palmeiras, pratica alpinismo. Divide-se em vários projetos literários e comerciais, de que trataremos mais adiante. Também desponta o polemista. Influenciado por Camilo Castelo Branco, que lhe fornece a têmpera afiada, ao ser convidado para conferenciar na Sociedade de Cultura Artística de São Paulo, em 1915, antes mesmo de lançar-se em livro, cogita no título "O estadulho na vida e na obra de Camilo", palestra sobre "a historia de todas as sovas que Camilo apanhou no lombo ou sacudiu no lombo alheio." (v. 12, p. 11-12).

Nessa primeira fase, ressaltam igualmente as idéias de um Lobato visionário, no que se refere à defesa da homeopatia e da superioridade da vida no campo sobre a da cidade. O escritor começa a preocupar-se com lendas e mitos brasileiros e gera a literatura infantil. Chama igualmente a atenção a concepção lobatiana da escrita da História que, em sua opinião, deveria desvendar os bastidores e não apenas pontuar os grandes eventos. Em carta de 10/10/1911, escreve a Rangel: (observe-se a precocidade da data em relação ao movimento da "História Nova" francesa):

> *O que na Revolução Francesa me interessa é o que os estupidos historiadores á moda classica não contam. Eu quero fatias de vida da epoca, conservadas aqui e ali em memorias, em panfletos de despeitados. Interessa-me o bas-fond da revolução, o formigueiro dos interesses inconfessaveis, a trama secreta dos bastidores, os fios que*

movimentavam os polichinelos politicos — os subornos. A historia fala no patriotismo de Danton, na virtude de Robespierre, mas o que me interessa conhecer é o apetite de Danton, a ambição de Robespierre. (v. 11, p. 314-315).

Compreendem-se essas idéias arrojadas a respeito da escrita da História, quando verificamos que Lobato era leitor de Voltaire, de Chateaubriand e de Michelet.

Lobato classifica essas cartas de "primeira infancia" literária (v. 12, p. 309). Os missivistas funcionam como crítico e público um do outro, como caixa de ressonância mútua, submetendo-se os escritos e os projetos em gestação: "Dá-me mais prazer escrever-te do que escrever livros. Talvez que um dia, quando não te tiver mais como o meu publico, talvez eu tome para meu uso o Publico [...] Vamos lá, meu publico, meu leitor unico!" (v. 11, p. 361).

Lobato colabora esporadicamente em jornais da capital e do interior e escreve alguns contos que, de início, apenas numera. Seu sistema era o seguinte: escrevia um conto ou um artigo, submetia-o ao crivo de Rangel, publicava-o em jornal ou revista, para, depois de impresso, dar a demão final com vistas a publicá-lo em livro. Esse sistema mostra o quanto o escritor se preocupava com a forma e, apesar de criticar Flaubert, rescrevia continuamente seus textos, que apresentam versões diferentes nas várias edições.

Até 1912, tem-se a impressão que Rangel é quem produz: "E eu cá a criar galinhas e porcos", desabafa Lobato (v. 11, p. 325). Aos poucos, porém, engendra sua obra. Em 1915, escreve: "Sinto pruridos, ansias de vomito, esquisitices. Consulto o Chernoviz e meu quadro de sintomas encaixa-se no artigo GRAVIDEZ. Estou gravido, Rangel! Gravido do livro — o Livro!.." (v. 12, p. 57-58).

Se levarmos em consideração que os primeiros livros de Lobato (*O Sacy-Pererê:* resultado de um inquérito[13], *Problema vital* e *Urupês*) são de 1918, e que o primeiro livro infantil (*A menina do narizinho arrebitado*) é de 1920, percebemos a importância de uma correspondência que já se estendia por quinze anos, no processo de amadurecimento literário do escritor. Cabe lembrar que, até 1918, Lobato é um escritor sem livros, tendo apenas publicado em revistas e jornais, muito embora desfrute de renome como articulista desde 1914 e tenha vencido concurso de contos em 1904, com "*Gens ennuyeux*", escrito em 1901[14].

A partir de 1914, as cartas escasseiam. Depois de quatro meses de jejum epistolar, Lobato insiste: "Ora graças que nos encontramos de novo. Porque não tinha graça nenhuma que depois de tão comprida caminheira nós nos 'estranhassemos', num quasi divorcio, só porque você se meteu a eletricista[15] e eu a fazendeiro." (v. 11, 362).

Na carta de 5/11/1916, Lobato faz uma retrospectiva da correspondência, depois de "13 anos de palestra pelo correio", e dá-nos o índice temático da primeira fase:

> ... *Estão nela os tempos loucos do Minarete16, a guerra da Cainçalha, os primeiros namoros, os noivados, os primeiros filhos, as leituras, os sonhos de arte, as implicancias, a nossa Guerra dos Cem Anos com o Nogueira, cheia de treguas admirativas, os ciumes de Dona Bar [Bárbara, esposa de Rangel], os livros que idealiza-*

13. Esse livro é resultado de uma enquete publicada no jornal *O Estado de São Paulo* em 1917, sob pseudônimo ("O Demonólogo amador"), mediante a qual Lobato revitaliza, através dos depoimentos recebidos, o estudo do folclore brasileiro.
14. Esse conto foi publicado no *Onze de Agosto*, jornal do Centro Acadêmico da Faculdade de Direito, em 12/10/1904.
15. Nessa época, Rangel, além de juiz, acumulava o cargo de contador de uma usina elétrica.
16. Ver p. 67.

mos, a ambrosia do elogio mutuo de que fomos tão prodigos. (v. 12, p. 118).

Depreende-se da leitura das cartas desse período que Lobato se prepara meticulosamente para o ofício de escritor, por meio da leitura e da análise estilística de seus autores prediletos. Essa consciência do ofício de escrever traduz-se também pela preocupação financeira, revelando o lado pragmático do escritor. "É preciso que a literatura renda ao menos para o papel, a tinta e os selos", desabafa com Rangel. (v. 11, p. 239).

Chegamos a 1917, ano de ruptura, pois nesse ano Lobato vende a fazenda, muda-se para São Paulo e escreve o artigo polêmico sobre Anita Malfatti. Em 28/12/1917, aos trinta e cinco anos, escreve a Rangel estas estranhas palavras de um adeus antecipado às letras:

> *... já me afastei do mundo das letras, onde me ia insinuando com a gazua daqueles contos do Buquira. Vai sair agora o Mata-pau e depois o resto do que escrevi no paraizo da fazenda. E pronto! Fica encerrada uma fase da minha vida e vou começar outra muito diferente: dedicar-me á pintura, afinal!* (v. 12, p. 168).

2.2. 1918-1927: o editor/impressor

Mas o que lemos na primeira carta de 1918, depois de sete meses de intervalo? Lobato reintegra-se à capital paulista que, depois de permanecer adormecida durante quatrocentos anos, inicia nessa época sua grande efervescência. O ex-fazendeiro compra a *Revista do Brasil*[17], transforma-a em editora e

17. Cabe observar que, jornalista e polemista de renome n'*O Estado de São Paulo* desde 1914, quando publicou seus artigos "Uma velha Praga" e "Urupês" (onde criou o tipo Jeca Tatu), é lembrado para o

edita a torto e a direito[18]. A pintura fica em segundo plano. O assunto das cartas dessa fase gira em torno da editora que, em 1919, recebe o nome de Olegário Ribeiro, Lobato & Cia. Ltda, e publica cinco ou seis livros de autores novos por mês. De 1918 a 1925, a firma edita mais de 500 títulos (Barbosa, 1982, p. 52).

O ano de 1918, portanto, inaugura a segunda fase da correspondência, fase que se estende até 1927, ano da partida do escritor para os Estados Unidos. Compreende 94 cartas, abrangendo um período de dez anos. Se as cartas anteriores evidenciam a alta consciência estética do escritor, as desse período mostram o deslocamento de sua vocação para a ação empresarial e a escrita militante. Observamos que, ao se mudar para a capital paulista e envolver-se com a empresa editorial, as cartas tendem a se espaçar e diminuem de tamanho. A carta de 30/8/1920 tem apenas quatro linhas (v. 12, p. 219). Continuam todavia os exercícios de revisões mútuas de texto. Lobato envia a Rangel seu "Diário", para saber se dará livro: "Se acaso votares pela publicação, lê com o teu olho de lince e tira as pulgas encontradas. Se vetares, lixo com os originais." (v. 12, p. 252).

O ano de 1918 representa também uma virada, pois é quando Lobato publica, aos trinta e seis anos, o primeiro livro, pela própria editora, e com ilustrações de próprio punho. Trata-se de *Urupês*, reunião de contos já estampados na imprensa, livro que de imediato o consagrou. As primeiras edições esgotaram-se rapidamente, antes mesmo do discurso de

cargo de diretor da *Revista do Brasil* (ex-*Cultura*), editada pela empresa jornalística desde janeiro de 1916. Lobato optou por comprá-la e a transformou em editora. A *Revista do Brasil*, sob a direção de Lobato, editou 113 números.

18. Segundo informação constante na contracapa do livro *O macaco que se fez homem*, na sua edição de 1923, temos os seguintes números: *Urupês*: 9ª edição, 30 milheiros; *Cidades mortas*, 4ª edição, 18 milheiros; *Negrinha*, 3ª edição, 15 milheiros; *Narizinho arrebitado*, 60 milheiros. Lobato criou a *Coleção Brasília*, cujo objetivo era editar obras nacionais de autores novos, por um preço mínimo.

Rui Barbosa que, em 1919, faz uma paráfrase[19] do artigo "Urupês"[20], que integra o volume, adotando a figura do Jeca acocorado como alegoria do Brasil.

Com o sucesso de *Urupês*, Lobato raspa o fundo das gavetas e desenterra velhos escritos para compor *Cidades mortas*, em 1919, não porque acredite no valor dos contos, crônicas e impressões do volume, mas porque, como editor, quer vender livros, que encara como uma mercadoria qualquer, como vassouras e chouriços (v. 12, p. 211).

Os acontecimentos históricos continuam merecendo apenas pinceladas. O levante tenentista de São Paulo, chefiado pelo general Isidoro Dias Lopes, que se insurge contra o governo constitucional do presidente Carlos de Campos, é apenas mencionado em carta de 30/7/1924: as dependências da editora foram alvo dos bombardeios das tropas legalistas e Lobato descreve a cidade de São Paulo destroçada pela artilharia, salientando, todavia, sua grande capacidade de regeneração.

A partir de 1925, encontramo-lo assoberbado com inúmeros projetos de adaptações de literatura infantil. Para tanto, conta com a ajuda de Rangel. Nessa segunda fase, este assume novo papel na relação epistolar. Se ainda desempenha a função do filólogo a apontar erros no texto lobatiano, agora é alçado ao papel de colaborador do editor, adaptando e traduzindo livros.

19. O longo discurso de Rui Barbosa, então em campanha presidencial, no Teatro Lírico do Rio de Janeiro, em 20 de março de 1919, começa assim: "Conheceis, porventura, o Jeca Tatu, dos *Urupês*, de Monteiro Lobato, o admirável escritor paulista? Tivestes, algum dia, ocasião de ver surgir, debaixo desse pincel de uma arte rara, na sua rudeza, aquele tipo de uma raça, que, 'entre as formadoras da nossa nacionalidade', se perpetua, 'a vegetar, de cócoras, incapaz de evolução e impenetrável ao progresso'?". A questão social e política no Brasil. In: BARBOSA, 1919a, p. 107.

20. Cf. p. 62.

Lobato continua, ademais, sua luta para fazer com que Rangel lhe envie originais. “E você, infame? Eu sempre ansioso por lançar-te com todas as zabumbas e não te mexes. Venham logo os originais...” (v. 12, p. 208). A grande vedete das cartas dessa fase é o livro *Vida ociosa*, de Rangel, que Lobato não cansa de elogiar, considerando-o a melhor coisa publicada em sua editora (v. 12, p. 247).

Apesar do sucesso como escritor, Lobato vive um dilema pois, ao se lançar de corpo e alma na atividade editorial, falta-lhe tempo para ler e escrever. Em 20 de fevereiro de 1919, escreve: “Meu nome, que aparecia no alto dos livros ou em baixo de artigos, virou agora objeto de registro na Junta Comercial. Creio que desta vez o virus literario que havia em mim — e você, miseravel Rangel, alimentou, — está morto e bem morto. [...] creio que passo definitivamente de escritor a tirador de leite dos escritores.” (v. 12, p. 190-191).

Paralelamente ao sucesso como editor, encerra a trajetória de contista. Com o gigantismo do empreendimento, a sobrecarga de trabalho e as dificuldades do mercado, é assaltado pelo desânimo. Rondam idéias de suicídio, pois teme o desmoronamento do “arranha-céu”. Fala também na possibilidade de emigrar, conforme carta de 7/10/1924: “Meu ideal hoje é um só: assegurar a independencia economica e emigrar para uma terra bem distante do fenomeno ‘sociedade’ [...] Nada vale a pena neste Brasil.” (v. 12, p. 270-271). Notamos, nesse desabafo de 1924, as mesmas palavras do Jeca Tatu, de 1914, quando, acocorado, retruca àquele que o conjurava a mexer-se: “Não paga a pena”.

Os temores de Lobato concretizam-se, pois sua empresa vai falir em 1925. A desvalorização da moeda, que implica dificuldades em honrar um investimento contraído em divisa estrangeira, somada às taxas abusivas sobre a importação do papel[21], à crise interna que corrói o poder aquisitivo da popu-

21. Cf. MARTINS (1978a, p. 119), em 1918 elevou-se em três mil por

lação, à seca em São Paulo, à Revolução de 1924 e à suspensão de encomendas por parte do governo, provocam a segunda falência[22] — a primeira fora como fazendeiro.

Como nessa época já é traduzido na Síria, na Alemanha e na França, desabafa com ironia: "Quer dizer que só fali comercialmente." (v. 12, p. 292). Apesar de não se dar por vencido, desabafa ao mudar-se para a cidade do Rio de Janeiro: "Uma aventura terrível, Rangel, ter de começar vida nova em idade que já pede aposentadoria". (v. 12, p. 283).

Em carta 29/9/1925, depois da liquidação da editora, relata a mudança com a família para o Rio, onde funda a Companhia Editora Nacional, junto com Octales Marcondes Ferreira, seu empregado desde os 14 anos e seu sócio desde os 17 anos (v. 12, p. 329), enquanto em São Paulo seus pertences vão a leilão[23]. Em carta de 7/2/1927, escrita do Rio de Janeiro, logo depois da fundação da Companhia Editora Nacional, Lobato reage, fazendo edições de vinte mil exemplares: "E soltamos a avalanche de papel sobre o publico como se fosse uma droga de farmacia, um Biotonico. Anuncios, circulares, cartazes, o diabo. O público tonteia, sente-se asfixiado e engole tudo." (v. 12, p. 298). Convém notar o entusiasmo dessa carta, subseqüente à falência dois anos antes.

Apesar da paisagem exuberante do Rio, Lobato não se adapta à cidade e concorda com Artur Bernardes que pensa em consumar a velha idéia de transferir a capital para outro lugar.

cento a taxa de importação do papel em branco e isentaram-se os livros e impressos feitos no exterior.

22. O prelo da Cia. Gráfico-editora Monteiro Lobato, vendido a Nelson Pereira Travassos, funcionou até 1964, o que nos dá uma idéia do modernismo do parque gráfico implantado por Lobato na década de 20. (NUNES, 1998, p. 182).

23. "Seu amigo Joaquim Correia, em carta de 5/10/1925, dá-lhe pormenorizada notícia do leilão de seus bens: 'Piano, máquina de costura, vaso com retrato de D. Pedro e a estatueta de Sèvres e La Garçonne não foram arrematados'". (CAVALHEIRO, 1959, v. 1, p. 241).

O ano de 1927 representa outro marco na correspondência: o escritor parte para os Estados Unidos, onde exercerá o cargo de adido comercial em Nova York, a convite do presidente Washington Luís. Pouco antes de embarcar, aos 45 anos, desanda a escrever de forma alucinante. O romance *O presidente negro*[24], que planeja lançar diretamente nos Estados Unidos, é escrito em 20 dias. (v. 12, p. 297).

Em março de 1927, preparando a mudança para os Estados Unidos, "o mar do peixe Lobato", refere-se à correspondência com Rangel:

> *Passei a manhã de hoje emaçando cartas — como tenho cartas, meu Deus! Apesar do destroço que a cada mudança nelas faço, ainda as conservo ás centenas; das que dizem algo interessante para a historia da minha vida e da contemporanea, não me desfaço. Tuas, quantas e quantas! Conservo-as todas.* (v. 12, p. 299).

2.3 1928-1948: o petroleiro que chora

A terceira fase da correspondência foi definida pelo próprio autor, que agrupou as poucas missivas trocadas no largo período de 1928 a 1943. É a época mais polêmica da vida do Lobato cidadão, mas as cartas amiúdam-se. Quase um ano depois da última carta de 1927, voltam a corresponder-se, e Lobato comenta a dificuldade em manter um intercâmbio postal que durava quase trinta anos. A carta, de Nova York, do dia 17/08/1928, começa assim: "Será que já morremos um para o outro? Em parte é assim, tanto a vida nos soprou para rumos diferentes." (v. 12, p. 309). Temos, por exemplo, uma carta em

24. Editado com vários títulos, *O choque, O choque das raças, O reino louro,* o livro foi inicialmente dedicado a Artur Neiva e a Coelho Neto.

1931, seguida de intervalo de três anos; três cartas em 1934, novo intervalo de três anos. A troca de cartas chega à fase crepuscular.

De 1927 a 1930, o escritor exerce a função de adido comercial em Nova York. De lá, nos restam sete cartas a Rangel. Nelas, Lobato mostra-se entusiasmado com a civilização da máquina, que espantou Octales Marcondes: em visita a Lobato, aquele só agüentou ficar em Nova York cinco dias. Nos Estados Unidos, Lobato descobre a pujança americana baseada no ferro e no petróleo e começa a interessar-se pelo assunto. Acirra-se cada vez mais a contradição entre o escritor e o empresário. Dividido, manda para Rangel o próprio epitáfio: "Aqui jaz um que se julgou literato e era metalurgista." (v. 12, p. 312).

Demitido por Vargas, volta ao Brasil e funda a Companhia Petróleos do Brasil, a fim de levantar fundos para a prospecção do petróleo[25].

> *Sindicato Nacional de Industria e Comercio, chama-se a nossa companhia. Mas nem vale a pena falar nisto: pensas que é literatura de ficção...*
>
> [...] *e havemos de afogar em petróleo este país que nega as verdadeiras riquezas que tem.* (v. 12, p. 324-325).

A partir dessa época, Lobato torna-se um propagandista do ferro e do petróleo. Além de escrever livros e artigos, começa a fazer conferências pelo Brasil afora, com o intuito de vender ações de suas companhias. As cartas a Rangel, todavia, pouco refletem essas atividades.

25. Dessa luta quixotesca, temos um eco na crônica que aspira a conto "Quero ajudar o Brasil..." (LOBATO, 1943, p. 581), publicada inicialmente no *Correio Paulistano*, em 1938, onde Lobato relata o caso de um negro pobre que vai a seu escritório comprar ações da Companhia Petróleos do Brasil.

Paralelamente, escreve, traduz livros infantis e traduz "num galope". Em vez das notas sobre leituras, constantes na primeira fase da correspondência, encontramos agora comentários sobre as traduções.

Em 1936, publica o livro *O escândalo do petróleo:* depoimentos apresentados à Comissão de Inquérito sobre o petróleo, cuja circulação é proibida pelo Estado Novo. Apesar da luta que trava contra a máquina estatal, Vargas o convida oficialmente para o cargo de ministro, pois desejava transformar o Departamento de Imprensa e Propaganda (DIP), implantado em 1941, num Ministério da Propaganda, sob a direção de Lobato. Sua recusa, suas cartas virulentas, e uma alocução na rádio BBC de Londres, criticando o totalitarismo, custam-lhe seis meses de prisão por desacato a Getúlio Vargas, sendo indultado depois de cumprir 90 dias de reclusão. Para Rangel, ele conta apenas alguns reflexos dessa tragédia, conforme carta de 17/9/1941:

> *Depois que me vi condenado a 6 meses de prisão, e posto numa cadeia de assassinos e ladrões só porque teimei demais em dar petroleo á minha terra, morri um bom pedaço na alma. Espero que seja esse o meu ultimo desapontamento. Nada mais empreendo, não correrei risco de nenhum outro.* (v. 12, p. 336).

Em 1943, sonha com uma viagem sem prazo pelas costas do Pacífico, para escrever, depois do périplo, uma história da América para crianças, que deveria chamar-se "O Aconcágua".

Em 1946, aos sessenta e quatro anos, resolve mudar-se para a Argentina, onde desfruta de enorme sucesso[26]: "Se eu

26. Uma de suas últimas produções, de 1947, é o livro *La nueva Argentina* (cerca de 150 páginas), escrito, sob o pseudônimo de Miguel P. García, a pedido do governo argentino e distribuído gratuitamente. Nesse livro, explica às crianças argentinas o plano

for para a Argentina, talvez ainda bruxoleie, antes de apagar-me completamente. Aqui nesta terra, nem animo de bruxolear eu tenho. Não vale a pena." (v. 12, p. 336). A melancolia de Lobato explica-se pela morte dos filhos e pela derrota política. Não aceitava que Getúlio, que o encarcerara, fosse recebido, após modificação dos estatutos, como membro da Academia Brasileira de Letras, nem que Dutra, ex-ministro da Guerra do Estado Novo, tivesse sido eleito presidente do Brasil.

Nas últimas cartas, a indiferença de quem muito lutou e está exangue vai crescendo. O romance epistolar, escrito a dois, está chegando ao fim. Mas Lobato, intuindo que iria tomar o comboio antes, pretende continuá-lo no Além: "Tenho planos logo que lá chegar, de contratar o Chico Xavier para psicografo particular, só meu — e a 1ª comunicação vai ser dirigida justamente a você. Quero remover todas as tuas duvidas" (v. 12, p. 363). São as últimas palavras do epistolário.

2.4 Subsídios para uma edição crítica

A primeira edição da *Barca de Gleyre* contem 317 cartas e dois bilhetes. Como Lobato sobreviveu quatro anos à edição do livro, pôde tranqüilamente continuar a correspondência com Rangel, elevando o número a 342 cartas divulgadas. Compulsamos a 3ª edição, de 1950, que conta com um acréscimo de 12 cartas em relação à primeira edição. As cartas acrescentadas são as seguintes: 7/7/1907, 7/6/1909, 27/9/1910, março de 1913, 21/4/1913, 6 cartas em 1943 e, a última, datada de Véspera de São João de 1948, dias antes da morte do escritor, ocorrida em 4 de julho de 1948.

A edição de 1959 traz cinco cartas de 1945, cinco de 1946 e uma de 1947. Cassiano Nunes dá a público mais duas cartas

qüinqüenal de Perón, simulando a conversa de um pai com seus dois filhos. (cf. revista *Leitura*, n 37, São Paulo, janeiro de 1948).

inéditas, datadas de 1947. Estas cartas estão incluídas no capítulo "O espiritismo e o interesse pelo Além", do livro *Monteiro Lobato vivo* (Nunes, 1986).

Além de pequenas discrepâncias com relação a datas e texto, descobrimos que a 3ª edição traz uma carta truncada. Para atenuar a posição eurocêntrica do autor, suprimiu-se longo trecho da carta de 3/2/1908. Transcrevemos abaixo o trecho omitido, a partir da 1ª edição[27]:

> *Estive uns dias no Rio. Que contra-Grecia é o Rio! O mulatismo dizem que traz dessoramento do carater. Dizem que a mestiçagem liquefaz essa cristalização racial que é o carater e dá uns produtos instaveis. Isso no moral — e no fisico, que feiura! Num desfile, á tarde, pela horrivel rua Marechal Floriano, da gente que volta para os suburbios, perpassam todas as degenerescencias, todas as formas e má-formas humanas — todas, menos a normal. Os negros da Africa, caçados a tiro e trazidos á força para a escravidão vingaram-se do português da maneira mais terrivel — amulatando-o e liquefazendo-o, dando aquela coisa residual que vem dos suburbios pela manhã e reflui para os suburbios á tarde. E como vão apinhados como sardinhas e ha um desastre por dia, metade daquela gente não tem*

27. Constatamos omissão de trecho de crítica à Central do Brasil, em *Geografia de Dona Benta*, nas edições que nos serviram de referência. " — Estou também vendo dois trens em marcha, um que vem do Rio e outro que vem de São Paulo..."./"— Então feche os olhos antes que se choquem. Essa estrada diverte-se todos os dias em brincar de desastre de trens. É federal...". Segundo AZEVEDO (1997, p. 161-164), a edição original de *Fábulas* trazia um posfácio de Lobato. Comentando a falta de edições críticas no Brasil, Arthur NESTROVSKI (1996, p. 98-99) afirma: "... nossa literatura permanece dormindo feliz nos seus erros, seus cortes, suas adaptações e acidentes de impressão. Nós simplesmente não sabemos o que estamos lendo, mas há motivos para se suspeitar que não seja tudo do bom e do melhor."

braço ou não tem uma perna, ou falta-lhes um dedo, ou mostram uma terrivel cicatriz na cara. 'Que foi?' 'Desastre da Central'.

Como consertar essa gente? Como sermos gente, no concerto dos povos? Que problemas terriveis o pobre negro da Africa nos creou aqui, na sua inconciente vingança!...

Talvez a salvação venha de S. Paulo e outras zonas que intensamente se injetam de sangue europeu. Os americanos salvaram-se da mestiçagem com a barreira do preconceito racial. Temos tambem aqui essa barreira do preconceito racial. Temos também aqui essa barreira, mas só em certas classes e certas zonas. No Rio não existe.

Há tempos assisti em Taubaté a uma cena muito ilustrativa do que é essa defesa na America do Norte. Um americano desceu do trem e foi ao restaurante Pereira comer qualquer coisa. Sentou-se e pediu. Nisto entra um guarda-freio de boné na orelha, gaforinha e senta-se-lhe ao pé. O americano ergue-se de impulso, atira a cadeira e some-se no trem. O país equiparava-o ao guarda-freio, mas ele não aceitava o presente. Filosoficamente me parece horrivel isto — mas certo do ponto de vista racial." (Lobato, 1944, p. 133).

Tributário dos ideais higienistas finisseculares, Lobato posiciona-se, nesse momento, etnocentricamente contra a miscigenação racial. Essas idéias eugênicas reaparecem em vários momentos da obra lobatiana[28] (em especial no livro *O presidente negro* e na carta aberta *O voto secreto*, anexada ao livro

28. Com relação à representação do negro, apesar de o conto "Negrinha" ser um libelo contra a mentalidade escravocrata, verifica-se em Lobato um dualismo pois, além de apresentar em *Reinações de Narizinho* a cozinheira Nastácia como "negra de estimação" (o que traduz um modelo de sociedade típica do século XIX), escreve, em 1926, *O presidente negro*, livro de ficção científica, que propõe a exterminação dos negros norte-americanos mediante procedimento científico.

América), e são compartilhadas por boa parte da elite intelectual da época. Por isso, necessitaria reeditar-se a obra lobatiana, contextualizando-a.

2.5 Quadros sinópticos das cartas

1ª fase da correspondência (1903-1917): o aprendiz — 15 anos — 214 cartas e 2 bilhetes

Ano	Nº de cartas	Fatos importantes	Locais de onde escreve[29]
1902		Fundação do "Cenáculo"	
1903	5 cartas e 2 bilhetes		S. Paulo, Taubaté
1904	16	Bacharel em Direito	S. Paulo, Taubaté
1905	12		Taubaté
1906	18		Taubaté, S. Paulo
1907	21	Promotor em Areias	Taubaté, S. Paulo, Areias[30]
1908	13	Casa-se em 28/3	Areias, S. Paulo
1909	26		Areias, S. Paulo
1910	7		Taubaté, Areias, S. Paulo
1911	9	Morte do avô Herda 1.800 alqueires	Taubaté, Fazenda[31]
1912	4		Fazenda

29. Esse quadro revela a mobilidade geográfica de Monteiro Lobato. Ele próprio enumera seus vários endereços quando, depois da liquidação de sua Editora, está de partida para o Rio: "Taubaté... Areias... fazenda do Buquira... Caçapava... S. Paulo... Rio de Janeiro... E depois?" (v. 12, p. 280).
30. Areias tem cerca de 900 habitantes na zona urbana. O município tem aproximadamente 4150 habitantes.
31. A fazenda localiza-se a 8 km da cidade de Buquira (120 km a noroeste de São Paulo, 3.700 habitantes), rebatizada Monteiro Lobato, em 1958.

1913	3		S. Paulo
1914	6	Publica a carta "Uma velha praga" e o artigo "Urupês"	Fazenda
1915	22	Colabora no *Estado de S. Paulo*	Caçapava, Fazenda, Santos, Ponta da Praia, S. Paulo
1916	32	Suicídio de Ricardo Gonçalves Gênese da literatura infantil Diretor da *Revista do Brasil*	Fazenda, S. Paulo
1917	20	Vende a fazenda Buquira	Fazenda, S. Paulo, Caçapava

TOTAL: 214 cartas

2ª fase da correspondência (1918-1927): o editor/impressor — 10 anos — 94 cartas

Ano	**Nº de cartas**	**Fatos importantes**	**Locais de onde escreve**
1918	9	Compra a *Revista do Brasil* *O Sacy-Pererê*: Resultado de um inquérito, *Problema vital* e *Urupês*	S. Paulo
1919	13	Funda a Olegário Ribeiro, Lobato & Cia. Ltda. *Idéias de Jeca Tatu*	S.Paulo, Taubaté
1920	10	*A menina do narizinho arrebitado*	S. Paulo
1921	18		S. Paulo
1922	5		S. Paulo
1923	10	*Mundo da lua* *O macaco que se fez homem*	S. Paulo
1924	8	Cia. Gráfico-Editora Monteiro Lobato	S. Paulo
1925	10	Falência da EditoraFundação da Cia. Editora Nacional	S. Paulo,
	4		Rio de Janeiro
1926			Rio de Janeiro
1927	7	Parte para Nova York aos 45 anos, como adido comercial no governo de Washington Luís	Rio de Janeiro, Nova York

TOTAL: 94 cartas

3ª fase da correspondência (1928-1948):
o petroleiro que chora — 20 anos — 34 cartas

Ano	Nº de cartas	Fatos importantes	Locais de onde escreve
1928	2	Planos de siderurgia no Brasil	Nova York
1929	1	Perde seu capital na Bolsa	Nova York
1930	2		Nova York
1931	1	Funda a Cia. Petróleos do Brasil	S. Paulo
1934	3		S. Paulo
1936	—	*O Escândalo do Petróleo*	
1937	—	Morte do filho Guilherme, aos 23 anos	
		Suicídio do cunhado e amigo Heitor de Moraes	
1938	1		S. Paulo
1940	1		S. Paulo
1941	1	Menciona sua prisão por 90 dias	S. Paulo
1943	8	Funda a Editora Brasiliense	
		Morte do filho Edgard, aos 31 anos	S. Paulo
— A partir da 3ª edição de *A Barca de Gleire* —			
1945	5		S. Paulo
1946	5		S. Paulo, Buenos Aires
1947	3		Buenos Aires
1948	1	Despedida	S. Paulo

TOTAL: 34 cartas

TOTAL GERAL: 342 cartas e dois bilhetes

3. Que barca é essa?

3.1 As Ilusões perdidas

Tout passe, tout casse, tout lasse...
Victor Hugo

Lobato, como editor, sabia o quão importante é um bom título, tendo várias vezes sugerido a Rangel que modificasse os seus, visando torná-los mais aliciador para o público[32]. Roland Barthes, analisando *Sarrasine*, de Balzac, diz que o próprio título "abre uma questão" (Barthes, 1970, p. 24). Que enigma nos propõe Lobato, ao escolher *A Barca de Gleyre* como título de seu epistolário?

Esse nome remete ao quadro *Le soir*, do pintor francês Gleyre[33]. O público começou a chamar o quadro de *As ilusões perdidas*, e o nome acabou prevalecendo. Como se pode ver na ilustração, em anexo, a figura central representa um personagem prostrado, ao lado de uma lira abandonada. Com a cabeça curvada, ele contempla, ao crepúsculo, uma barca que se afasta. É essa barca que dá título à correspondência com Rangel.

Lobato descobriu o pintor Gleyre através da leitura do artigo *Gleyre*, de Taine, escrito em 1878. Eis como o crítico francês descreve a partida da barca: "A noite caiu; sob o céu apagado, nada mais resta senão o espelho d'água imóvel e o

32. "Você nunca soube batizar o que escreve, *Filha*!... Quem no mundo comprará um livro com esse nome?", indaga Lobato.
33. Marc-Charles-Gabriel Gleyre (1806/1874), pintor francês de ascendência suíça, filho de camponeses, órfão de pai e mãe aos oito anos. Teve uma vida difícil e miserável, em atrito com os pintores em voga. Viveu na Itália e no Egito.

homem solitário, que verga a cabeça, resigna-se e cala-se." (Taine, 1909a, p. 239).

Lobato interpreta esse quadro, de forma premonitória, em uma das primeiras cartas, em 15/11/1904, quando tem apenas vinte e dois anos:

> *... Li o teu ultimo artigo... Nunca viste reprodução dum quadro de Gleyre,* Ilusões Perdidas? *Pois o teu artigo me deu a impressão do quadro de Gleyre posto em palavras. Num cais melancolico barcos saem; e um barco chega, trazendo á proa um velho pendido largadamente sobre uma lira — uma figura que a gente vê e nunca mais esquece (se ha por aí os* Ensaios de Critica e Historia *do Taine, lê o capitulo sobre Gleyre). O teu artigo me evocou a barca do velho. Em que estado voltaremos, Rangel, desta nossa aventura de arte pelos mares da vida em fora? Como o velho de Gleyre? Cansados, rotos? As ilusões daquele homem eram as velas da barca — e não ficou nenhuma. Nossos dois barquinhos estão hoje cheios de velas novas e arrogantes, atadas ao mastro da nossa petulancia. São as nossas ilusões. Que lhes acontecerá?*
>
> *Somos vitimas de um destino, Rangel. Nascemos para perseguir a borboleta de asas de fogo — se na não pegarmos, seremos infelizes; e se a pegarmos, lá se nos queimam as mãos.* (v. 11, p. 80-81).

A visão que Lobato tem de Gleyre e de seu quadro mais famoso emana de Taine e corresponde a de um *raté*.[34] Com efeito, em seu artigo, Taine descreve o pintor como um fracassado, que não possuía nenhum resquício de amor-próprio, "nem sequer no grau permitido". Segundo Taine, Gleyre era indiferente ao bem-estar, não valorizava o dinheiro e, apesar

34. A visão de Taine não corresponde exatamente a de outros exegetas, para os quais o quadro seria uma alegoria do Nilo, pois o pintor viveu durante dois anos no Egito. Depois do sucesso de *Le soir*, a produção de Gleyre teria sido incessante e bem sucedida.

da penúria em que sempre viveu, durante mais de vinte anos ministrou, duas vezes por semana, aulas gratuitas no principal ateliê de Paris, ateliê outrora dirigido pelo pintor David. Esse fato nos revela o desprendimento e o valor de Gleyre, entre cujos alunos citam-se Monet, Sisley, Renoir e Whistler.

Segundo Taine, Gleyre recebera rude golpe na carreira ao ver destruídas, por imposição de Ingres, que pontificava à época, as alegorias *Religião*, *Trabalho* e *Agricultura*, pintadas nas escadarias de um dos castelos do Duque de Luynes, seu mecenas. Para Taine, o quadro *Le soir*, exposto no Salão de 1843, representou "o cortejo fúnebre de suas ilusões perdidas" (Taine, 1909a, p. 254)[35].

Lobato, como Gleyre, ao coligir a correspondência, também sentia-se malogrado. Em 1944, já presenciara a morte de dois filhos e perdera várias batalhas literárias e políticas, principalmente a do ferro e do petróleo, a cujas campanhas sacrificara a carreira literária. Inferimos que, ao escolher o título do epistolário, identificava-se com Gleyre, ambos pintores fracassados, sem nenhuma identificação com seu meio e com os homens de seu tempo. Se a barca de Gleyre leva todos os sonhos que o pintor acalentara, a de Lobato resume a lassitude de um escritor vencido. Por essa época, seu assunto favorito é a morte. Como o poeta do quadro, Lobato também abandonara a harpa, movido pela musa Cólera (v. 12, p. 213).

O quadro *Le soir* foi exposto no Salão de 1843. O público da época aproximou-o do livro *As ilusões perdidas*, de Balzac, romance publicado em folhetins de 1837 a 1843. Profundo admirador de Balzac, a quem considerava "um gênio dos absolutos", Lobato certamente conhecia esse romance, embora não o mencione explicitamente. Como não podia rotular sua correspondência de *Ilusões perdidas* (o título era de Balzac), teve que recorrer a uma perífrase ao batizar o epistolário.

35. "*Son tableau était un adieu; la Barque qu'il exposait au Salon de 1843 était le convoi funèbre de ses illusions perdues.*"

O romance de Balzac desenvolve-se em dois espaços: a província e a capital. Na primeira parte do livro, o escritor retrata da amizade intelectual entre dois jovens provincianos: de um lado, Lucien de Rubempré, poeta ambicioso; de outro, seu oposto, David Séchard, impressor e inventor (Balzac, 1978, p. 7). Quando "sobe" para Paris, Lucien de Rubempré integra outro dueto amistoso, buscando guarida junto ao escritor Daniel d'Arthez e um grupo de literatos principiantes, que pautavam o ofício literário pelas regras da ética e da verdade. Esses jovens esperançosos reuniam-se num "Cenáculo", nome que também rotulará o grupo de Lobato na capital paulista (Cf. *infra* p. 67).

Segundo Stefan Zweig, "*Les illusions perdues* são no âmago a discussão decisiva de Balzac consigo mesmo" (Zweig, 1946, p. 336). Como seu personagem David, Balzac foi impressor. Como Lucien Chardron, que resgatou a partícula nobiliárquica do nome materno e passou a chamar-se Lucien *de* Rubempré, Balzac acrescentou a seu nome a partícula *de*, passando a assinar Honoré *de* Balzac (Balzac, 1978, p. 14). As *Ilusões perdidas* retratam igualmente o desalento Balzac, que, durante dezenove anos, escreveu duas mil páginas por ano, e morreu aos cinqüenta e um anos, exaurido pelo trabalho e assediado pelos credores.

O epistolário de Lobato também representou um monólogo interior. Este afirma que falar com Rangel foi o substitutivo de falar consigo mesmo (v. 12, p. 314). Lobato desdobra-se no jornalista talentoso que toma de assalto a capital[36], como Lucien de Rubempré. Tem igualmente um pouco do David inventor, que passou pelas maiores vicissitudes para descobrir novos

36. Diferentemente de Rubempré, que desembarcou em Paris com a cara e a coragem, Lobato desembarcou na capital paulista com o fruto de uma herança de mil e oitocentos alqueires de terra, dado importante para compreendermos seu sucesso.

métodos para fabricação de papel barato, métodos esses usurpados, no romance de Balzac, com o beneplácito da justiça.

Podemos imaginar o quanto devem ter interessado a Lobato as digressões de Balzac sobre a história dos diferentes tipos de papel, sobre a evolução da tipografia, e sobre a necessidade de se encontrarem novos produtos para substituir os trapos de linho, usados então como matéria-prima. Se problema do papel é, como assegura o impressor David Séchard, "da mais alta importância para a literatura, para as ciências e para a política" (Balzac, 1978, p. 67), o Lobato impressor também lutou pelo barateamento do papel, denunciando o imposto que incidia sobre sua importação[37].

No romance *As ilusões perdidas*, Balzac revela a sordidez e a mesquinharia do mundo literário e do jornalismo subvencionado, e as intrigas que envolvem a inserção do escritor no mundo capitalista, onde o sucesso e a reputação são forjados artificialmente pelos detentores do poder. Como afirmou Lukács, "o romance mostra como a literatura (e com ela toda ideologia) reduz-se a simples mercadoria." Ou ainda: "as *Ilusões perdidas* são um poema tragicômico que trata da capitalização do espírito." (Lukács, 1965, p. 97).

Lobato também comungava essas idéias. Como assinala num artigo sobre Brecheret (Cf. p. 149), lembra que é inútil acreditar que as portas se abrem para o talento. O mundo das letras é também o mundo do tráfico de influências, da ambição desmedida, da musa Moeda. Em 1917, comenta com Rangel: "Se um novo entra humilde, a pedir licença, todas as portas se fecham. É preciso aparecer de machado em punho, faca nos dentes e arrombar as portas a pontapés." (v. 12, p. 132).

37. Cumpre lembrar, entre tantos projetos mirabolantes de Lobato, o da cultura de celulose de eucalipto para fabricação de papel, empreendimento que faliu, como tantos outros (CAVALHEIRO, v. 2, 1956, p. 130).

A sordidez que Balzac aponta nos jornais — "lupanares do pensamento" (Balzac, 1978, p. 130), e na Justiça, Lobato vislumbra nas forças da corrupção e da degenerescência que solapam o país, no interior das engrenagens do poder.

Os empreendimentos de Lobato têm um similar nas loucuras de Balzac que, embora aparentassem sensatez, sempre terminaram mal. Se associa-se a imagem de Lobato a uma torre de petróleo, associa-se a de Balzac às velhas minas de prata que tentou comprar na Sardenha (Zweig, 1946, p. 384). Tanto Balzac quanto Lobato são caçadores de tesouros. O próprio Lobato nos adverte desse parentesco. Ao reler suas cartas, em 01/05/1919, confessa a Rangel: "Nas minhas noto tambem um furor de argentario que lembra o de Balzac. Quantos planos para enriquecer! Quanta imaginação! E quantas saudades me deram!" (v. 12, p. 195). Se Balzac sonhou operar toda a cadeia da impressão, desde a fundição de tipos, a tipografia, a escrita e a venda por correspondência, Lobato realizou o sonho balzaquiano, participando de todas as pontas da malha produtiva do livro: foi editor, impressor, escritor, tradutor.

O título do epistolário posiciona Lobato no século XIX, ao lado de Balzac e do pintor Gleyre. Além disso, a coletânea foi enfeixada sob a dupla égide de Taine. Em primeiro lugar, porque o título advém de um quadro filtrado pela análise de Taine. Em segundo, porque o escritor compara suas cartas às de Taine a Édouard de Suckau, seu amigo de infância. Em 1917, Lobato sugere a Rangel a leitura da correspondência de Taine[38]: "A sua [de Taine] correspondencia com E. de Suckau lembra a nossa em certos pontos. Há uma eterna referencia a Edmond de About e Prevost Paradol, como na nossa ha uma eterna recorrencia do Ricardo e outros." (v. 12, p. 164). Com

38. Os quatro volumes da correspondência de Taine foram publicados de 1902 a 1907, com o título de *Hypollite Taine, sa vie et sa correspondance*.

efeito, nas poucas cartas a Suckau que lemos, percebemos que Taine faz confidências literárias e volta e meia cita os outros amigos, para opô-los a Suckau: "*Cher Ed., avec lui [Paradol] e About, on est toujours sur le qui-vive; l'amitié est presque militante; avec toi, je suis comme dans la cour de l'École, aux récréations d'été, t'en souviens-tu? la tête sur ta poitrine, tranquille et heureux.*" (Taine, 1909b, p. 14).

Lobato aconselha Rangel a ler a correspondência de Taine, da mesma forma que Taine instava para que Suckau lesse as páginas de Marco Aurélio sobre a amizade: "*Restent les amitiés d'homme à homme; rien ne me touche plus que de lire celles de l'antiquité. Marc Aurèle est mon catéchisme. Relis-le, c'est nous mêmes...*". (Taine, 1909b, p. 14).

Estamos aqui num universo especular, em que dois correspondentes do século XX (Lobato e Rangel) se vêem refletidos noutros correspondentes do século XIX (Taine e Suckau), os quais vêem a imagem de sua amizade inscrita nos *Pensamentos* de Marco Aurélio, do século II. Universo em abismo, em que a realidade imita a ficção: Taine, Gleyre, *Le Soir*, Balzac, *As ilusões perdidas*, *Le Cénacle* de d'Arthez, o Cenáculo de Rangel, Lobato, *A Barca de Gleyre*.

3.2 Monteiro Lobato, o "semeador de horizontes"

E isto acima de tudo: sê fiel a ti mesmo.
Shakespeare

José Renato, ou melhor, José Bento Monteiro Lobato[39] nasceu em Taubaté, em 18 de abril de 1882, e morreu em 4 de julho de 1948. Durante trinta anos lutou pela melhoria das

39. José Renato Monteiro Lobato trocou, ainda adolescente, seu nome pelo do pai José Bento Marcondes Lobato, supostamente para poder usar tal bengala, em cujo castão se liam as iniciais JBML.

condições de vida do povo brasileiro, ocupando um espaço entre a literatura e a ação, desvinculado tanto de suas origens oligárquicas quanto dos círculos oficiais, atuando como livre-atirador. Na contramão do ufanismo, sua preocupação com a condição miserável do homem brasileiro levou-o, em 1914, a criar, nos artigos *Uma velha praga* e *Urupês*, a figura patética do Jeca Tatu, protótipo do caipira paulista, o homem "de cócoras", que lembra o urupê, "cogumelo de pau podre que vegeta no sombrio das matas" (Lobato, 1943, p. xxv).

Cabe assinalar que, apesar de afastado de suas origens na oligarquia cafeeira, essa mesma origem propiciou-lhe os meios materiais com que iria reconverter-se à atividade intelectual, depois de ter atuado como fazendeiro por sete anos.

Ao sair da adolescência, Lobato perde o pai e a mãe, figuras ausentes — *et pour cause* — de sua literatura infantil[40], ficando sob tutela do avô materno, o Visconde de Tremembé, homem tão influente que chegou a ser anfitrião de D. Pedro II. Lobato não deixou de ironizar suas origens, ao criar alguns de seus personagens infantis: o Marquês de Rabicó, o porco glutão, e o sabugo de milho Visconde de Sabugosa, o sábio *raté*. Apaixonado pela pintura, é contrariado no desejo de ingressar na Escola de Belas Artes, pois o avô o queria bacharel em Direito, como rezava a tradição oligárquica brasileira. Entra a contragosto na Faculdade de Direito do Largo de São Francisco: "Fiz ato de presença na Academia, para obter diplo-

40. Embora Tatiana Belinky (Apud COELHO, 1985, p. 194) afirme que a constelação familiar esboçada por Lobato em sua literatura infantil seja a mais apta a aplainar os conflitos familiares, acreditamos que a ausência de pai e mãe devem-se basicamente à concepção utópica do pensamento de Lobato. Note-se que Dona Benta, além de *alter ego* de José Bento, pode remeter à avó de Lobato, professora primária e concubina do avô Visconde de Tremembé. Do papel secundário que teve em vida, suplantado pela "Visconda" (a esposa legítima), a imaginação de Lobato, (neto bastardo), guindou a avó Anacleta Augusta do Amor Divino a protagonista de sua ficção infantil.

ma, mas está claro que em vez de aproveitar o miolo de meus lentes, aproveitei-lhes as caras, como modelos vivos de minhas caricaturas." (Lobato, 1982, p. vii). O sofrimento recalcado pela vocação contrariada sempre vem à baila no texto lobatiano, a exemplo do título do epistolário. Só em 1917, a pretexto de ilustrar o próprio livro de contos, o escritor entra num curso de desenho (v. 12, p. 161).

Qual é o cenário brasileiro que nos descortina Lobato? Ao desembarcar na capital paulista nos anos 20, época em que a população brasileira girava em torno de 25 milhões de habitantes, a seu ver, havia "17 milhões de opilados" (o amarelão); "três milhões de idiotas e papudos" (a doença de Chagas) e "dez milhões de impaludados" (a malária). País sem estradas, sem petróleo, sem siderurgia. Era um Gulliver "deitado e amarrado" (Lobato, 1950, v. 6, p. 92). O voto era aberto e funcionava o "curral" eleitoral. Altas taxas incidiam sobre o papel para impressão de livros, favorecendo a importação de livros portugueses, isentos de taxa. Na Era Vargas, a máquina estatal mostrava-se ineficiente e corrupta, parecendo ter como lema: "criar embaraços para fazer dinheiro com a suspensão dos embaraços" (Lobato, 1950, v. 7, p. 233). O excesso de café, nossa maior riqueza, era regularmente incinerado, em vez de ser reciclado, para extração de derivados (cafeína, combustível), ou trocado por óleo russo (Lobato, 1950, v. 7, p. 231). Em suma, um país que ele compara à obra do Marquês de Sade, na qual se opera "a mais monstruosa inversão moral ainda observada no mundo. Os personagens bons se vêem horrivelmente castigados e os maus, recebem todos os premios." (Lobato, 1950, v. 8, p. 36).

Gerando laboriosamente sua literatura desde o início do século, o fazendeiro Lobato só despontou no céu das letras, como já dissemos no início deste livro, com a carta "Uma velha praga", em 1914. Encerrou sua obra em com *Os doze trabalhos de Hércules,* escrito em 1944. Como o de Hércules (personagem que integra o mito do super-homem, em cuja constelação situamos Lobato), o fim deste também foi inglório. Seus "12 trabalhos" — a luta em prol do livro, do ferro, do petróleo, do voto secreto, da saúde pública, da arte brasileira; a literatura infantil, a carreira de tradutor de mais de cem volumes, a trajetória de contista, de epistológrafo, a denúncia da tortura nas prisões do Estado Novo e da corrupção da máquina administrativa — atividades exercidas mediante uma escrita vibrante e mediante a criação de empresas — lhe custaram a herança e lhe valeram a prisão, o desgastaram prematuramente e o excluíram do cânone literário, apesar de ter atingindo, já no final da década de 40, a tiragem de mais de 2 milhões de exemplares vendidos (Lobato, 1959b, v. 2, p. 178).

A indústria do livro no Brasil começou pelas mãos daquele que se autodenominava "caboclinho de Taubaté" (Lobato, 1950, v. 16, p. 249). Não contente em escrever, resolveu ser editor e impressor. Mas isso não era tudo. Tinha ainda que vender. E vender onde? Escreve uma carta circular, que envia aos quatro cantos do país, para desencovar compradores, mediante venda por consignação. Mas, além de parir livros (a expressão é sua), importar as máquinas para editá-los, garimpar escritores novos refugando os medalhões, criar o comércio livreiro, havia ainda que defender o livro, lutando pela isenção de taxas de importação de papel. Em sua opinião, a política para o livro no Brasil era digna de D. Maria I, "que o demo tenha no seu ardente garfo" (Lobato, 1950, v. 8, p. 188), pois ela mandara empastelar os prelos no Brasil colônia (Lobato, 1950, v. 6, p. 170).

Como editor pioneiro no Brasil, no início de nossa industrialização, considerava o livro como uma mercadoria que precisava ir ao encalço do comprador. Marisa Lajolo (1982) destaca a modernidade de Lobato como editor, ao fazer com que o livro encontrasse o público. "O nosso sistema não é esperar que o leitor venha; vamos onde ele está, como o caçador.

Perseguimos a caça", afirma Lobato (v. 12, p. 239). As capas cartonadas e coloridas, em oposição às brochuras amarelas, conforme padrão francês em voga, bem como o barateamento do preço faziam parte da estratégia para atingir o público. Lobato adotava ainda outras táticas: misturava literatura e publicidade, como é o caso do almanaque *Jeca Tatuzinho* (adaptação da história do Jeca Tatu, distribuído junto com o "Biotônico Fontoura"); encartava nos livros reclames de outras obras; valia-se da publicidade em jornais; lançava edições com papel de qualidade inferior; anexava folhetos aos livros; rescrevia obras clássicas. Chegou a ponto de editar, em 1922, o livro de contos *Andorinhas*, de Rangel, no estapafúrdio formato 12 cm x 8 cm. O impulso com que expandiu no Brasil o ato da leitura está retratado na *Barca de Gleyre*. Só uma vez Lobato escapa dessa fúria mercadológica, quando edita, em 1923, um livro que lhe era particularmente caro, *Mundo da lua*, diário dos tempos iniciais da correspondência com Rangel, constituído de notas, minicontos, impressões, crônicas, aforismos. Em carta de 10/2/1923, comenta: "Imprimi esse livro num papel maravilhoso, em elzevir, por que se destina a um publico muito especial: nós dois."

Lobato lutou também pela instauração do voto secreto, escrevendo, em 1925, cartas ao presidente Artur Bernardes e a Carlos de Campos, presidente do Estado de São Paulo. Em represália, Artur Bernardes suspende as compras oficiais de livros didáticos. No livro *América*: viagem, discute o sistema representativo dos Estados Unidos e as vantagens do voto secreto.

Adido comercial nos Estados Unidos, de 1927 a 1930, tornou-se um entusiasta da América na era do rádio, do cinema, do ferro e do petróleo. Lá começa a perguntar-se por que um país com extensão e povoamento similares ao vizinho do norte produzira uma civilização tão atrasada. A culpa não é do jeca, como reconhece desde o livro *O Sacy-Pererê*: Resultado de um inquérito, de 1918[41], mas da falta de ferro e de petróleo, que trava o Brasil, gerando a miséria, fonte de todas as outras mazelas: corrupção, doenças, pobreza, falta de cultura. A famosa frase — "Um país se faz com homens e livros" (Lobato, 1950, v. 9, p. 45) —, refere-se à visita que o escritor fez a Washington, descrita no livro *América,* de 1932. Quando Lobato escreve "um país se faz com homens", pensa em George Washington e Abraham Lincoln. Quanto a "livros", refere-se à Biblioteca do Congresso, a "Catedral do livro". Aqui estão em gérmen as idéias que lhe alimentarão a vida, até a morte em 1948.

Para Lobato, só a exploração do subsolo levaria o país a libertar-se do estado "cocainizado", onde a "mentira crônica" o levara (Lobato, 1950, v. 7, p. 119). O ferro produz a máquina que o petróleo movimenta. Secundado por ela, a força do homem multiplica-se. Ubíquo, o escritor lança-se em várias frentes, como assinalou Cassiano Nunes: é sanitarista, prolongando a luta de Oswaldo Cruz pelo saneamento básico (*Problema vital*[42], que trata do assunto, é seu segundo livro, anterior a *Urupês*); é economista em *Mr. Slang e o Brasil*[43], *1927*; é metalurgista em *O ferro,* 1931; jornalista em *Na antevéspera,*

41. "Salve amigo, só tu neste paraiso dos xaropes és como o pau de lei: casca molle por fóra, cerne que machado não morde por dentro. Só tu neste embaúval és cabiuna, Geca!" (LOBATO, 1918, p. 291).
42. O livro *Problema vital* reúne artigos da campanha em prol do saneamento básico, publicados sob o patrocínio da Liga Pró-Saneamento do Brasil de Belisário Pena, sob a rubrica da Editora *Revista do Brasil.*
43. *Mr. Slang e o Brasil,* de 1927, é crônica da atualidade brasileira: um inglês (Mr. Slang), que há quarenta anos coleciona artigos de jornais sobre os problemas brasileiros, comenta com um brasileiro a situação política, durante intermináveis partidas de xadrez. Nesse diálogo, o inglês defende a estabilidade monetária, o saneamento básico, a eficiência, a construção de estradas, a entrada de europeus, a indústria do livro nacional. Investe contra a burocracia, o protecionismo e o parasitismo. Em apenas três páginas desse livro, detectamos quinze vezes as palavras "parasita" e "parasitismo".

1933. Encampa a tese de Washington Luiz de que "governar é abrir estradas", veias que levam o sangue vital as diversas regiões, combatendo a esclerose e o separatismo.

Na literatura infantil, chegou aos píncaros de Andersen, tirante a melancolia deste. Lobato muitas vezes contou e queremos consignar aqui o relato da gênese de sua literatura infantil: impressionado ao ouvir de um amigo (Hilário Tácito, autor de *Madame Pommery*), o caso de um peixinho que saíra do mar e, ao voltar para seus pagos, desaprendera a nadar, morrendo afogado, sentou-se à máquina e escreveu a história do casamento de Narizinho com o príncipe Escamado, no Reino das Águas Claras[44] (Lobato, 1943, p. xxxv). Páginas poé-ticas, como a descrição do vestido da noiva, tecido por dona Aranha Costureira, ajudada pelas seis filhas, com todos os peixinhos multicoloridos e buliçosos do mar, vestido tão lindo que "até o espelho arregalou os olhos, de espanto":

> *O mais lindo era que o vestido não parava um só instante. Não parava de faiscar e brilhar, e piscar e furtar-cor, porque os peixinhos não paravam de nadar nele, descrevendo as mais caprichosas curvas por entre as algas boiantes. As algas ondeavam suas cabeleiras verdes e os peixinhos brincavam de rodear os fios ondulantes sem nunca tocá-los nem com a pontinha do rabo. De modo que tudo aquilo virava e mexia e subia e descia e corria e fugia e nadava e boiava e pulava e dançava que não tinha fim...* (Lobato, 1982, p. 58-59).

Mas o "Andersen da América Latina", como ele se autodenomina (v. 12, p. 345), teve seus livros condenados pela Igreja e queimados durante o Estado Novo, num verdadeiro

44. Observe-se a semelhança do início dessa história com *Alice no país das maravilhas*, de Lewis Carroll.

auto-de-fé (Nunes, 1981, p. 54) pois, com sua literatura infantil, ensinava a criança a ler e a questionar as convenções[45].

Como contista, destaca-se o livro *Urupês*, o qual, além de iniciar a indústria livreira no Brasil, representa uma alegoria de um momento histórico brasileiro. Outra característica desse livro de estréia é o fato de inaugurar uma literatura sob o signo do combate. Com efeito, o leitor distraído folheará o livro *Urupês* e não encontrará nenhum conto com esse nome. Com certeza ficará intrigado, até deparar-se com um artigo homônimo, à guisa de posfácio. Lerá o texto e só encontrará a palavra *urupê*[46], nas linhas finais, onde o autor compara o caboclo aos fungos, "orelhas-de-pau" que parasitam os troncos.

Não é estranho que um livro de contos tenha por título o nome de um artigo de cunho político, que lhe serve de epílogo, onde o autor descreve o piraquara paulista, que chama de Jeca Tatu, "funesto parasita da terra", estigmatizando-o?

Pensando bem, não é tão estranho assim, se lembrarmos que o escritor procurava, por intermédio dos contos, uma metáfora para o Brasil. Da Argentina, no final da vida, escreve para Cavalheiro: "O Brasil é aquele tremedal que eu descrevo no *Bocatorta*" (Lobato, 1959b, v. 2, p. 198), referindo-se ao atoleiro que engole o negro Bocatorta. O artigo *Uma velha praga,* tachado de "mais uma indignação", também é inserido no livro *Urupês*, a partir da segunda edição. Pela inserção desses artigos num livro de contos, Julio Cesar Silva (1977) fala em dominância do discurso ideológico nos contos lobatianos.

Gostaríamos de salientar que, depois do sucesso do arti-

45. Muito interessante a respeito dessa pedagogia da leitura é o livro *Histórias de Tia Nastácia* em que as personagens do *Sítio* questionam as histórias contadas por Nastácia, atribuindo-lhes nota. Trata-se, na verdade, de uma pedagogia da desleitura.

46. Vale ressaltar que Lobato escolhe termos tupis para título de seus primeiros livros ("saci", "urupê"), em contradição com o purismo lingüístico que encontraremos em sua linguagem por vezes tão próxima da literatura oitocentista.

go, o autor editou-o em folheto, com o título de *Jeca tatu*: vida e costumes — conto brasileiro celebrizado pelo Conselheiro Rui Barbosa; e com capa de J. Carlos (Azevedo, 1997, p. 116). A inserção do artigo no livro de contos, bem como sua edição em folheto, mostram o quanto Lobato sabia aproveitar a publicidade para vender livros.

A história do petróleo brasileiro começou pelas mãos de um literato-prospector (ele se autodenomina Jeca *Tatu*), que prevê, no livro infantil *O poço do Visconde*, de 1937, que o primeiro poço de petróleo jorrará na Bahia. Com efeito, Oscar Cordeiro descobre petróleo, em 1939, numa localidade situada a quatro quilômetros de Salvador, chamada, coincidentemente, Lobato. O Governo Federal, até então adversário da hipótese de petróleo nessa localidade, após a descoberta rende-se aos fatos, ergue um obelisco comemorativo ao Conselho Nacional do Petróleo e paralisa a exploração. Cordeiro, roubado em sua descoberta, é preso "e demitido do cargo de presidente da Bolsa de Mercadorias, que ele próprio fundou." (Lobato, 1950, v. 7, p. 176). Coisas do Marquês de Sade.

Lobato trava luta memorável contra os sabotadores do petróleo nacional, enquistados na burocracia federal. Não teme sina idêntica à de alguns pioneiros do petróleo, mortos de forma suspeita. Escreve cartas a Getúlio Vargas, ao governador de São Paulo, Armando de Sales Oliveira, ao Ministro da Agricultura[47], denunciando a conspiração de silêncio em torno do petróleo. Com muito custo instaurou-se um inquérito para averiguação das denúncias, que culminou em sua prisão[48]. A narrativa brilhante de *O Escândalo do petróleo* faz

47. Destacamos alguns termos da "Carta aberta ao Ministro da Agricultura – Por que o Brasil não tem petróleo", de 1939: "sabotagem" (4 vezes); "complot"; "camorra" (2 vezes). (LOBATO, 1950, v. 7, p. 69 *sq.)*

48. Citamos, abaixo, trecho de carta escrita na Casa de Detenção, onde ironiza sua prisão, em 2 de abril de 1941, aos 59 anos, quando já era um fenômeno editorial, com 1,2 milhão de livros vendidos: "Outro

que se leia esse livro de árida literatura circunstancial como uma novela cheia de peripécias. Cassiano Nunes sublinha que Lobato, às vezes, beirava "o grau de mania, de obsessão: seu lema na campanha era "*Oil or hell*". (Nunes, 1981, p. 75). O escritor ia buscar ajuda lá onde podia encontrar, mesmo que tivesse que pactuar com o poder, tal a força de suas convicções, o que nos lembra os versos de Virgílio, citados em epígrafe por Freud, em *A interpretação dos sonhos*: "*Flectere si nequeo superos, Acheronta movebo*" ("Se eu não conseguir dobrar os deuses de cima, comoverei o Aqueronte").

No seu poço de Araquá, o prospector de petróleo tropicou, a mil e quinhentos metros de profundidade, na diábase, rocha inexpugnável, que paralisou as perfurações. Mas a diábase de sua vida foi, antes de mais nada, a máquina estatal brasileira, que funcionava como uma imensa rolha a seus projetos de modernização. Lobato considera, ao longo de sua obra, o Estado brasileiro como um antropófago, um "Moloque" devorador de seus filhos. Se o tema de sua obra é a paixão pelo Brasil, como quer Cassiano Nunes, poderia ser também, a nosso juízo, a ira contra o Estado.

A modernização dos processos siderúrgicos brasileiros também teve como propulsor um literato que, além de escrever sobre o ferro, transformou-se em "capitão de indústria"[49], arrebanhou técnicos, movimentando-se em altos escalões in-

está aqui porque sonhou em dar petróleo próprio ao Brasil./ — Você foi inepto, Lobato. Isso de querer dar qualquer coisa a um país revela apenas imperdoável pretensão. Um país é grande reservatório de coisas para uso dos patriotas. O patriota é um ser sumamente sábio — vive da pátria; em vez de dar-lhe coisas, tira-as, mas tira-as à força de retórica. Quando morrer, os necrológios choram o desaparecimento de um servidor da Pátria. Eu sei como a servem: roendo-a, devorando-lhe as carnes, vivendo às custas dela a vida inteira" (NUNES, 1986, p. 238). Em *Coisas do Reino do Jambon*, Lima Barreto diz: "Roem-no os de fora; roem os de dentro".

49. A expressão é de Caio Prado Júnior (LOBATO, 1950, v. 7, p. x.).

ternacionais, com interlocutores como Edsel Ford, filho de Henry Ford. Se escreveu *Jeca Tatuzinho* para vender, qual boticário, o composto ferroso Biotônico Fontoura, lutou também contra a anemia nacional. Queria introduzir no Brasil uma indústria siderúrgica baseada no processo descoberto pelo engenheiro Smith, da Ford, que previa fornos à baixa temperatura, usando como combustível resíduos de produtos disponíveis no Brasil (restolho de café, bagaço de cana, babaçu). Mas os entraves burocráticos impediram que o processo fosse posto à prova.

Homem de hábitos frugais, Lobato dormia pouco. Ao longo da vida, costumava acordar no meio da noite para revisar provas. Numa época em que se desconhecia o computador, escreveu milhares de páginas sem fraquejar no estilo dúctil, mordente e preciso. Sua filha Ruth afirma que nunca se lembra de tê-lo visto "sem estar a escrever, a traduzir ou a rever provas" (Lobato, 1965a, p. ix). Esse aficcionado pelo trabalho queria mudar-se para Netuno, onde "os dias têm 1916 horas." (v. 12, p. 328).

Meses antes de morrer, ao retornar de uma estada de dois anos na Argentina, para onde se mudara com o intuito de criar mais uma editora, a Continental, ainda procurava um lugar para morar, tendo que aceitar a oferta da Brasiliense para se alojar num apartamento da empresa. Escreve à nora Gulnara em 30/7/1947: "Nós continuamos no olho da rua, e eu a pagar a imprevidência de não ter comprado casa." (Lobato, 1959b, v. 2, p. 226). Ele morrerá dentro de onze meses, em 4 de julho de 1948. "O antigo latifundiário do Buquira possui hoje uma única propriedade — o famoso 'Sítio do Pica-pau Amarelo', esse 'Shangri-lá' das crianças brasileiras", escreve Artur Neves ainda em 1943. (*Apud* Lobato, 1943, p. xxxix).

Com a morte de dois filhos, Guilherme e Edgard, jovens adultos ceifados pela "dama branca", Lobato mal esconde o desespero, voltando-se para o estudo e a prática do espiritismo[50]. Depois de remexer mundos e fundos para desatolar o Brasil, procurando ajuda a torto e a direito, seu cavalo está cansado, como afirma. Quer apear, para ver pessoalmente se "a morte é virgula, ponto e vírgula ou ponto final". (Lobato, 1982, p. xxiii). Mas, se seus últimos depoimentos destilam pessimismo, ele não dispensa o humor, conforme carta dada a público pelo trabalho arqueológico de Cassiano Nunes:

> *São Paulo, 10/5/1947*
>
> *Prezado Sr. J. Henriques:*
>
> *Recebi sua carta de 2 deste, na qual me pede um verdadeiro* compte-rendu *da minha vida em benefício da obra a publicar-se* Os Grandes Vultos do Brasil. *Respondo declarando que em sã consciência não posso atendê-lo; mas se por acaso a Empresa Histórica Nacional houver por bem, um dia, dar a público uma obra que muitíssima falta faz — os grandes idiotas do brasil —, terei o máximo gosto em responder a todas as perguntas e até tomarei a liberdade de insistir para que me coloquem num dos primeiros lugares.* (Nunes, 1981, p. 57).

Em Taubaté, sua cidade natal, sempre foi de praxe homenagear o escritor-empresário com uma torre de petróleo. Esse fato nos remete ao poema de Drummond, "O boi"[51] (Andrade, 1964, p. 122) retrato da modernização do Brasil,

50. Lobato encara o espiritismo de forma científica, influenciado pelo livro do médico e fisiologista Alexis Carrell (Prêmio Nobel, 1912), que escreveu o livro *L'homme, cet inconnu*, tratando cientificamente do sonho e da faculdade de um ser humano expandir-se a grande distância no tempo e no espaço.
51. Vale notar que o poema é do livro *José*, de 1941-1942, auge da polêmica do petróleo no Brasil. Isso mostra o quanto a poesia,

pela qual Lobato renunciou à carreira literária. O poema termina com essa estrofe:

Ó solidão do boi no campo!
O navio-fantasma[52] *passa*
em silêncio na rua cheia.
Se uma tempestade de amor caísse!
As mãos unidas, a vida salva...
Mas o tempo é firme. O boi é só
No campo imenso a torre de petróleo.

Lobato, amoroso filólogo, nos diz em *Geografia de Dona Benta*, que a palavra "derrota" é também o caminho que rompe obstáculos, é a rota, *via disrupta.* Na errância de sua *Barca*, pelos mares da literatura, correu qual o navegador errante em busca do impossível Milênio sobre a terra. No final de uma vida, como diz Rilke, no poema *Réquiem para Wolf, Conde von Kalckreuth*, "Quem fala de vitórias? Suportar é tudo."

3.3 Minarete, Cenáculo, Cainçalha, Paradou, Tarasca...

Lobato e Rangel conheceram-se nos tempos de estudante quando desembarcaram, em 1900, na capital paulista para cursar a faculdade de Direito. Rangel, assim que chegou a São Paulo, alugou dois cômodos nos altos de um chalezinho pintado de amarelo, situado numa rua de terra vermelha, no bairro Belenzinho. Começou trabalhando como escrivão de polícia. Ricardo Gonçalves, que trabalhava como repórter

através dos interstícios, também está sintonizada com a realidade.

52. Foot HARDMANN (1983, p. 83) usa a metáfora do navio fantasma, no qual navegaria o "ideólogo-escritor libertário" premido entre o romantismo (milenarista, messiânico) e o iluminismo (cientificista e racionalista). Acreditamos que Lobato situa-se nessa intersecção.

policial, conheceu-o durante uma reportagem. Juntos, resolveram criar uma república estudantil a que, mais tarde, se reuniu Lobato.

Inspirado na leitura do ciclo *Tartarin*[53], de Alphonse Daudet, Ricardo batizou a república de "Minarete", e os freqüentadores do lugar passaram a ser os *muezins*. Além de Lobato, Rangel e Ricardo, integravam o grupo os seguintes estudantes: Lino Moreira, Tito Lívio Brasil, Albino Camargo, Cândido Negreiros, Raul de Freitas e José Antonio Nogueira. Em longa nota no início da correspondência, que equivale a minimemórias, Lobato descreve todos os integrantes do Minarete e é impiedoso ao descrever Rangel: "o mais delicado e bonitinho do bando; vegetou toda a vida como juiz e hoje, na aposentadoria, geme os reumatismos em Belo Horizonte." (v. 11, p. 25).

A camaradagem do grupo revestia-se de um sentimento religioso, como expressa o nome da república, que passaria a chamar-se "Cenáculo", outro vocábulo de conotação religiosa. A literatura, para eles, substituía a religião, que renegavam: como bons *muezins*, oficiavam juntos o culto da literatura e da forma. Instituíram até um rodízio de fiscais, encarregados de anotar todas as "chapas" perpetradas pelo grupo.

O nome "Cenáculo" é paradigmático sob vários aspectos. Em primeiro lugar, é o nome do grupo que se reunia na casa de Charles Nodier e depois na de Victor Hugo, de 1823 a 1828, em Paris, para discutir as idéias do Romantismo que despontava. Em segundo lugar, tanto o nome quanto a filosofia do grupo inspirava-se na relação entre os escritores Lucien de Rubempré e Daniel d'Arthez, personagens de *Ilusões perdidas*, de Balzac que, como vimos, faziam parte de um grupo chamado de "Cenáculo". No capítulo v desse livro

53. Trata-se dos livros *Tartarin de Tarascon* (1872), *Tartarin sur les Alpes* (1885) e *Port-Tarascon* (1890).

("O cenáculo"), o narrador balzaquiano descreve todos os seus integrantes, concluindo: "Esses nove personagens compunham um Cenáculo onde a estima e a amizade fazem reinar a paz entre as idéias e doutrinas mais opostas." (Balzac, 1978, p. 122).

"Cenáculo" é também o nome do grupo de poetas coimbrãos liderados por Antero de Quental e do qual participavam, entre outros, Eça de Queirós, Oliveira Martins e Ramalho Ortigão. Este grupo, que queria reformar a sociedade portuguesa, deu origem a *Prosas bárbaras* de Eça[54] e às Conferências Democráticas no Cassino Lisbonense, em 1871, célebres por discutirem temas polêmicos como religião e política (Saraiva, [ca1960], p. 842).

Quanto à "Cainçalha"[55], outro nome do grupo, Brito Broca, em *A vida literária no Brasil*: 1900, afirma provir de Ramalho Ortigão e de suas *Farpas*, publicação mensal, de caráter panfletário e revolucionário, lançada em 1871, com o concurso de Eça de Queirós[56]. Segundo Brito Broca, num número d'*As Farpas*, Ortigão relata um episódio protagonizado por Eça e pelos demais integrantes do Cenáculo, que devem escrever algumas frases numa ventarola ornada por cinco cães. Cada escritor escreve uma frase. A de Eça é "Cão lírico que ladra à lua" (Broca, 1960, p. 122). Na Cainçalha paulistana,

54. Segundo Lima Barreto, é nesse livro que Eça de Queirós emprega pela primeira vez a expressão "literatura militante" (BARRETO, 1956, p. 71-74).

55. Freud e seu amigo Silberstein, em sua correspondência de juventude, também adotam nomes de cães, inspirados no conto *Diálogo dos cães*, de Cervantes. Freud assina cartas com o nome do cão Cipião e Silberstein, como o cao Berganza. A idéia de "cão" ocorre, nesses grupos juvenis, devido à fidelidade que caracteriza esses animais e que sintetizaria, assim, o espírito do grupo.

56. Em 1890, Eça editará sua colaboração nas *Farpas* sob a rubrica *Uma campanha alegre*. Lobato leu este livro e alguns volumes d'*As Farpas*.

cada integrante tinha uma alcunha canina: o poeta Ricardo cognominava-se, como Eça, "Cão lirico que ladra à lua"; Lobato e de Rangel eram, respectivamente, "Buldogue" e "Cachorro de caipira" (v. 11, p. 49).

Imbuídos de sonhos literários[57], os estudantes amiúde reuniam-se no Café Guarani, na Rua XV de Novembro, bem pertinho da faculdade de Direito, para discutirem literatura e política, entre cigarros e "laranjinhas" (aperitivos feitos de aguardente e casca de laranja). Nesse café, o grupo funda uma revista chamada "O Corvo" e passa a chamar-se "Corvoalha", conforme Lobato escreve a Rangel: "Em São Paulo a Cainçalha virou Corvoalha." (v. 11, p. 140). Lá também fazem um jornal "etéreo", a revista oral *O Gato*, de inspiração fialhana (v. 11, p. 250).

Lobato várias vezes referiu-se a esse espaço como Paradou, nome que nos remete ao "paraíso perdido" de Zola, região no sul da França, perto de Aix-en-Provence, onde este passou a infância, caminhando com os companheiros pela paisagem pedregosa da região (a "*garrigue*"), banhando-se nos rios e cozinhando ao relento (Bernard, 1968, p. 8).

Observamos, portanto, que a escolha do nome do grupo (Cenáculo, Cainçalha, Paradou) insere os dois missivistas numa fratria literária que se entronca em Victor Hugo, passando por Balzac e Zola na França; por Ramalho Ortigão e Eça de Queirós, em Portugal.

Conforme assinala Hilário Tácito, no prefácio de *Vida ociosa* (Rangel, [195?]. p. 16), os estudantes não só liam como também viviam as leituras, travestindo-se em personagens do tríptico *Tartarin*, de Alphonse Daudet. A república estudantil passava a chamar-se Tarasca, alusão ao monstro "La Tarasque" que, segundo a lenda, aterrorizava a cidadezinha de Tarascon

57. Em "Memórias de um velho", texto de caráter premonitório, publicado em 1904, Lobato projeta a decadência do grupo.

e teria sido exorcizado por Santa Marta. O vilarejo de Tarascon, cenário do livro *Tartarin*, situa-se na embocadura do Ródano, na Provence. Atravessando-se uma ponte, atinge-se Beaucaire, burgo desprezado pelos tarasconeses. Assim, o andar inferior do chalé onde os estudantes se instalaram, habitado pelo senhorio, recebeu o nome de Beaucaire. Os jovens adaptaram o hino dos tarasconeses às suas necessidades e adotaram os nomes e as atitudes de diferentes personagens de Daudet. Rangel é Bézuquet, o farmacêutico sisudo de *Tartarin de Tarascon*, que tem como ajudante Pascalon, nome atribuído a Lobato. Pascalon, no livro *Port-Tarascon*, é o redator, da primeira a última linha, do jornal "Gazeta de Port-Tarascon", e também o autor do *Memorial* da expedição de Tartarin à Polinésia. Note-se que Pascalon é aluno de Bezuquet e que, posteriormente, assume a função de escritor. Já o nome "Tartarin" — do protagonista burlesco do ciclo, o caçador de leões na Argélia —, coube a Ricardo. Estes três nomes, inscritos no primeiro bilhete que Lobato escreve a Rangel em 1903, manter-se-ão ligados até o fim da correspondência. Com efeito, na primeira visita à república estudantil Minarete, em 1903, como não encontra ninguém, Lobato deixa dois livros, e um bilhete a Rangel, onde parodia Bilac e saúda os dois *muezins* com saudações dialetais extraídas de Daudet. "Adeus. *Té, Bezuquet! Vé, Tartarin*"[58] (v. 11, p. 25)

Do chalé Minarete para o jornal *Minarete*, o passo é pequeno. Benjamim Pinheiro, ex-colega da Faculdade de Direito, ao voltar para sua terra, a cidade de Pindamonhangaba, no interior paulista, queria lançar-se na política e pretendia eleger-se prefeito, pela oposição. Para tanto, fundou um jornal. Para escrevê-lo, procurou o grupo do Minarete. Para os exaltados estetas, nada melhor que um espaço onde pudessem se exercitar, brincar de literatura, escrever para si própri-

58. *Vé* = Vois! *Té* = Tiens!

os, dar vazão ao talento inquieto e profícuo. Benjamim Pinheiro acatava os textos do grupo como se fossem dogmas e incumbira Lobato de responder até a seu correio amoroso pessoal. Os "cães" redigiam o jornal de ponta a ponta em São Paulo, inclusive as propagandas, muitas das quais inventadas. Para júbilo dos redatores, o jornalzinho irreverente durou quatro anos (julho de 1903 a julho de 1907), encerrando-se quando a estupefação dos leitores obrigou Benjamin Pinheiro a fechá-lo.

Um artigo, entre tantos, ilustra a irreverência do grupo. Certa feita, Benjamim Pinheiro quer convencer os vereadores a votarem um projeto que implantaria na cidade lampiões belgas. Cândido Negreiros, um dos cenaculistas, foi incumbido de escrever um artigo a respeito. Radicalizando o espírito hilário do grupo, Negreiros louva a excelência da iluminação de Beaucaire, que supostamente adotara tais lampiões. A Câmara votou o projeto (chamado Processo Pégoulade, do nome do personagem-coletor de impostos do livro *Tartarin*, de Daudet), sem se dar conta do entrecho romanesco da argumentação. Diremos, parodiando Eça, na *Correspondência de Fradique Mendes*: "Eles eram assim no começo do século!"

Influenciados por Eça de Queirós e Ramalho Ortigão, que juntos escreveram, em folhetins, *O mistério da estrada de Sintra*, Lobato e Rangel escrevem para o *Minarete* a novela *O queijo de Minas ou História de um nó cego*. Cada qual escreve, por seu turno, um pequeno capítulo, dando seqüência a uma história mirabolante, escrita com o intuito de se divertirem. Foram matando os personagens um do outro até que "*le combat cessa faute de combattants*" (Lobato, 1965b, p. 265). Lobato escreve ainda *Os lambe-feras*, que Brito Broca diz anteceder "certas extravagâncias modernistas" (Broca, 1960, p. 238).

Imitando o calendário republicano francês, como na *Correspondência de Fradique Mendes*, o grupo começou a contar o tempo depois da fundação do Cenáculo e a atribuir ao calendário o nome de seus integrantes. Assim, a carta de 9/12/1903 aparece também como "9 de Yewsky (pseudônimo de Lobato) do ano II" (do nascimento do Cenáculo). Outra é datada de "4 de Bruno", pseudônimo de Ricardo Gonçalves. Quando Rangel diz que vai visitar Lobato em "Raul", este atrapalha-se todo, pois já não se lembra a que mês corresponde "Raul".

Depois dos estudos, os integrantes da república estudantil separaram-se. Rangel formou-se primeiro e, em seguida, enfurnou-se nos confins de Minas. Lobato ainda precisava cursar o último ano da faculdade, antes de exilar-se no interior paulista. Assim, substituiu a camaradagem dos tempos da república estudantil pelo convívio epistolar. E como permaneceu em São Paulo, perto dos "cães", foi uma espécie de porta-voz dos mesmos, dando a Rangel notícias de todos. Portanto, a *Barca* não retrata apenas a história dos dois protagonistas, à sombra de um terceiro, o poeta Ricardo Gonçalves. No início, o vaivém de cartas registra a história de todos os cenaculistas: Raul, Ricardo, Lino, Albino, Tito, Cândido e Nogueira (primo de Rangel, o primeiro do grupo a ser editado, com *Amor imortal*, em 1914), que se foram desgarrando com o tempo, deixando em cena apenas os "dois últimos abencerrages".

Recém-formado, Lobato transferiu-se para Areias, onde fora nomeado promotor. Agora, os dois estão no interior . E que podem fazer, no início do século, dois jovens advogados perdidos na roça, com a cabeça fervilhando de sonhos literários, senão escrever sofregamente? No início carteiam muito e, como o hábito se arraigara, continuam pela vida afora. Raras vezes voltaram a encontrar-se pessoalmente[59] e, nas

59. Os minguados encontros de Lobato com Rangel fazem-nos pensar na correspondência de J. Guimarães Rosa com seu tradutor italiano Edoardo Bizarri. Este cruzou uma única vez com Rosa, num elevador, em 1957, quando trocaram algumas palavras convencionais. A ami-

minguadas ocasiões em que isso ocorreu, os encontros foram frustrantes. Era como se, de corpo presente, a magia se rompesse. Pareciam temer um confronto pessoal, onde as diferenças entre ambos estalassem. Longe um do outro, preservavam talvez o único espaço onde poderiam conviver: o espaço epistolar (subterfúgio que abriga e apara as diferenças), onde a amizade espiritual e a literatura vicejavam. Rangel conformava-se com essa amizade a distância de tal forma que, certa feita em São Paulo, sequer pensou na hipótese de usar o telefone. Referindo-se ao matuto mineiro em visita ao Rio de Janeiro, na comédia de Artur Azevedo, Lobato exclama: "Que tabareu! Que Sêo Ozebio da *Capital Federal*! Vem, então, a S. Paulo e não *acha* a casa do Lobato? Não sabe que Bell inventou o telefone e ha aqui 'listas telefonicas?' Cretino!" (v. 12, p. 267) [grifo do autor].

Certa feita, Lobato deve encontrar Rangel em determinado endereço, mas sobrecarregado, extravia-o (v. 12, p. 238). Em outra oportunidade, não consegue liberar-se para encontrá-lo. Depois, pergunta-se em carta:

> *Incrivel. Vens a S. Paulo e pouco podemos estar juntos. Ou nós não nos gostamos em carne e osso e sim só epistolarmente? Começo a desconfiar... Desta vez tua visita coincidiu com a ausencia do Otales e a sobrecarga do serviço com que fiquei. Mas creio que não é isso.* (v. 12, p. 256).

zade entre ambos floresceu por intermédio de uma correspondência que se estendeu de 1959 a 1967. Apesar das promessas recíprocas, nunca mais conseguiram encontrar-se. Cf. Guimarães ROSA, *Correspondência com o tradutor italiano*, São Paulo, Instituto Cultural Ítalo-Brasileiro, [ca1970]. Outros dois correspondentes famosos que raríssimas vezes consentiram encontrar-se, em vinte anos de correspondência, foram Fellini e Simenon, cf. atesta o livro *Carissimo Simenon, Mon Cher Fellini*, Éditions Cahiers du Cinéma, 1997.

Ao longo da correspondência, os convites repetem-se. Rangel visita Taubaté em 1907, em companhia da esposa Bárbara. Lobato só retribuirá essa visita em 1946, dois anos antes de morrer.

> *Não toleravamos nem siquer a nossa própria presença pessoal. Nas raras vezes em que nos encontramos no decurso de 40 anos sentimo-nos constrangidos um diante do outro, sem facilidade no dizer — e com uma grande vontade de separar-nos novamente e novamente retomarmos a correspondência. Não somos amigos falados, somos amigos escritos.* (*Apud* Rangel, 1944, p. 8).

3.4 Rangel, o anjo do Cenáculo

> *Sei que, falho de ti, estou um a sós.*
> Fernando Pessoa, *Sá Carneiro*

> *... Assim éramos nós obscuramente dois, nenhum de nós sabendo bem se o outro não era ele-próprio, se o incerto outro viveria...*
> Fernando Pessoa, *Na floresta do Alheamento*

Focalizemos agora o correspondente de Lobato. Quem foi Godofredo Rangel?[60] Mineiro de Três Corações, dois anos mais jovem que Lobato, José Godofredo de Moura Rangel nasceu em 1884 e morreu em Belo Horizonte em 1951. Realizou sua formação intelectual em São Paulo, onde estudou Direito na faculdade do Largo de São Francisco. Depois de formado, embrenhou-se no interior mineiro, onde atuou como professor e juiz de 1909 a 1937.

Publicou a gramática *Estudo prático do português* (1917); os romances *Vida ociosa* (1920), com prefácio de Hilário

60. Godofredo Rangel é tio de Murilo Rubião, que o homenageia em dois contos: "Os três nomes de Godofredo" e "Bruma".

Tácito; *A Filha* (1929); os livros de contos *Andorinhas* (1922) e *Os humildes* (1944), este último com prefácio de Lobato; e os livros infantis *Histórias do tempo do Onça* e *Passeio à casa de Papai Noel,* ambos de 1943. Permanecem inéditos, sob forma de livro, um dicionário etimológico em cinco volumes e uma coletânea de fatos curiosos atinentes ao sertão mineiro, denominada *Mealhas,* além de inúmeros títulos comentados por Lobato na *Barca de Gleyre.*

Os romances *Os bem casados* e *Falange gloriosa*[61] são póstumos, de 1955. *Falange gloriosa,* sátira ao ensino particular, fora publicado apenas em folhetins pelo *Estadinho* (edição vespertina do jornal *O Estado de São Paulo*), em 1917. Por se tratarem de romances *a clefs* (no primeiro, satiriza a indústria do ensino particular baseada no despotismo e na ignorância; no segundo, o casamento por interesse), Rangel preferiu deixá-los inéditos. Foi eleito, em 1939, para a Academia Mineira de Letras. Não consta do cânone literário brasileiro, a não ser como o cioso depositário das confidências do amigo famoso, na *Barca de Gleyre.*

Das cartas de Lobato emerge, em tons sépia, o retrato esmaecido de Rangel. Acabamos travando conhecimento com os reveses de sua vida: as perseguições por parte de José Fernandes, diretor de um colégio onde lecionava; os ciúmes da esposa Bárbara; as indisposições do filho Nelo; o fracasso como criador de galinhas[62]; a neurastenia; os problemas econômicos. "Após longo silencio me chega uma tua, relembrativa das boas cartas de dantes. E a nota ainda é a mesma: tua luta com o problema economico." (v. 12, p. 291). Lobato aconselha o amigo a viver ao ar livre, a fazer exercícios, a voltar a

61. O título desse romance pode ser uma expressão de *Ilusões perdidas,* de Balzac. "*Tu montreras cette glorieuse phalange résistant à l'invasion des romantiques . . .*"

62. O entusiasmo de Lobato como fazendeiro é tão grande que contagia Rangel. Este começa a criar galinhas, mas revela-se um desastre comercial.

fumar Para arrancá-lo da modorra mineira, oferece-lhe, em 1916, cerca de quatrocentos alqueires da própria fazenda.

Por intermédio das cartas, aprendemos que Rangel não tinha nenhuma ambição pecuniária, sendo duramente criticado por Lobato que, apesar das falências, sempre encarou o mundo das letras com profissionalismo. Acompanhamos igualmente a peregrinação de Rangel por obscuras localidades do interior mineiro, em virtude de várias nomeações, o que dificultava também o acesso à caixa de ressonância de que necessitava para lançar-se como escritor:

> *Mas onde quer que estivesse ou estiver, sempre estive e estarei com você... com o Rangel do Minarete... com o Rangel de Caldas... com o de Silvestre Ferraz... com o de Santa Rita do Sapucaí... com o da cidade de Passos... com o de Tres Pontas...* (v. 12, p. 280-281).

A Rangel, pouco importava publicar; queria mesmo era escrever, contentando-se com a opinião de Lobato. Submetia seus escritos ao crivo do amigo, fazendo as emendas sugeridas. Era tão profícuo na escrita de dos romances que os numerava: "Que heroi da coragem literaria és tu, Hercules de Moura Rangel! Já no nº 11! Onze coisas grandes — onze romances... Isso me achata. Vejo que não nasci para a coisa." (v. 11, p. 268).

Rangel era tão humilde que parecia pedir desculpas por existir[63]. Para o público, é quase um personagem criado por Lobato. A sua personalidade retraída impediu-o de publicar

63. Carlos Drummond de Andrade (1986, p. 64-65) transcreve uma carta em que Milton Campos fala de Rangel. Resolvemos retranscrevê-la aqui, dada a exigüidade de material sobre Rangel: "Uma das alegrias do Milton [Campos] advogado em uma cidade do interior, de pouco ou nenhum comércio intelectual, foi conhecer o juiz de direito de Três Pontas. Era Godofredo Rangel, o autor de *Vida Ociosa* e *Andorinhas*. E contava em carta: 'Esse homem impressiona. É juiz

suas cartas e vários de seus romances. Em vez disso, embrenhou-se no "túnel da tradução", "de onde os escritores saem fatigados e sem rosto" (Andrade, 1964, p. 713). Assim, apesar de sessenta títulos traduzidos e das centenas de páginas escritas, o que o salva hoje do esquecimento é a amizade epistolar com o criador do *Sítio do Picapau Amarelo.* A sua deserção literária não passa despercebida a Lobato, que se queixa em 15/9/1943: "Amoitaste — deixaste-me sozinho nesta faina de botar livros, como as galinhas põem ovos."

Acreditamos que a publicação das cartas de Rangel poderia contribuir para a valorização de sua obra[64]. A vida literária compõe-se de um vasto necrológio. Só estão vivos, isto é, são editados e lidos, os autores canônicos. Os demais — o resto — recebem sentença de morte e compõem o vasto cemitério de textos mortos. Apesar do trabalho crítico de exumação periódica, parece ser esse o destino da obra do escritor Godofredo Rangel. Lembramos, então, que Lobato, com suas várias editoras, também tentou questionar o cânone, como o fazem, há quase meio século os irmãos Campos.

Edgard Cavalheiro assinalou que Lobato e Rangel são figuras díspares: aquele, intempestivo; este, todo nuance; aquele, escritor consagrado, ultrapassando em vida o marco

modelar e cultiva essas polidezas sociais. Fez-me a visita de estilo. Notei-lhe logo a humildade no agradecer-me as ligeiras referências que lhe fiz no *O Jornal.* Passei, depois dos trabalhos forenses, uma parte do dia de Sábado em casa dele. Casa de pobre, com uma salinha desguarnecida de móveis, onde o dono recebe as partes e os oficiais. Conversa despreocupadamente e amavelmente. Ninguém descobriria no seu semblante o estóico sofredor que ele é, se o aspecto do corpo magro e curvado e os repuxões da face não lhe denunciassem logo os males orgânicos. Mas só esses... Os outros não se percebem'".

64. A coleção de cartas de Rangel a Lobato foi mostrada na exposição comemorativa ao centenário de seu nascimento, no Palácio das Artes, em Belo Horizonte, em novembro de 1984, cf. notícia veiculada no jornal *O Estado de São Paulo* de 25/11/1984.

de um milhão de exemplares vendidos; este, escritor obscuro, que nunca saiu do limbo; aquele, irrequieto, perscrutando novos horizontes, deambulando de Nova York a Buenos Aires; este, grudado nas pequenas comarcas do interior mineiro; aquele, abandonando a toga pelo ágora; este, funcionário público até a aposentadoria; aquele, herdeiro; este, remediado. Na verdade, a grande diferença entre ambos é que um propunha-se a fazer literatura de entretenimento (entenda-se comercial) e o outro empenhou-se na literatura "séria" (*Falange gloriosa* seria exemplar nesse sentido[65]). Além disso, enquanto Rangel conciliava a literatura com a burocracia, para Lobato, ao contrário, escrever era um estado de espírito incompatível com o *status quo*. Convém igualmente assinalar que Lobato é um deslumbrado com o deus Progresso e com a maquinaria[66], enquanto Rangel, como seu personagem de *Vida ociosa*, detesta maquinismos, a ponto de preferir escrever à mão. Nada parecia ligar esses homens, mas eles mantêm, por quatro décadas, uma "prosa sem fim" (v. 11, p. 318).

Quanto mais Lobato se destaca, mais Rangel se apaga. O próprio Lobato reconhece essas diferenças: "Você estacionou no meio do caminho, ocupado em distribuir justiça. Escreveu o melhor livro da epoca e amoitou — brocheou — desinteressou-se. Eu continuei a produzir coisas e até agora ainda ponho meus ovos de galinha velha." (v. 12, p. 336). Ou ainda: "Interessante os nossos destinos. Você condenado a pular duma 'cidade morta' para outra, e eu a saltar duma cidade viva para outra mais viva ainda: Taubaté — São Paulo — Rio de Janeiro — New York..."

65. Enquanto Lobato faz um trabalho de descontrução da educação, Rangel é professor e faz, em *Falange gloriosa*, um retrato satírico da educação, ao estilo de Raul Pompéia.

66. O escritor desde cedo mostra-se fascinado pela técnica: adquire uma máquina de escrever e um automóvel Ford em 1923; maravilha-se com o bonde elétrico e com o sorvete, ao reintegrar-se à capital paulista em 1918.

Drummond e Oswald de Andrade também definiram os missivistas de forma magistral: Rangel, "a gentileza mesma" (Andrade, 1964, p. 714); Lobato, "aquele riso inquietante, cheio de amanhãs, onde havia, sobretudo, uma honestidade integral, uma honestidade que não é deste mundo" (Andrade, 1971a, p. 5).

Drummond destaca o niilismo de Rangel:

> Vida Ociosa *não é só a pintura delicadíssima de uma atmosfera rural que tritura os melhores estímulos, malgrado sua poesia e seu drama latentes; é também a defesa contra o afundamento nesse nada. Rangel salvou-se do interior, fixando-o previamente no seu livro. Depois, foi viver sua experiência aniquiladora.* (Andrade, 1964, p. 714).

Mas muita coisa unia esses dois homens em aparência tão diferentes, pois sabemos que não é a diferença, mas antes a homologia, que consolida o amor e amizade a longo prazo. Além do amor pela literatura, o afeto em comum por Ricardo Gonçalves também sedimentava a amizade. Lobato ansiava encontrar o poeta Milton para esfregar-lhe Ricardo na cara, pois quem, senão Ricardo, ilustraria exemplarmente o verso de Milton "*Poet must be a true poem*"? Como o faz Lobato em seu epistolário, Rangel, nas últimas páginas de seu último livro publicado em vida, também homenageia Ricardo. No conto "No sertão", que fecha *Os humildes*, de 1944, livro sobre os deserdados de diferentes horizontes (doentes, párias, crianças), o narrador, ao deparar-se nos ermos com um cemitério abandonado, transcreve os versos que Ricardo escrevera para a própria lápide:

> (...)
> *Modesta cruz de pau numa clareira,*
> *Onde pipilem trêfegos sanhaços;*

Modesta, sim, mas que uma trepadeira,
Para enfeitá-la, cinja-lhe os dois braços;

E que eu repouse ali, na hospitaleira
Sombra do bosque, livre de cansaços,
Como quem, pelas horas da soalheira
Foge da estrada aos cálidos mormaços.

E Rangel acrescenta: "Ricardito! Dar-te-ias bem ali! [...] Serias outra vez poeta, amarias novamente a vida, rimando versos de ouro aos tangarás, às paineiras floridas e ao bisbilho das fontes..." (Rangel, 1944, p. 250).

As afinidades entre os missivistas não se restringem ao amigo em comum. Em uma das cartas de 1910, descobrimos que estão lendo o mesmo livro (*À margem da História*, de Euclides da Cunha); colaboram na *Revista moderna;* escrevem a quatro mãos *O queijo de Minas*, traduzem juntos Will Durant[67]. O fato de Rangel ter continuado a morar em pequenas cidades mineiras, pouco diferentes das "itaocas" paulistas que ainda viviam ritmadas pela batida dos monjolos, também representava um traço-de-união.

Lobato era um incentivador, quase um empresário de Rangel. Acreditava que este seria o único do Minarete a se sobressair: "Lembra-te que a ti cumpre salvar a Tarasca, já que és a unica semente que não falhou. Todos nós vivemos de olhos grudados em você, como naufragos num penedo da costa." (v. 11, p. 309). Já em 1909, tendo recebido pedido de colaboração de um semanário de São Paulo, apressa-se em escrever a Rangel, incluindo-o na empreitada e, não satisfeito, quer retocar-lhe o conto: "Posso meter lá o teu conto? Mas

67. Para completar a história dessa tradução, cabe lembrar que traduzem a partir de um original que Lobato comprara nos Estados Unidos, em 1930, por um dólar, e a conselho de Anísio Teixeira.

quero entraja-lo por um figurino novo que lhe irá bem." (v. 11, p. 274).

Em 1910, Lobato, que ainda não era escritor profissional, escreve:

> *Lembrei-me de te convidar para concorrermos ao premio da Academia e tua carta veiu bater na questão. Deves concorrer sozinho — eu não presto mais para estas aventuras. Teus contos dão para o volume requerido. Faça uma coisa: refunda no quantum necessário os melhores e mos mande para uma inspeção final antes de subirem aos julgadores.* (v. 11, p. 289).

Desde o início, Rangel, em virtude de seu temperamento, coloca-se numa posição subalterna em relação a Lobato, mostrando-se bastante influenciável. Solicita-lhe crítica aos textos e impressões de leitura: "Que crueldade a tua, Rangel, com essa mania de explorar o meu magisterdixismo!", desabafa Lobato.

Como era de se esperar, as opiniões de ambos nem sempre coincidem. Rangel classifica Nietszche, mentor de Lobato, de "soporífero" e não aprecia Kipling: "A imbecil apreciação sobre Kipling, que transcreves e adotas, fez-me jurar nunca mais te mandar nada pelo correio, nem os Dickens já apartados, nem uns Mark Twains — nada!" (v. 11, p. 155).

Por intermédio das cartas, Lobato submete Rangel a uma verdadeira catequese literária, combatendo-lhe o gosto por Zola, Goncourt e Flaubert e insistindo para que leia Nietzsche e Anatole France. Manda-lhe livros anotados e quer saber de suas reações diante da leitura. Sobre o livro *Lírio no vale*, de Balzac, escreve: "Lê o *Lirio*, Rangel, e morre. Lê o *Lirio* e suicida-te, Rangel. Se não o tens aí, posso mandar-te o meu exemplar — e junto o revolver." (v. 11, p. 216).

Se Lobato pratica a crítica literária em benefício do amigo, Rangel sempre intervém no sentido da correção gramatical.

Primo philologare, era o exórdio de muitas cartas, em que Lobato rebatia os comentários lingüísticos de Rangel. Como este interessava-se por gramática e sabia que Lobato tinha ojeriza pelas regras gramaticais, insinua-se nessa fresta, apontando as incorreções do texto lobatiano. Lobato começa a carta de 10/1/1917 com a seguinte frase: "Que bela gramatica és, amigo!"

Se a correspondência é um exercício de sedução mútua, Lobato seduzia pela crítica contundente; Rangel, pela solicitude reverenciosa. Os dois missivistas desempenharam esses papéis até o fim da vida. Em carta de 1945, Lobato pede-lhe explicações sobre "regencias dos verbos mais frequentes" e critica, implacável, o livro infantil de Rangel, *Histórias do tempo do Onça*.

Como vemos, a amizade epistolar abrigava as diferenças e os amigos complementavam-se. Assim como Montaigne afirma, acerca de seu amigo Etienne de la Boétie: [. . .] "*Nous étions à moitié de tout; il me semble que je lui dérobe sa part*" (Montaigne, 1978, p. 366), Lobato exclama: "Sem você sinto-me podado, com falta de pedaço." (v. 11, p. 311).

4. Monteiro Lobato leitor

"Zola, Zola, Maupassant, Daudet — o nosso tempo!"
Lobato, carta de 16/3/1946.

4.1 Crítico de si mesmo e de Rangel

Formado na escola *d'As Farpas* de Ramalho Ortigão e Eça de Queirós e *d'Os gatos*, de Fialho D'Almeida, a crítica de Lobato é corajosa, não teme lanhar e ir à contracorrente das idéias feitas. A virulência dessa crítica, disseminada ao longo da obra, ficou patente no artigo "Paranóia ou mistificação", sobre a exposição da pintora Anita Malfatti, em 1917. O escritor justifica o repúdio pela arte moderna, arrogando-se o direito de exprimir-se com sinceridade, como Baudelaire, quando exaltava a cor de Delacroix em detrimento do desenho de Ingres: "Para ser correta, ou seja, para ter sua razão de ser, a crítica deve ser parcial, apaixonada, política — isto é, concebida de um ponto-de-vista exclusivo, que descortina o máximo de horizontes", afirma Baudelaire (1988, p. 20).

Não nos cabe julgar as atitudes de Lobato. "*Plutôt être balayeur que juge*", dizia Deleuze (1997). Queremos ressaltar que a intransigência do autor tinha como alvo primeiro a própria produção. Censurava os elogios de Rangel, que comparava a bombons, ignorava os da crítica e era impiedoso consigo mesmo. Não se julgava literato, sentia-se um contista menor, capaz apenas de escrever crônicas (v. 12, p. 86). Vivia refundindo seus contos e acreditava que seu estilo era truncado. Não se sentia talhado para o ofício de escritor e jamais conseguiu escrever o romance ambicionado. Sempre esteve com um pé na literatura e outro nos negócios.

Ao notar o entusiasmo dos leitores com o artigo "Uma velha praga", em 1914, escreve:

... eu e minha mulher fomos ler o tal artigo, cheios de vontade de gostar — e nada vimos que provocasse o entusiasmo dos paulistas. Fiquei na duvida, porque cá no intimo, Rangel, acho o meu talento muito problematico; o que tenho é jeito, habilidade; e assim como sem ser pintor, pinto minhas aquarelas, sem ser caricaturista faço minhas caricaturas, sem ser relojoeiro conserto relogios (dos grandes), e conserto fechaduras [...] assim tambem, por força desse mesmo jeito para tudo, escrevo artigos e contos sem ter o real, o solido, o bom talento do escritor que veiu ao mundo só para escrever. (v. 11, p. 365-366).

Que dizer, então, do livro *Urupês,* de 1918, parafraseado por Rui Barbosa, discutido na imprensa, sucesso de venda, traduzido para o espanhol e lançado na Argentina já em 1921 (v. 12, p. 232), que o próprio autor tem vontade de fulminar, sob pseudônimo, com uma crítica arrasadora?

Parece incrivel que não descubram em meus contos a pura obra de carpintaria que aquilo é. Peças ajeitadas ad hoc para produzir efeitos cenicos ou sentimentais — coisa de "curioso" da roça, nada mais. Ando com vontade de arrazar o meu livro numa critica tremenda e desmascaradora, com um pseudonimo. Já me engulha esse livro. Nem rever as provas da segunda edição pude — reve-lo seria rele-lo e meu estomago rebela-se. Vem-me impetos infanticidas. (v. 12, p. 182).

Se foi um crítico implacável consigo próprio, Lobato tampouco poupou o amigo. Como crítico da obra de Rangel, ia à contracorrente da máxima de La Rochefoucauld — "Nenhuma literatura vale uma amizade". Para Lobato, como para Fradique Mendes[68], "a verdade no topo".

68. "*Amicus mundus, sed magis amica veritas!*" (QUEIRÓS, [s. d.], p. 66) é uma frase de Fradique Mendes que também encontramos na *Barca* de Lobato: "*Amicus Platus sed magis amica veritas*" (v. 12, p. 80).

Li — e acho que o teu verdadeiro genero é aquele. Está pura e simplesmente otima. A melhor coisa que produziste. Mas acho deficiente o teu português. Nós não sabemos essa maldita lingua, Rangel, e manejamos achavascadamente, plebeamente, um barro, um caolim de primeira ... (v. 11, p. 271).

Lobato era sincero no limite da rispidez e como, certa feita, exagera na aspereza, pede desculpas ao correspondente pela carta biliosa que lhe endereçara. (v. 11, p. 105). Além do temperamento exaltado de Lobato, que predispunha à sinceridade, o temperamento apagado de Rangel prestava-se às críticas, conforme revela a carta de 7/7/1907: "... com que estado d'alma de menino de escola em vesperas dos premios anuais você espera a minha opinião, você a reclama, você a predispõe! Homem fraco e covarde, sem fé nem confiança! Que importa o meu parecer?" (v. 11, p. 172).

O que Lobato critica na prosa de Rangel é a influência nefasta de Zola, Flaubert e dos irmãos Goncourt, influência que se revela nas páginas descritivas, na ausência de enredo e no excesso de subjetivismo.

Conhecemos alguns dos romances de Rangel apenas por intermédio dos comentários de Lobato. De "Soldados do livro", romance de 350 páginas, afirma que a linguagem ficara a caminho entre o século XV e o século XX. De "Os pioneiros da luz", escreve que as personagens estão bem delineadas, *d'après nature.* Em "Árvores e arvoredos", critica o espaço excessivo concedido ao cenário e o "som" fraco. Quanto ao conto "Exame de consciência", afirma que "melhor ainda é guarda-lo na lata de lixo". Rangel nunca se animou a publicar esses textos, que estao sepultados na *Barca de Gleyre.*

Com o passar do tempo, Lobato vai desertando a literatura; Rangel, ao contrário, continua "sem pressa e sem descanso". Aos poucos, avulta, na opinião de Lobato, como o grande escritor brasileiro. A devoção de Lobato chega às raias do patético, pois qualifica Rangel como sucessor de Machado de Assis. Em 6/6/1934, quatorze anos depois da primeira edição do livro *Vida ociosa*, o entusiasmo ainda é o mesmo: "Estou relendo, sabe o que? A *Vida ociosa*, meio de matar a saudade daquele tempo. Juro que é obra-prima até á raiz da unha. Ponho-a ao lado do melhor de Machado de Assis." (v. 12, p. 326). E como seu entusiasmo ia de par com a ação, manda, à revelia do amigo, um exemplar para os Estados Unidos, com vistas à tradução.

Examinemos o romance *Vida ociosa*, para tentar compreender o entusiasmo de Lobato. Esse livro, cujo título inicial seria "Bonança", tem como subtítulo "Romance da vida mineira". Publicado na *Revista do Brasil* em folhetins, em 1917, continuava inédito sob a forma de livro. Lobato edita-o em 1920, com prólogo que encomendara a Hilário Tácito[69].

O romance (neste caso, poucas vezes o gênero foi tão problemático) seria uma espécie de autobiografia dos tempos em que Rangel exercia a magistratura em Machado, interior mineiro. Dr. Félix, o narrador, um juiz gazeteiro, visita esporadicamente alguns amigos roceiros (Próspero, Siá Marciana e o filho quarentão Américo), habitantes de uma fazenda decadente. Repositório de reminiscências da vida sertaneja, a trama constitui-se de uma enfiada de "causos" ou episódios descosidos, fazendo com que Paulo Rónai considere o livro como precursor de *Vila dos confins*, de Mário Palmério (Rónai,

69. O "Prólogo dispensável" é dedicado, por sua vez, ao editor Lobato. O Prof. Roberto VECCHI, da Universidade de Bolonha, Itália, em seu brilhante curso "Figuras e raízes do Brasil moderno: para uma semântica dos tempos históricos e estéticos do pré-modernismo brasileiro", realizado no Departamento de História da UFRGS, de 25 a 28/08/98, chamou a atenção para a trama de relações literárias que envolve alguns autores pré-modernistas. Por exemplo, o livro de Hilário Tácito — *Madame Pommery* — foi editado por Lobato e comentado por Lima Barreto. Gostaríamos de consignar aqui nossa dívida para com o Prof. Vecchi, pela bibliografia sobre o pré-modernismo.

1958, p. 176). Além do título do livro, alguns nomes de capítulos são emblemáticos: "Ruínas", "Bocejos e guloseimas", "Tédio", "Fumigações", "Horas de ócio". Já os nomes dos personagens, nomes que designam e significam (Félix, Próspero, Marciana, Américo, Zé Correto), constituem-se como antídotos ao mundo em ruínas.

No início do romance há uma parte descritiva, onde o narrador aponta sua lupa para a natureza, mapeando, qual botânico, todos os cambiantes da paisagem, mediante uma escrita que se convencionou chamar, a partir dos irmãos Goncourt, *écriture artiste* ou, com Augusto Meyer, escrita "farfalhante": "Tens microscopio no olho. A *Vida Ociosa* é uma seriação de miniaturas desenhadas a bico de pena. Hoje o gosto geral está mudado, voltando a Boccacio e todos os *narradores*", comenta Lobato (v. 12, p. 137). Em outra oportunidade, compara a escrita de Rangel às miniaturas do pintor francês Ernest Meissonier, ilustrador de Balzac. Antonio Candido, no artigo "Literatura caligráfica", subscreve a apreciação crítica de Lobato, quando destaca o pontilhismo da escrita de Rangel, protótipo, em sua opinião, da de um grupo de escritores que inclui Leo Vaz e Ciro dos Anjos, "cujo maior defeito estaria em certa propensão para rebuscar, ora a frase, ora o conceito, cujo maior encanto consiste na sábia modéstia da observação e no harmonioso equilíbrio da forma" (*Apud* Rangel, [195?], p. 3).

Transcrevemos, abaixo, um trecho do livro *Vida ociosa*, que filia Rangel à constelação da linguagem ornamental pré-modernista:

> *Quando as soalheiras escaldantes zimbram as abundantes invernadas que margeiam o caminho, estorricando os capinzais, subtilizando em ondadas de pó a terra vermelha das estradas, procurando haurir, indessedentáveis, até à última gota de seiva da vegetação*

causticada, para aquele que andou longo percurso à inclemência do sol a porteira é uma surpresa e uma delícia. A urdidura das copas é impenetrável; das barrancas revestidas da verde cabelugem de avencas e musgos, poreja continuamente um pouco de umidade que não chega para empapar a terra mas sobeja para fazer da temperatura carícia e voluptuosidade para a epiderme. As próprias borboletas comprazem-se nessa nesga de sombra ilhada aí providencialmente; quem passa vê-as no chão úmido, aos enxames, pintalgando a terra, como pétalas soltas espalhadas pelo vento, pétalas de tonalidades vivas, com predominância do amarelo-canário e vermelho de fogo. À chegada do viandante evolam-se e revoluteiam, como torturadas por um pé de vento; mas não fogem; e, esvoaçando às tontas, esperam que o importuno se afaste, para, estetas rústicas, quem sabe! deleitarem-se em bordar de novo, na grata penumbra, ingênuas fantasias coloridas. (Rangel, [195?], p. 37-38).

Note-se que a atividade exercida por Próspero (a caça e, depois que as forças o abandonaram, a pesca) são primitivas. O filho Américo desenha nas paredes da tapera onde vivem todos os peixes que o pai pesca: "Relanceei as paredes fuliginosas, cobertas de desenhos de grandes peixes [...]. cada peixe grande tirado do rio, antes de ir para a panela fazia escala ante o artista primitivo, que lhe debuxava a efígie na parede." Como as pinturas rupestres mediante as quais os homens das cavernas registravam suas façanhas, esses sertanejos, de uma era revoluta, no meio de escombros, inscrevem a história de um mundo fadado a desaparecer. Nas horas de ócio, Próspero passa "um tempo infinito" consertando redes de pesca. A modorra é geral e até o louro, ave longeva e agora caduca, recusa-se a parolar, salvo quando ouve nomes de antanho. O narrador também é avesso ao moderno. "Os maquinismos, então, causam-me particular horror. Numa descascadeira, ao ver o café cair, deleito-me com isso; mas se querem contar-me o processo da descasca, supliciam-me inutilmente", afirma (Rangel, [195?], p. 64).

Flora Süssekind afirma que é pela presença do narrador que se trava, nesse livro, a luta contra o tempo. O narrador incrusta microrrelatos no romance, como a historieta do Hóspede do Grande Hotel, a do Sentenciado Lourenço ou a da família de Quim Capitão. Às vezes, alterna-se o narrador: é Próspero ou Siá Marciana que enxertam na narrativa seus "causos", histórias de caçadas e pescarias. Enquanto isso, corvos insistentes descrevem no céu parábolas pressagas, esvoaçando lentamente num mundo onde tudo se arrasta, e os defuntos e os bocejos se acumulam.

A aliança entre o narrador citadino e a família sertaneja é selada ao fim da narrativa. Siá Marciana entrega a Dr. Félix um anel, comprado com as moedas que este sub repticiamente confiara a Américo, como paga da hospedagem: "A estas palavras, abriu o estojo e estendeu-mo. Era uma jóia belíssima, deitada sobre veludo, tendo no aro as insígnias da justiça. No engaste, uma grinalda de brilhantes chamejava à roda de sangüíneo rubi." (Rangel, [195?], p. 133).

Flora Süssekind destaca a presença de um velho gramofone desgovernado, no final do romance. O gramofone — símbolo do mundo moderno — assinalaria o embate de duas temporalidades e a relação difícil do narrador com o horizonte técnico que tomava impulso nessa época. Em *Vida ociosa*, em lugar de música, o gramofone "roncava trovões e guinchos e ringia com um acento tão animal, que bulia nas fibras do coração."

4. 2 Livro de leituras

Fabio Lucas dá as seguintes características da crítica literária praticada por Lobato na *Barca*: formulação de juízos de valor; interpretação predominantemente estilística, comparativismo e grande espírito de síntese (Lucas, 1986, p. 100). Quanto ao comparativismo, Lobato contrapõe o estilo contundente de Camilo Castelo Branco ao estilo amaneirado de Eça de Queirós. Assim, enquanto Eça é "um creme Chantilly", Camilo, "o rosbife quasi crú, vermelho"; Eça é um "jardim francês", Camilo, "floresta virgem". Note-se a imagética de Lobato, toda calcada na natureza ou nas notações sensoriais. Também comenta obras de Flaubert, Zola e os Goncourt, com juízos peremptórios: "o nefasto Zola", "o abominável Flaubert", "os nefastos Goucourt".

Lobato detém-se mais demoradamente na análise estilística de Camilo Castelo Branco, Fialho d'Almeida, Machado de Assis, Euclides da Cunha, Graça Aranha e Lima Barreto. Quanto à literatura francesa, observamos que destaca Balzac, Maupassant, Zola e Anatole France, o que traduz a influência decisiva desses quatro autores em sua formação literária.

Já comentamos, ao tratar do título da correspondência, a influência de Balzac sobre Lobato[70]. Quanto a Maupassant, é seu modelo em *Urupês*, a ponto de Guilhermino Cesar classificá-lo de "Maupassant caboclo" (Cesar, 1982, p. 11). Lobato escreve *Meu conto de Maupassant*, exercício de metalinguagem sobre o conto, onde um dos narradores quer provar que existem em profusão contos como os de Maupassant — uma anedota com desfecho trágico —, sendo raros os Guy para transcrevê-los. Alertando-nos para a dificuldade de ser contista, comenta com Rangel que para dez romancistas, há só um Maupassant. (v. 11, p. 281).

O naturalismo de Zola também deixou marcas inequívocas em *Urupês*. Contos como "Bocatorta", sobre a necrofilia de um negro disforme, e "Sorte grande", sobre uma moça cujo rinofima (tumor nasal) traz a prosperidade para toda a sua família, denotam influência dessa escola.

70. Cf. p. 51 *sq*.

Acompanhamos, na *Barca de Gleyre*, a insistência com que Lobato descreve os fatos reais que originaram os mais diversos contos. Quando Rangel duvida da veracidade de um fato narrado (como no caso de "O estigma"), Lobato propõe-se a enviar-lhe provas concretas de que se baseara num relato verídico. Antes de escrever, Lobato pesquisa sobre o assunto. Quando projeta escrever sobre um tanque, sob a égide de Kipling, escreve a Rangel. "Um conto de animais, aves. Fiz um grande lago perto da casa e enchi-o de marrecos de Pekin, patos indigenas, gansos, mergulhões. E estou estudando o palmipede para escrever a história do tanque." (v.11, p. 332).

Essa lição lhe adviera de Zola que, por exemplo, quando quer envenenar uma personagem, indaga de um médico conhecido a quantidade de veneno, o número de doses que deve administrar, buscando a verossimilhança (Bernard, 1968, p. 120)[71].

Vale citar o depoimento de Lobato a Leo Vaz, importante para entendermos a concepção literária de Lobato, calcada em Zola:

> *... Se nós tivéssemos coragem e honestidade profissional, devíamos, antes de escrever um conto ou uma novela em que o herói fosse um carroceiro, ir emprestar ou alugar daquele homem a sua carritela, a sua roupa, o seu chicote e o seu bigode, e postar-nos no Paissandu, durante uns dias, para saber de fato o que faz, o que vê, o que ouve, o que sente, o que pensa, realmente, um vulgaríssimo carroceiro. Garanto que ele conhece mais sociologia urbana do que o nosso amigo Oliveira Viana. Por que o carreto que ele mais freqüentemente faz é o de mudanças. E mudança barata de gente humilde, para*

71. Antonio CANDIDO (1985, p. 12) relata que também Aluísio Azevedo consultou o médico Fernandes Figueira, para obter informações sobre envenenamento por estricnina, para a composição de *O homem*, embora não tivesse seguido à risca as informações.

quem isso é quase sempre o epílogo de algum drama: morte do chefe, perda do emprego, despejo, o diabo!... Aliás, não sou eu que descobriu isso: o Zola já fazia a coisa há mais de 50 anos. (Apud Vaz, 1957, p. 94).

Embora em 1916 já repudie as minúcias das pinturas *d'après nature* de Zola, considerando-o "maçante" (v. 11, p. 50), Lobato escreve na revista *Vida moderna*, durante três meses, uma "Historia Natural e Social dum Patriota de Carapinha nos Tempos de Wenceslau"[72] (v. 12, p. 88). Note-se que o título parodia Zola, autor de *Os Rougon-Macquart:* história natural e social de uma família sob o Segundo Império, série de vinte romances publicados de 1871 a 1893, onde pretende retratar, com rigor científico, todas as taras da sociedade francesa.

Nas primeiras páginas da *Barca* aprendemos que a iniciação literária de Rangel se dera através de *Germinal*, livro que Ricardo Gonçalves lhe oferecera, ao notar que seu amigo de república estava lendo romances-folhetins. Esse fato nos mostra a influência de Zola sobre os cenaculistas.

Pela correspondência, aprendemos que Lobato conhecia a biografia de Zola, com quem devia identificar-se em alguns pontos. Zola fora reprovado num exame (o "*baccalauréat*"); perdera o pai na infância; queria sair dos caminhos batidos; valia-se dos jornais, para ganhar dinheiro e publicidade. Depois que se mudou para Paris, escrevia aos amigos da Provence, entre os quais Cézanne, com quem romperia no final da vida por discordâncias estéticas.

Conforme falamos anteriormente, Lobato chama o Minarete de "Paradou", terra natal de Zola, palavra que volta

72. Alusão ao presidente Wenceslau Brás (1914-1918). Na verdade, em 6/7/1916, Lobato publica em *Vida moderna* (n. 291, p. 1), sob o pseudônimo Hélio Bruma, "História natural e social dum patriota de quatro costados nos quatriênios Hermes, Wenceslau e adjacentes".

e meia aparece na *Barca,* como símbolo do espaço mágico da juventude.

Como Zola, Lobato tinha paixão pelo trabalho, pela arte, pela ciência, pela ação, pela realidade, pelo povo e pela luta política. Lembremos que *J'accuse...* é uma carta aberta de Zola ao Presidente da República Félix Faure, publicada no jornal *L'Aurore*, de 13/01/1898, com denúncias sobre irregularidades no processo de Dreyfus. Por causa dessa carta, Zola foi condenado a um ano de prisão, excluído da *Légion d'Honneur*, multado e obrigado a exilar-se na Inglaterra.

Se Lobato aparta-se de Zola, ao buscar o caminho próprio, quando edita sua correspondência cita o criador dos *Rougon-Macquart.* Em 1943, ao reler suas cartas, escreve a Rangel: "A ideia que por enquanto tenho das cartas é que constituem uma tremenda 'historia natural e social duma familia do Segundo Imperio', digo, de duas formações literarias que cresceram e apareceram." (v. 12, p. 357). Em carta de abril de 1946, os missivistas ainda trocam livros pelo correio e o autor em pauta é Zola: "Você me assanhou com o Zola da coleção Guillaume. Mande-me isso incontinenti, que juro por todos os deuses devolver intacto. Que vontade tenho de reler esse livro, nessa edição...". (Lobato, 1959a, p. 375-376).

Sérgio Miceli (1977, p. 77) faz uma tipologia dos escritores da República Velha, tachando-os de "anatolianos"[73], compreendendo sob esse rótulo pejorativo escritores ligados a práticas mundanas e à importação de gêneros franceses, o que não se coaduna com a prática textual Lobato.

Se, pelo número de títulos citados na *Barca de Gleyre*, pode-se tachar Lobato de "anatoliano", o que parece tê-lo

73. "O protótipo do *anatoliano* é aquele para cujo êxito têm o mesmo peso a figura do dândi, manequim intelectualizado, responsável pela importação simbólica em país periférico, e uma obra poética que registra 'estados d'alma', ambos os planos marcados pela contratacção dos modelos parisienses."

influenciado sobremaneira, além do estilo claro e conciso, foi o anticlericalismo, o antidogmatismo, a sátira, a ironia e o comprometimento com a história contemporânea, por parte de Anatole France[74].

Este visitou o Brasil no início do século, e foi recebido na Academia Brasileira de Letras em 17/05/1909, por Rui Barbosa, com discurso em francês. Nessa ocasião, Anatole elogia o espírito positivista do Brasil e o estilo de Rui Barbosa, agradecendo-o nestes termos: "*... vous nous avez donné une page charmante de littérature française... Je vous assure, votre discours est une merveille. Et je m'y connais.*" (Raeders, 1943, p. 495). Em carta de 27/6/1909, Lobato comenta com Rangel a resposta de Anatole ao discurso de Rui. Essa resposta corrobora a opinião de Lobato, que considera Rui Barbosa "um Imperio Britanico do vernaculo" (v. 11, p. 251).

Um ano antes, Lobato dedica toda a carta de 15/9/1908 a catequizar Rangel sobre as virtudes do texto anatoliano. Como Rangel mostra-se reticente em ler *Sur la pierre blanche*, indaga enfurecido: "Não pôde? Impossibilidade material como olho furado? Proibição da policia?" (v. 11, p. 218). Vale assinalar que esse romance, de 1905, tem um capítulo de caráter utópico: trata-se de "*Par la porte de corne ou par la porte d'ivoire*" (referência a uma passagem da *Odisséia* sobre os sonhos falsos e os proféticos), no qual o personagem Hyppolite Dufresne acorda no ano 2270, época em que a humanidade vive uma nova era, baseada no coletivismo e no progresso científico. Texto profético, prevê a revolução russa, a supremacia econômica do Japão, a guerra eletrônica, a unificação da Europa ("Estados Unidos da Europa"), o que revela a presciência do escritor. É por esse viés que podemos enten-

74. Anatole France escreve, de 1897 a 1901, quatro romances reunidos sob o título de "História Contemporânea", panorama da sociedade francesa à época do Caso Dreyfus. Trata-se da tetralogia *L'Orme du mail*, *Le mannequin d'osier*, *L'Anneau d'amétyste* e *Monsieur Bergeret à Paris*.

der o fascínio que *Sur la pierre blanche* exerceu sobre o jovem Lobato.

Em literatura portuguesa, Lobato ateve-se basicamente aos autores do século XIX, dentre os quais se sobressaem Camilo, Fialho d'Almeida e Eça de Queirós. Afirma ter investido contra o "bloco" dos *Lusíadas* cinco vezes, sem conseguir degluti-lo; tampouco encontra prazer em Vieira, Frei Luís de Souza e Lucena.

É muito forte a influência de Camilo Castelo Branco sobre o pensamento, o estilo, o conteúdo e o tom da linguagem de Lobato. Acima de tudo, para Lobato, Camilo é o grande conhecedor do vernáculo. Acostumado a ler em francês, o escritor descobriu, em Camilo, uma língua rica e nobre que representava, em sua opinião, um antídoto contra o abastardamento da língua brasileira e contra o estilo "redondo" do jornalismo. Ler Camilo, para Lobato, era uma forma de estudar português. Lia fazendo um florilégio dos melhores giros sintáticos e lexicais, que depois pendurava na parede, para reler de tempos em tempos e "perfumar" o ambiente.

Em vários trechos da correspondência, Lobato copia trechos de Camilo, comentando-os, revelando-se um estilólogo: destaca-lhe o estilo "pão com manteiga", os idiotismos, a força expressiva do vocabulário, a economia de adjetivos (em certo trecho analisado detecta 13 adjetivos para 198 palavras, ou seja, uma proporção de apenas 6%).

Vimos, no início deste trabalho, o quanto o grupinho do Minarete satirizava os lugares-comuns, tendo até um fiscal para anotá-los. Nesse sentido, Rodrigues Lapa destaca um exemplo da influência de Camilo sobre Lobato, exemplo que transcreveremos, pois são raros os estudos comparativos entre esses dois escritores[75]. Nesse trecho, que se estende longamente, Camilo ironiza os chavões:

75. Ver a esse respeito "Camilo e Monteiro Lobato" (BROCA, 1991, p. 312).

> ... *Obriga-se o cronista a manter invariáveis os seguintes adjetivos, quando vierem usados para os seguintes substantivos:*
>
> Prelado *será sempre* virtuoso; cantora *será sempre* mimosa; jornalista *será sempre* consciencioso; jovem escritor *será sempre* esperançoso; patriota *será sempre* exímio; negociante *será sempre* honrado; caluniador *será sempre* infame... (*Apud* Lapa, 1959, p. 76) [grifo do autor].

Na esteira de Camilo, na crônica "A vida em Oblivion", do livro *Cidades mortas*, sátira aos três únicos livros lidos pela população (trata-se de livros de Paul de Kock, Ponson du Terrail e Bernardo Guimarães), Lobato também investe contra as "séries usuais" ou chapas:

> *No concerto dos nossos romancistas, onde Alencar é o piano querido das moças e Macedo a sensaboria relambória dum flautim piegas, Bernardo é a sanfona. Lê-lo é ir para o mato, para a roça — mas uma roça adjetivada por menina de Sion, onde os prados são* amenos, *os vergéis* floridos, *os rios* caudalosos, *as matas* viridentes, *os píncaros* altíssimos, *os sabiás* sonorosos, *as rolinhas* meigas. (*Apud* Lapa, 1959, p. 77; grifo do autor).

Com relação ao conteúdo, também há similitudes entre as obras dos dois escritores. Assim como Lobato reagia ao bucolismo de Alencar e de Bernardo Guimarães, Camilo reagia à visão edulcorada do campo, tal como se apresenta em Júlio Dinis. Em 1869, Camilo publica o artigo "A inocência das aldeias", onde pinta um retrato cruel do aldeão minhoto.

> *Meus amigos, não procurem nas aldeias do Minho*

as alegrias da inocência, as cândidas pastoras e os puros amores do camponês que ama e canta, casa e reproduz-se, envelhece e morre sempre à sombra das suas árvores em cujas ramarias as gerações dos pintassilgos lhe cantaram o nascer e o amar, parecendo chorá-lo no morrer.

Ai, meus amigos, as aldeias do Minho! como aquilo é torpe e melancólico! como tudo ali degenerou para nojos e tristezas! [...]

Vivi ano e meio num ponto do Minho onde a bestialidade é culminante. (*Apud* Almeida, 1946, p. xxvii-xxxii).

Depois de lermos esse trecho, qualquer semelhança com o artigo "Urupês" não é mera coincidência. Vejamos como, no artigo "Urupês, Lobato descreve o Jeca:

Porque a verdade núa manda dizer que entre as raças de variado matiz, formadoras da nacionalidade e metidas entre o estrangeiro recente e o aborigene de tabuinha no beiço, uma existe a vegetar de cocaras, incapaz de evolução, impenetravel ao progresso. Feia e sorna, nada a põe de pé [...].

Nada o esperta. Nenhuma ferrotoada o põe de pé. Social, como individualmente, em todos os atos da vida Jéca, antes de agir, acocora-se. (Lobato, 1943, p. 126-127).

Brito Broca, além de comparar o conto "Maria Moisés", de Camilo, com "O Despique"[76], de Lobato, destaca o artigo "A inocência das aldeias": "O Jeca Tatu seria, pois, um paren-

76. Esse conto foi publicado em 1924, no volume *Contos escolhidos*, publicado pela Companhia Gráfico Editora Monteiro Lobato; depois, foi enfeixado em *Na Antevéspera*.

te remoto daqueles aldeãos do Minho, onde, 'tirante o lombo de porco, tudo o mais é esquálido e repulsivo'" (Broca, 1991, p. 315). A influência de Camilo evidencia-se até em títulos de livros de Lobato. Em 1940, ao proceder à reedição de seus contos em dois volumes, chamou-os de *Contos pesados* e *Contos leves*, assim como Camilo, em 1867, publicara *Cousas leves e pesadas*, miscelânea de crônicas e críticas literárias.

Acreditamos, porém, que mais do que o estilo e o conteúdo, Lobato herdou de Camilo o tom litigante de polemista, que se reflete na violência de linguagem que lhe atravessa a obra[77]. Lobato afina sua harpa "no rebolo" de Camilo, cujo estilo chamava de "estadulho". Seguindo seu mestre, Lobato quer "avinagrar-se", "chegar fogo aos estopins".

Quando lemos o ensaio de Cassiano Nunes (1970) comparando Mark Twain e Lobato, parece-nos que esses dois escritores são almas gêmeas. Temos a mesma impressão quando comparamos a biografia de Fialho d'Almeida e a de Lobato. Isso nos leva a crer que os escritores integram constelações e que os textos têm sempre um ar de família. Já vimos que *Vida ociosa*, de Godofredo Rangel, tem prefácio de Hilário Tácito, é dedicado a Lobato e comentado por Lima Barreto. Fialho d'Almeida dedica seu *Contos* a Camilo Castelo Branco...

As semelhanças entre Lobato e Fialho d'Almeida são inúmeras. Natural do Alentejo, este escreveu o livro de contos *O país das uvas* que, contrariamente ao que o título poderia insinuar, reflete o dilema do autor, cindido entre o amor à

77. É comum, em Lobato o vocabulário escatológico para definir o estilo: fala inúmeras vezes em língua "bunda"; em "estilo mijado"; define-se, ademais, como "uma espécie de mictório literário", entre inúmeros outros exemplos. Embora não haja sequer um sopro de lirismo amoroso ou de erotismo em seus textos, a sexualidade irrompe em seu discurso, corroborando a idéia de Roland Barthes de que "há um corpo que sujeita a pena".

Lisboa e à província, bela de longe, nauseante de perto. De origem humilde, o casamento alçou Fialho à condição de proprietário rural. O contato direto com o homem do campo aguçou-lhe a antipatia pelo "cavadores", os homens da enxada, a mesma antipatia que Lobato sente pelo caboclo. Como Lobato, Fialho sonhava escrever um romance sobre os trabalhadores do eito, mas faltou-lhe fôlego para tanto. Sua literatura regionalista tem laivos anticlericais e eugênicos, como a de Lobato. Segundo afirma Costa Pimpão, em prólogo ao livro *O país das uvas*, Fialho "viria a considerar o alentejano 'o flagelo pior do Alentejo', depois da falta de água, por vir de uma raça 'sem beleza, nem instintos de beleza, nem higiene'". Em outra passagem, Pimpão transcreve Fialho:

> *'Em nós lá penetrando [...] a poesia que nos embalava as ilusões, o suspiro que íamos soltar, a idealidade que evocávamos antes, tudo morre, foge tudo, para dar lugar ao bocejo.[...]. Que é da raça, bela de linhas, 'vigorosa e sóbria'? A raça alentejana,* 'mal cruzada, degenerada, raquítica, *jamais se julgou digna de um nível moral digno de menção'* (Almeida, 1946, p. xix e xx) [o grifo é nosso].

Qualquer semelhança desse retrato do aldeão alentejano com o do Jeca Tatu tampouco é mera coincidência.

Mas, como em Lobato, logo emerge, em Fialho, a preocupação social com o camponês do Alentejo pressionado pela ganância dos latifundiários. Fialho deixou obra de polemista, principalmente as crônicas sobre a vida portuguesa publicadas inicialmente em jornais, e depois reunidas nos vários volumes d'*Os gatos — publicação mensal d'inquérito à vida portuguesa,* cujo nome inspirou a revista oral *O Gato,* que o grupinho do Minarete fazia no Café Guarani. Apesar de reconhecermos no texto de Lobato marcas do estilo fialhano (vocábulos como "faúlha", "esvurmar", "o *angelus*", "abantesma"; processos estilísticos como as sinalefas que lhe reprocha Rangel[78]), parece ter sido o lado polemista do escritor português que mais impressionou Lobato.

A primeira citação a Fialho na *Barca* é de 1908, quando Lobato afirma estar lendo *Lisboa galante* e *O país das uvas*. O primeiro, crônica da vida lisboeta, e o segundo, contos sobre a vida alentejana. Como Fialho, dividido entre Lisboa e o Alentejo, Lobato também era homem de dois mundos: a capital paulista e as "cidades mortas" do vale do Paraíba.

Posteriormente, em 1915, desapontado com o jornal *O Estado de São Paulo*, que lhe poda as asperidades do estilo, Lobato sonha com um jornal só seu, onde poderá dar vazão ao espírito panfletário (comprará em breve a *Revista do Brasil*). Volta-se para Fialho, atribuindo-lhe o azedume que ressente. "Aquela bisca do Fialho inoculou-me o virus de tudo dizer sem papas, e pôs-me sem valvulas controladoras." (v. 12, p. 22). Na carta seguinte, parodiando Nietzsche que classificara Dante como "a hiena que versifica sobre as tumbas", Lobato afirma que Fialho é "uma hiena com cirrose no fígado" (v. 12, p. 25). Nessa mesma linha, José Lins do Rego (Apud Almeida, 1969, p. 16) escreve que "o gato que ele [Fialho] queria ser às vezes tinha uivos de hiena", pastando sobre o cadáver de Portugal.

Em 1917, Lobato comenta detalhadamente um trecho da prosa de Fialho. "Fialho é um estilo, Rangel! São dois os grandes estilos — Camilo e Fialho." (v. 12, p. 153). Note-se que estamos às vésperas da Semana de Arte Moderna e os êmulos de Lobato ainda são Camilo e Fialho.

78. Com relação às sinalefas, observe-se este trecho de Lobato, extraído do conto "A colcha de retalhos", que apresenta dois exemplos: "D'olhos baixos, finge arrumar a rodilha. Veio pegar água a este cor'go e é milagre não se haver esgueirado por detrás daquela moita de taquaris, ao ver-me" (LOBATO, 1943, p. 27).

Como costuma fazer com outros autores, Lobato faz um pastiche de Fialho ao estilo de Eça e de Zola, concluindo pela concisão e paralela concentração de recursos expressivos em Fialho.

Eça também teve influência decisiva sobre Lobato. Em 1903, comunica a Rangel: "Meu avô lê *A Cidade e as Serras*, minha irmã lê a *Ilustre casa dos Ramirez*, eu leio suas historias de santos — e como somos só tres nesse imenso casarao, nao erro dizendo que a casa inteira lê o Eça." (v. 11, p. 41-42). *A Correspondência de Fradique Mendes*, como já salientamos, influenciou o diálogo epistolar com Rangel. Na enquete sobre esse personagem, organizada por Oswald de Andrade para a revista *O Pirralho*, Lobato exclama: "Quero ser Carlos Fradique Mendes, e já!" (Lobato, 1964, p. 233).

Como lia com preocupação estilística, não lhe escapou despercebido o regime interpretativo dos advérbios, nem as hipálages, freqüentes em Eça: "Aquele 'cigarro languido' do Eça fez mais mal á nossa literatura do que a filoxera aos vinhedos da Champagne", escreve em 1905. (v. 11, p. 107).

A influência de Eça pode ser aquilatada no trecho abaixo do conto "A colcha de retalhos", de Lobato, onde se observam o antropomorfismo, a hipálage ("laranjeiras macilentas"), o advérbio interpretativo ("promiscuamente"), e a concentração de imagens para definir a idéia central (a ruína):

> *O velho pomar, roido de formiga, morrera de inanição; na ansia de sobreviver, tres ou quatro laranjeiras macilentas, furadas de broca e sopesando o polvo retrançado da erva-de-passarinho, ainda abrolhavam rebentos cheios de compridos aculeos. Fóra disso, mamoeiros, a silvestre goiaba e araçás promiscuamente com o mato invasor que só respeitava o terreirinho batido, fronteiro á casa. Tapera quasi e, enluradas nela, o que é mais triste, almas humanas em tapera.* (Lobato, 1943, p. 27-28).

Na esfera da literatura brasileira, Lobato volta-se sobretudo para os autores contemporâneos: Graça Aranha, Machado de Assis, Euclides da Cunha e Lima Barreto. Quanto ao primeiro, afirma que as idéias de *Canaã* sobre a imigração dentro de cem anos não interessariam mais ninguém, comparando o livro a *Cabana do pai Tomás*, importante em sua época mas depois totalmente esquecido.

4.3 Lobato, leitor de Machado de Assis

Lobato foi um grande leitor de Machado de Assis e já em 1908, ano da morte de Machado, faz uma análise crítica de sua obra, com extraordinária pertinência. Em carta a Godofredo Rangel, de 08/01/1908, escreve:

> *Estou lendo* Dom Casmurro. *Já notaste como o Machado do* Esaú e Jacob, *pelo fato de muito requintar o seu* modus, *prejudicou a obra e obscureceu-a? Machado de Assis tem tres fases: uma romantica (*Helena, Yayá Garcia, *etc.), insignificante como o que mais o seja — ilegivel; outra a fase do* optimum *absoluto, onde surge a sua maneira famosa —* Braz Cubas, Dom Casmurro, Quincas. *E outra, a ultima, começada com* Esaú e Jacob, *em que sua maneira passa além do* optimum *e entra a degenerar.* (v. 11, p. 206).

Em outra carta, de 22/7/1910, analisa o romance *Memórias póstumas de Brás Cubas*, recusando-se a compará-lo com *Memórias de um sargento de milícias*, como o fizera seu correspondente Godofredo Rangel:

> *Achei heresia a comparação do Braz Cubas com as* Memorias de um Sargento. *Conquanto estas memorias*

sejam um dos pouquissimos livros bons da nossa literatura inicial, falta-lhe a ironia e o pessimismo sibarita e anatoleano de Machado. E falta estilo. Tenho a impressão de que as Memorias Postumas de Braz Cubas *foram escritas por um conjunto de mestres: Sterne, Anatole, Xavier de Maistre e Stendhal. Não sei á conta do que levar, mas livro nenhum, daqui ou de fora, jamais me soube tanto ás minhas mais intimas e misteriosas visceras esteticas. Parece um livro ateniense, anacronicamente rebentado no Rio de Janeiro, essa coisa berrantemente tropical!* [...]. (v. 11, p. 292-293).

Lobato leu cerca de dez vezes *Memórias póstumas de Brás Cubas,* conforme escreve a Godofredo Rangel, em 1917.[79] O que admirava em Machado de Assis era o estilista, que analisa com língua cristalina todos os matizes da alma humana e que estava, portanto, muito longe da opulência verbal que florescia com Euclides da Cunha e Rui Barbosa. Diferentemente de Coelho Neto, por exemplo, cujas descrições são amiúde entulhos de palavras, para Lobato, Machado de Assis usa o vocabulário como um nobre e não como um *parvenu,* que ostenta a opulência vocabular.

> [...] *A grande coisa não é possuir montes de palavras; se assim fosse, um dicionarista batia Machado de Assis. É saber combinar bem as palavras, como o pintor combina as tintas e o musico o faz ás notas. Beethoven só dispunha de sete notas — e com elas abalou o mundo* [...] (v. 11, p. 273).

79. "Ha a Magia Negra, a Magia Branca — e a Magia Literaria. D'Amicis e um grande Mago Literario. E sabe, Rangel, que aqui no Brasil tambem ha um livro com o poder de me enfeitiçar assim? Creio que já o li, espaçadamente ou de uma assentada, oito ou dez vezes, e sempre com o mesmo encanto: *Memorias Postumas de Braz Cubas.* [...]". (v. 12, p. 37).

Nesse particular, essa análise de Lobato parece coincidir com a de Mário de Andrade que, diga-se de passagem, não leu com empatia a obra de Machado de Assis, e ao comparar-lhe a linguagem com a de Castro Alves e a de Euclides da Cunha, afirma: "Machado de Assis, em vez, era ainda o homem que compunha com setenta palavras". (1972, p. 106).

A magia literária que brotava do texto machadiano era, para Lobato, conseqüência de seu estilo contido, preciso, pouco enfático. A Lobato, não passou despercebido a concepção do capítulo em Machado, sempre encimado por um título saboroso. Por isso, aconselha o romancista Godofredo Rangel a substituir a numeração dos capítulos de seus romances por títulos que aliciam o leitor, como faz "mestre Machado".

Além de apreciações críticas, a correspondência de Monteiro Lobato dá-nos informações valiosas sobre a recepção da obra de Machado de Assis. Em carta de 4/4/1911, escreve a Rangel:

> *... Sabe que o peor negocio do Garnier foi a edição completa do Machado de Assis? O Paulo, gerente da livraria Alves em São Paulo, disse-me que 'o Alves não quer a obra de Machado de Assis nem de graça, porque não passa dum entulho de prateleiras' — tão divorciados andam entre nós a Gloria e o valor comercial.* (v. 11, p. 300-301).

Em um artigo de 1939, Lobato comenta:

> *... O preço pelo qual vendeu ao editor Garnier a propriedade literaria de toda a sua obra — oito conto de réis, 500$000 cada livro — mostra bem claro a extrema redução do seu circulo de leitores.* (v. 10, p. 335)

Há alguns ecos machadianos em Lobato, como a crônica

"A vida em *Oblivion*" (1908), cujo título é uma homenagem velada a Machado de Assis, que com essa palavra encabeça capítulo de *Memórias póstumas de Brás Cubas*. Em Machado, *Oblivion* significa a passagem do tempo. Brás Cubas faz cinqüenta anos. Oblivion é o estribeiro que carrega e apeia as pessoas no Olvido. Já em Lobato, *Oblivion* é espaço esquecido, pois designa genericamente a "cidades mortas" do interior paulista, depois da passagem do café. Dona Inácia, personagem do conto "Negrinha", é o nome da mãe da Conceição de "Missa do galo" e é uma paródia de Sinhá Rita, do "Caso da vara", de Machado.

Em artigo comemorativo ao centenário do nascimento de Machado de Assis, em 1939, Lobato usa a metáfora das marionetes, para explicar o destino humano. poucos, na sua opinião, escapam do teatro de fantoches, que dão suas três voltinhas e depois se eclipsam para sempre no limbo. Dentre esses poucos seres privilegiados, despontaria Machado de Assis — homem de quem ninguém pode ousar falar "conservando o chapéu na cabeça" (v. 10, p. 337). No final de sua vida, Lobato não queria sequer mencionar o nome de Machado de Assis. Fazendo um panorama da literatura brasileira no prefácio ao livro *Éramos seis*, de Maria José Dupré, escreve:

> *Mas de Machado de Assis nem gosto de falar porque para mim virou santo, virou Himalaia, tabú. É qualquer coisa á parte e unica em todas as literaturas. Deixemo-lo no Olimpo, sozinho* [...]. (v. 13, p. 48).

Essa reverência a Machado não impede Lobato de classificar-lhe o estilo, juntamente com outros autores brasileiros, inclusive o seu, como "capilé"[80]. Lobato afirma que no Brasil

80. Vocábulo usado em Portugal, nome de uma planta da qual se faz um xarope muito doce.

só há um estilo (o do "Machadão"), ressalvando, todavia, que se trata de capilé, com ressaibos da cicuta da taça em que foi tomado.

> [...] *Alencar é capilé com Agua Florida, bebido em 'copo de leite'. Macedo é capilé com canela, bebido em caneca de folha. Bernardo de Guimarães é capilé com arruda, bebido em cuia. Coelho Neto é capilé com Grecia, bebido em anfora de cabaça. Machado de Assis é capilé refinado, filtrado, purissimo, bebido pela taça da cicuta de Socrates. Afranio é capilé com acido fenico. Ruy é.... mentira! Ruy não é capilé. Euclides também não é — mas se o fosse, seria capilé com geodesia. Grandes ou pequenos, bons ou maus, em todos nós o capilé perce; como transparecem em todos nós, socialmente, as taras vindas naquela nau de Tomé de Souza que nos abasteceu a estirpe com 400 degredados e 40 jesuitas.*
>
> *— Ora, eu sou também capilé — mas um capilézinho que se convenceu disso a tempo e procura avinagrar-se. Está claro que não o conseguirei nunca. Serei sempre, no fundo, um capilé com farofa* [...]. (v. 12, p. 162-163).

Lobato restringe-se a uma análise estilística de Machado de Assis. Por isso, destaca o agregado José Dias, como "o homem dos superlativos". Não enxergava esse personagem como uma das peças do *puzzle* patriarcal, do qual o fazendeiro Lobato, neto de um visconde, anfitrião de D. Pedro II, era um representante. Se o enxergasse dentro dessa estrutura, e não apenas como produtor de uma idiossincrasia lingüística, Lobato perceberia que o uso de superlativos por parte de um agregado, cuja situação é sempre periclitante, representa a ênfase necessária da bajulação e da subserviência para quem vive na corda bamba do favor.

Em seu artigo "Visão geral da literatura brasileira", Lobato dá um panorama da literatura brasileira. O critério para a validação de autores, na sua opinião, é a tradução do ambiente brasileiro.

Lobato afirma que nos primeiros séculos não tivemos literatura brasileira ("não passamos de mero transplante ibérico em terras americanas"), e que coube a Alencar introduzir o Brasil nas letras.

> *Alencar introduziu a nossa paisagem na novela, aboliu as velhas imagens de importação — o rouxinol, o lobo, o leão, o lírio, e introduziu a "graúna", a "onça", o "manacá". Alencar reabilitou, em suma, a cor local embora obedecesse mais à sua imaginação do que à natureza* [...]. (Lobato, 1965a, p. 5).

Lembremos que em "Notícia da atual literatura brasileira: instinto de nacionalidade" (1873), Machado de Assis afirma o oposto, mostrando o quão distanciado se achava da literatura de seu tempo:

> [...] *Um poeta não é nacional só porque insere nos seus versos muitos nomes de flores ou aves do país, o que pode dar uma nacionalidade de vocabulário e nada mais.* [...]. (v. 3, p. 821).

Já Lobato, leitor do dicionário de Caldas Aulete, tinha grande preocupação com o léxico e queria, através da língua, mapear a realidade local. Na crônica "A mata virgem" escreve:

> [...] *Alencar lançou meia dúzia de aves, que logo se tornaram clássicas á força de repetição.*
>
> *Por que tão poucos, se a mata é imensa e infinita a fauna? Por que nas arvores dos poetas só pousam sabiás*

e só regorgeiam patativas e pintassilgos? É que nossos bucolizantes não conhecem a mata. Imaginam-na. Acham mais facil colher em Alencar a jaçanã já estilizada do que vir atolar na turfa preta dos brejos em busca de outras aves pernilongas, comedoras de minhocas. Como é mais facil tomar da Iracema *a grauna do que vir procurar novidades de negrume alado nestes sertões ondeantes de morraria e grota* [...]. (v. 6, p. 258-259).

É claro que, segundo o critério da cor local, Lobato não sabia muito o que fazer com Machado de Assis. Apesar de colocá-lo no ápice da literatura brasileira, sempre tinha ressalvas a fazer ao escritor. Em um artigo de 1938, para a *Revista Cultura* ("Eu tomo o Sol..."), Lobato, mesmo voltando a colocar Machado no "posto máximo" da literatura nacional, não deixa de criticá-lo:

> [...] *O elegante na intelligentsia do Brasil de hoje é esmiuçar Machado de Assis — o menos machado, o menos contundente e cortante escritor sul-americano.* (v. 15, p. 239).

Lembrando que Euclides da Cunha tinha o gênio panorâmico, Lobato sugere mais adiante:

> *Que experiência curiosa seria lançar Machado de Assis no cenário de Canudos e observar-lhe as reações! Que temas encontraria lá? Braços, evidentemente, braços de jagunças; olhares; gestos de criaturas; a burocracia da vida, em suma. Quem nasce microscopista traz sempre os olhos baixos. Não enxerga a montanha.* (ibid., p. 241).

No que tange à temática, os dois escritores distanciamse igualmente: via de regra, o mundo de Machado é o da

Corte e das elites; o de Lobato é o das cidadezinhas e dos tipos interioranos. O tom de suas obras como contistas é geralmente oposto: ao distanciamento irônico de Machado encontramos a sátira lobatiana, de caráter moralizante.

4.4 Euclides, o estupendo

Se Machado de Assis é o mestre manifesto de Lobato, Euclides da Cunha parece ser o mestre latente. Da série de "estilos água com açúcar", Lobato não excetuava sequer Euclides da Cunha, classificando-lhe o estilo de "capilé com geodésia". Lobato analisa-lhe repetidas vezes o estilo, transcrevendo trechos de sua obra em estilo jornalístico, para mostrar que o autor dos *Sertões* se aparta do linguajar "untuoso" do jornalismo na medida em que: 1) pospõe os adjetivos; 2) evita verbos compostos; 3) evita advérbios terminados em "mente"; 4) escolhe palavras pouco usuais, jogando com a prefixação, como por exemplo, "imaturo" por "prematuro"; "implexo" por "complexo"; 5) leva a ciência para a literatura.

À semelhança de Euclides da Cunha, Lobato foi também um "grande ledor de lexicos" (v. 11, p. 241), tendo lido e anotado os vários tomos do dicionário de Caldas Aulete.

Observamos reflexos do estilo de Euclides da Cunha na obra de Lobato. *Os sertões* fornecem-lhe até o personagem-título de um de seus contos: "Bocatorta" é um jagunço de Antonio Conselheiro, que Euclides da Cunha assim define: "o tragicômico Raimundo Boca-torta, do Itapicuru, espécie de funâmbulo patibular, face contorcida em esgar ferino, com um traumatismo hediondo." (Cunha, 1911, p. 201).

A carta "Uma velha praga" parece inspirar-se no artigo "Fazedores de desertos", de Euclides da Cunha, que escreve:

> *... Na agricultura do selvagem era instrumento preeminente o fogo. Entalhadas as árvores pelos cortantes*

digis *de diorito, e encoivarados os ramos, alastravam-se por cima as caitaras crepitantes e devastadoras. Inscreviam, depois, em cercas de troncos carbonizados a área em cinzas onde fora a mata vicejante; e cultivavam-na. Renovavam o mesmo processo na estação seguinte, até que, exaurida, aquela mancha de terra fosse* abandonada em capoeira, *jazendo dali por diante para todo o sempre estéril, porque as famílias vegetais, renovadas no terreno calcinado, eram sempre de tipos arbustivos diversas das da selva primitiva.* (Cunha, 1907, p. 275-276).

Lobato destaca o mesmo método de utilização do solo por parte do caboclo (o fogo), utilizando expressão semelhante (*vide* nosso grifo) à de Euclides, ao escrever a carta-protesto que poderia chamar-se "Continuadores de desertos":

> *A nossa montanha é vítima de um parasita, um piolho da terra, peculiar ao solo brasileiro como o "Argas" o é aos galinheiros ou o "Sarcoptes mutans" á perna das aves domesticas. Poderiamos, analogicamente, classifica-lo entre as variedades do "Porrigo decalvans", o parasita do couro cabeludo produtor da "pelada", pois que onde ele assiste se vai despojando a terra de sua coma vegetal até cair em morna decrepitude, núa e descalvada. Em quatro anos, a mais ubertosa região se despe dos jequitibás magnificos e das perobeiras milenarias — seu orgulho e grandeza, para, em achincalhe crescente,* cair em capoeira, *passar desta á humildade da vassourinha e, descendo sempre, encruar definitivamente na desdita do sapezeiro — sua tortura e vergonha.*
>
> *Este funesto parasita da terra é o caboclo...* (Lobato, 1950, v. 1, p. 235).

Comparem-se igualmente os artigos "Cidades mortas", de 1906, (Lobato, 1950. v. 2, p. 3-7) e "Entre as ruínas"

(Cunha, 1907, p. 283-290), ambos sobre a decadência do vale do Paraíba, desertado pelo café.

Quanto a Lima Barreto, Lobato o cita, pela primeira vez, em 1916, comentando com Rangel que está lendo a 2ª edição de *Triste fim de Policarpo Quaresma*, publicado em 1915.

> *Facílimo de língua, engenhoso, fino, dá impressão de escrever sem torturamento — ao modo das torneiras que fluem uniformemente a sua corda d'agua. Vou ver se encontro um* Policarpo *e aí o terás. Bacoreja-me que temos pela proa o romancista brasileiro que faltava.* (v. 12, p. 108).

Observa-se, nesse comentário, a análise do estilo de Lima Barreto (a "facilidade" destacada pelos modernistas), bem como a preocupação de Lobato em partilhar com Rangel as suas descobertas.

Se a relação de Lobato com Machado de Assis e Euclides da Cunha é a de discípulo a mestre, com Lima Barreto, que é da mesma geração (Lobato é apenas um ano mais novo) estabeleceu-se pelo viés da editora *Revista do Brasil*. Em 1918, Lobato escreve a Rangel que está editando *Vida e morte de M. J. Gonzaga de Sá*, e que considera o autor "um romancista de verdade". Apesar de pequenas divergências com Lima Barreto — que se posicionava contra o futebol, a máquina de escrever e os Estados Unidos — desenvolveu-se de imediato entre ambos uma afinidade, expressa na correspondência que trocaram[81], e só encerrada com a morte de Lima Barreto em 1922, aos quarenta e um anos. Lobato é tema de várias crônicas de Lima Barreto, que também escreve sobre Leo Vaz e Hilário Tácito[82].

81. E também no conteúdo das obras, já que os dois criticam a engrenagem burocrática.

82. Se lermos a carta de Monteiro Lobato a Lima Barreto, de 31/5/1920

A correspondência entre Lobato e Lima Barreto, centrada sobre problemas de edição, pode ser considerada como um manual de deontologia do editor. A postura de Lobato como editor é excepcional, tendo-se em vista os padrões correntes ainda hoje no Brasil. Como em outros setores de sua vida, a relação editor/editado é pautada pela ética e pelo profissionalismo. Se o livro é uma mercadoria, quem o cria merece ser pago, e Lobato fazia-o antecipadamente, como prova a correspondência com Lima Barreto. Quando contrata, antes mesmo de ler os manuscritos, a edição de *Vida e morte de M. J. Gonzaga de Sá*, envia a Lima Barreto, no Rio, oitocentos mil réis de direitos autorais e só depois põe-se a decifrar os garranchos do autor, que escrevia com diferentes tintas e nos papéis os mais extravagantes, tornando-se, pela caligrafia ilegível, o terror dos linotipistas. Secundado por Leo Vaz, Lobato decriptou e ditou amorosamente a um datilógrafo os manuscritos, antes de imprimi-los em sua editora. O livro foi um fracasso editorial, que o editor atribuiu ao título banal[83], que incorre em um cacófato.

Notam-se, na *Barca*, raras referências a obras poéticas. Pode-se dizer que, à exceção de Bilac, que sabia de cor na juventude, e de Ricardo Gonçalves, tradutor e poeta de inspiração sertaneja, autor do livro póstumo *Ipês*, Lobato pouco

(CAVALHEIRO, 1955, p. 50), entenderemos por que o artigo deste, sobre *Mme. Pommery*, começa falando em içás. Escreve Lobato: "Já a "Pommery" merece o teu apoio. É finíssimo e está sendo vítima do silêncio covarde da crítica. Ninguém — hás de crer? — atreve-se aqui a falar dele! Recordarás, falando dele, o tempo em que comíamos içás. Muito bem. E gaba esse tempo. O içá é uma delícia" Lima Barreto, no artigo "Mme. Pommery", acata a sugestão de Lobato: " [. . .] Içá é o que chamamos formiga tanajura; e lá, por aquelas priscas eras [...] (BARRETO, 1956, p. 110).

83. Lobato tentava explicar o fracasso de *Vida e morte de M. J. Gonzaga de Sá* pelo título, pois achava que ninguém estaria interessado em conhecer a biografia de um obscuro qualquer. (v. 12, p. 298).

apreciava a poesia e, embora tenha escrito alguns versos na juventude, considerava-se "amaldiçoado das Musas"[84]. A poesia, prima irmã da música (que Lobato só conseguiu apreciar no final da vida), situa-se nos antípodas da linguagem transparente, que tanto seduzia Lobato. Parece-nos, todavia, que os versos de Hölderlin, da elegia "Pão e vinho", poderiam explicar a atitude antipoética de Lobato: "E assim na espera, o que fazer durante esse tempo, o que dizer?/ Não sei, e para que servem os poetas no tempo do desemparo?"[85]. Se o sentimento de impotência fez que Hölderlin, durante mais da metade de sua longa vida, se refugiasse na loucura, Lobato, diante de um cenário em ruínas, de uma "terra devastada", escapou da impotência pela ação. A poesia — pensamento sobre a linguagem, o ser, o tempo e a morte, mergulho do conhecido no desconhecido (Georges Bataille) — pouco o sensibilizaria. No seu pensamento espiritualista, vida e morte configuram um destino incontornável. Por isso, acata com estoicismo a morte precoce de dois filhos, ansiando por juntar-se a eles e encerrar sua cavalgada na terra. Observamos que, na *Barca*, o autor cita o mesmo livro de poemas lido pelos cenaculistas na *Correspondência de Fradique Mendes*.

84. As suas criações infantis (pensamos no borboletograma; nos hipocampos puxando o coche do príncipe Escamado; no vaga-lume que serve de lanterna ao príncipe) são poéticas na medida em que são construções imaginárias, que não pagam tributo ao referente e, libertas da tirania da realidade, se constroem na materialidade sígnica. A título de exemplo, citaremos a descrição dos participantes de uma festa no Reino das Águas Claras: "Narizinho correu os olhos pela assistência. Não podia haver nada mais curioso. [. . .] Mamangavas de ferrões amarrados para não morderem. E canários cantando, e beija-flores beijando flores, e camarões camaronando, e caranguejos caranguejando, tudo que é pequenino e não morde, pequeninando e não mordendo." (LOBATO, 1982, p. 12).

85 *Apud* BLANCHOT (1978, p. 334): A tradução de Blanchot é a seguinte: "*Et ainsi dans l'attente, que faire pendant ce temps, que dire?/ Je ne sais pas, et à quoi bon les poètes au temps de la détresse?*"

Trata-se da *Lenda dos séculos,* de Victor Hugo, poesia impregnada de história, afresco épico de algumas civilizações, desde Eva até o século XIX. Chamado de "Victor Hugo do petróleo", Lobato também conciliou literatura e luta política, rejeitando porém a poesia.

4.5 Livro para que te quero

Filho de seu tempo, como muitos jovens intelectuais da virada do século, Lobato leu os autores que estavam em voga: Balzac, Zola, Anatole France, Camilo Castelo Branco, Fialho d'Almeida, Eça de Queirós, Nietzsche e Machado de Assis (Broca, 1960; Martins, 1978a, p. 386; 1978b, p. 104).

Quando jovem, Lobato afirma sofrer de "*delirium legens*", depois de ter se embriagado com 1.500 páginas de Lamartine. "Leio tanto, que quando vou para cama meu cérebro continua a ler maquinalmente." (v. 11, p. 47). Essa sofreguidão pela leitura arrefece quando começa a atividade empresarial, no início da década de vinte. Mais tarde, confessa-se empanturrado de ler, como aconteceu com o Visconde de Sabugosa, no *Circo de cavalinhos,* comparando o fato a um episódio vivenciado quando criança: sua mãe o obrigara a ingurgitar um prato cheio de bons-bocados e depois disso nunca mais quis saber da iguaria (Nunes, 1986, p. 77).

Lobato considerava a leitura como um alimento, com o qual não se deve empanturrar. "Ler e comer, só quando há apetite; fora disso é uma insuportável *corvée*". Lembrando a Rangel o primeiro aforismo de Hipócrates ("a arte é longa, a vida é curta ..."), adverte-o que distinga sumo e palha; livro e papelada[86] .

86. Aconselha Rangel a vender os 18 volumes de Bourget a um fogueteiro, por exemplo.

Para Lobato, ler é mergulhar num texto para recolher a pérola ali escondida, que só se revelará ao leitor que a procurar. Concebe a leitura de forma seletiva, joeirando apenas aquilo que poderá ser-lhe útil. Quando lê *A Tempestade*, detém-se em Ariel; em *Romeu e Julieta*, colhe a Rainha Mab, que também encontrará em *Le crime de Sylvestre Bonnard*, de Anatole France.

Lobato leu muitos livros e os leu com intensidade, anotando-os e criticando-os nas cartas. Na fase de formação, vivia literalmente as leituras, encarnava personagens, tratando-os como seres familiares, como assinalou Brito Broca. Escreve a Rangel que, quando criança, morara no *Robinson Crusoe* e n'*Os filhos do capitão Grant*, de Júlio Verne[87]. Com seus amigos do Minarete — como vimos —, viveu uma espécie de teatralização literária, adotando nomes de personagens burlescos de Alphonse Daudet. Na *Barca*, a própria natureza é vista através de padrões literários. Quando percorre certas paragens monótonas, Lobato afirma tratar-se do "Conselheiro Acácio-paisagem: [....] O teu mal, Rangel, é que moras num pedaço de natureza *Helena* de Machado de Assis"

87. Note-se o arrojo dessa imagem que, muito mais tarde, teria um similar em Ferreira Gullar que criou o "poema enterrado", "poema" escavado no solo, onde se podia entrar. (GULLAR, 1969, p. 51).Os "parangolés" de Hélio Oiticica, obra de arte que se pode vestir, também se inscrevem nessa direção. A idéia de livro habitável foi muito bem encenada pelo artista plástico Elifas Andreato, idealizador da exposição "O Brasil Mágico de Monteiro Lobato", comemorativa do 50º aniversário da morte de Lobato, em 1998. Andreato escavou, no interior da coleção de livros infantis de Lobato em tamanho gigante, um túnel que evoca o Reino das Águas Claras, onde Narizinho se casa com o peixinho príncipe Escamado, no livro *Reinações de Narizinho*. Penetrando no túnel-livro, as crianças têm a impressão de caminhar no fundo do mar, pisando em colchões d'água e ouvindo o marulhar de ondas. As crianças também podem pular em livros-colchões, num retrato fidedigno da concepção de Lobato de que os livros equivalem a brinquedos, e que se deve aprender brincando.

(v. 11, p. 90). Considera um homem mal vestido uma "especie de Sílvio Romero" do estilo (v. 11, p. 199). Compara o vaivém das cartas à história de Hänsel e Gretel: "Você estira o rabinho de rato epistolar para que eu veja como está gordo e forte no estilo; eu faço o mesmo" (v. 11, p. 220). Notamos, nesses exemplos, uma comunhão entre literatura e vida, como a que aparece no livro *A reforma da natureza*. Nesse livro, Emília cria o livro comestível, Livro-Pão, que combateria a falta de cultura e a desnutrição. "O velho pão viraria livro. O Livro-Pão, o Pão-Livro! Quem souber ler, lê o livro e depois o come; quem não souber ler come-o só, sem ler. Desse modo o livro pode ter entrada em todas as casas, seja dos sábios, seja dos analfabetos." (Lobato, 1982, p. 1200).

Apesar de viver literalmente os livros, Lobato tinha uma relação *sui generis* com eles. Não era fetichista, conquanto reclamasse, às vezes, que voltavam tão estropiados que deviam "baixar à enfermaria do encadernador". O livro destinava-se a ser lido, usado, emprestado[88], anotado, vendido. Não hesitou em leiloar a biblioteca[89] quando faliu em 1926, a pretexto de, no Rio de Janeiro, para onde se mudara, começar vida nova em todos os sentidos. Como morou em várias cidades de vários países, sua biblioteca dispersou-se[90]:

88. Lobato, na sua ânsia em partilhar com Rangel suas descobertas, chegava a emprestar-lhe livros de terceiros, instando para que fossem recambiados ao proprietário.

89. Conforme assinala Joaquim Correia, "os livros foram regularmente vendidos. Réclus [teórico francês do anarquismo]: 100$000. *Farpas* (incompleto): 100$000; Enciclopédia: 500$000. Documentos interessantes: 115$000". (Apud CAVALHEIRO, 1959, v. 1, p. 241).

90. Os livros remanescentes da biblioteca de Monteiro Lobato foram tombados e constituem parte do acervo do Museu Monteiro Lobato, da Biblioteca Infanto-Juvenil Monteiro Lobato, da cidade de São Paulo.

Em 1945, quando quer reler Zola, é obrigado a pedir emprestado a Rangel (Lobato, 1959a, p. 356).

A biblioteca do avô Visconde de Tremembé representou importante papel na formação do jovem Lobato. Em carta de 20/1/1904 (v. 11, p. 50), este detalha as obras dessa biblioteca e relata a Rangel a origem do acervo: os livros pertenceram a um tio, funcionário do Ministério das Relações Exteriores, que os amealhou em várias viagens. Nessa biblioteca, "tremendamente histórica e científica", o menino Juca encontrou, além do *Zend-Avesta,* texto sagrado do masdeísmo, o *Mahabharata,* poema épico veda, obras de Champollion, Maspero e Breasted sobre o Egito e todas as obras de Spencer. A biblioteca tinha, ademais, uma coleção do *Journal des voyages*, e a coleção completa da *Revista Ilustrada*, de Angelo Agostini (considerado o "precursor dos quadrinhos" no Brasil), coleção que exerceu influência decisiva sobre Lobato, um adepto da caricatura e do desenho.

Lobato lia em francês e em italiano[91]. Comprava seus livros na Casa Garraux, na Livraria Alves e na Livraria Gazeau, geralmente sob encomenda. Até 1906, lê basicamente em francês. A partir de 1907, para preencher a modorra da vida de funcionário público em Areias, começa a ler em inglês e assina o *Weekly Times*, de Londres (v. 11, p. 225), do qual traduz alguns artigos para a imprensa. Até os vinte e cinco anos, confessa que lera apenas meia dúzia de livros em português. Quando, por volta de 1916, volta-se para o estudo da realidade nacional, constata que sua biblioteca é muito pobre em obras em português: "Quasi tudo em francês. Uma vergonha", comenta com Rangel (v. 12, p. 72).

No final da vida, a doença atingiu-o em seu ponto forte: sofre de alexia e já não pode ler correntemente. "Como

91. Quando lê d'Amicis, semeia uma carta com a palavra "ebbrezza". (v. 12, p. 37).

é que alguém pode viver sem um livro nas mãos?", pergunta desesperado (Apud Cavalheiro, 1956, v. 2, p. 268).

Repertoriamos abaixo as leituras de Lobato, comentadas na *Barca de Gleyre*, leituras essas que se concentram na fase inicial de sua vida, ocupando dois terços da correspondência. Optamos por deixar os títulos tal qual os cita Lobato, ora no original, ora em português. Não se trata da relação de livros lidos, nem sequer dos títulos de sua biblioteca básica. Citamos os livros que, por uma razão ou outra, vieram à tona nas cartas a Rangel. São cerca de 200 títulos, o que justifica o subtítulo de "correspondência literária" para o epistolário. Alguns livros não são citados explicitamente, mas sabemos que foram lidos, pela marca que deixaram no texto lobatiano, através da citação de personagens e de outras referências implícitas, como é o caso da *Correspondência de Fradique Mendes*[92].

Julgamos importante registrar os livros citados por Lobato, pois eles revelam o quanto o autor estava ligado à tradição literária e nos permitem mapear-lhe os centros de interesse, quais sejam: a ciência, o pensamento utópico e a história.

• LITERATURA FRANCESA

BALZAC - Leu as obras completas, mas cita apenas *Contes drôlatiques, La cousine Bette, Grandeur et décadence* de *Cesar Birotteau, Le lys dans la vallée, La physiologie du mariage*

BAINVILLE, Theodore de - *Lanterna mágica*

BARBEY D'AUREVILLY

92. Por exemplo: os nomes dos filhos de Rangel (Nelo, Caio e Túlio) provêem de personagens de Gabriele D'Annunzio (ATHANÁZIO, 1977, p. 34). Já a tragédia *La città morta* (1898), de D'Annunzio pode ter inspirado o título *Cidades mortas,* de Lobato.

BARRÈS, Maurice

BAUDELAIRE

BERNARD, Tristan

BERNARDIN DE SAINT-PIERRE - *Paulo e Virgínia*

BERNSTEIN, Henri - *Le berçail, La raffale*

CHAMFORT et RIVAROL – *Les hommes et les choses au dix-huitième siècle*

CHATEAUBRIAND - *Atala, Les aventures du dernier abencérage, O gênio do cristianismo, Mémoires d'outre tombe, René*

CONSTANT, Benjamin - *Adolphe*

COURIER Paul-Louis - *Lettres de France et d'Italie*

DAUDET - *Cartas do meu moinho, Nababo, Jack, Sapho: moeurs parisiennes, Tartarin de Tarascon, Tartarin sur les Alpes, Port-Tarascon*

FABRE, Jean-Henri – *La terre (Lectures et leçons pour tous)*

FLAUBERT

FRANCE, Anatole - *Crainquebille, Le crime de Sylvestre Bonnard, Les dieux ont soif, Histoire comique, Le lys rouge, Le mannequin d'osier, Les opinions de Jérôme Coignard, L'île des pingouins, L'orme du mail, Putois, La rôtisserie de la reine pédauque, Sur la pierre blanche*

FRAPIÉ, Leon

GAUTIER - *Capitaine Fracasse, Fortunio, Mademoiselle de Maupin*

HERMANT, Abel - *La carrière, Confession d'un homme d'aujourd'hui, Les transatlantiques*

GONCOURT - *Journal*

HUGO, Victor - *La légende des siècles*

HUYSMANS - *Là- bas*

LA BRUYÈRE

LAMARTINE

LAVEDAN, Henri

LE BAIN

LE BON, Gustave - *Evolução da força, Psicologia do socialismo*

LECONTE DE LISLE - *Elefantes*

LOTI, Pierre

MAETERLINCK - *Le Oiseau bleu*

MARGUERITE D'ANGOULÊME – *L'Heptaméron: Contes ou Nouvelles de la reine de Navarre*

MARGUERITTE, Paul

MAUPASSANT - *Boule de suif, Clair de lune, Le horla, Mlle. Fifi, Miss Harriet, Mont Oriol, Pierre et Jean, La main gauche, Une soirée, Sur l'eau, Toine, Une vie* [*Oeuvres complètes illustrés de Guy de Maupassant*]

MICHELET - *História da revolução francesa*

MIRABEAU

MIRBEAU - *Jardim dos suplícios*

MOLIÈRE

MONTAIGNE - *Essais*

PASCAL - *Pensées*

PRÉVOST, L'abbé - *Manon Lescaut*

PRÉVOST, Marcel - *Jardin secret, Les lettres à François, Lettres de femmes* (3 v.)

RABELAIS completo

RENAN

RESTIF DE LA BRETONNE

ROSTAND, Edmond - *Cyrano de Bergerac, Chanteclair*

SADE, Marquês de

SAINT-VICTOR, Paul de - *Anciens et modernes*

SALMON - *L'Élevage du cochon dans l'Amérique du Nord*

SAND, George

SEVIGNÉ, Mme. de

STENDHAL - *La Chartreuse de Parme, Histoire de la peinture en Italie, Promenades dans Rome, Le rouge et le noir*

TAINE - *História da literatura inglesa, Hyppolite Taine, sa vie et sa correspondance, As origens da França contemporânea*

VERHAEREN

VERLAINE

VERNE, Jules - *Os filhos do capitão Grant*

VOLTAIRE

WEBER, Pierre

ZOLA - *L'assommoir, La faute de l'abbé Mouret, Germinal, La joie de vivre, Nana, Dr. Pascal, Les quatre évangiles, Le rêve, Travail*

- LITERATURA PORTUGUESA

ALMEIDA, Fialho d' - *Lisboa galante, O país das uvas*

BERNARDES , Pe. Manuel - *Nova floresta*

CAMÕES

CASTELO BRANCO, Camilo - *Agulha em palheiro, A brasileira de Prazins, A caveira da mártir, A mulher fatal, Amor de salvação, Boêmia do espírito, Cancioneiro alegre, Eusébio Macário, Noites de insônia* (12 volumes), *Novelas do Minho, O regicida, O vinho do Porto, Os brilhantes do brasileiro,. Vingança, Vinte horas de liteira*. [Leu cerca de 50 obras de Camilo].

CASTRO, Eugênio de

DIAS, Carlos Malheiro - *A mulata, Paixão de Maria do Céu*

DINIZ , Almáquio - *Bodas negras*

GARÇÃO

GARRETT - *O arco de Sant'Ana, Viagens na minha terra*

HERCULANO - *Eurico, o presbítero, Lendas e narrativas*

LUCENA - *História da vida do padre S. Francisco Xavier e do que fazem na Índia os mais religiosos da Companhia de Jesus*

MANOEL, Francisco

MARTINS, Oliveira - *Teoria do socialismo: exame constitucional da sociedade portuguesa e a sua reorganização pelo socialismo*

MICHAËLIS, Carolina - *A saudade portuguesa*

NOBRE, Antonio - *Só*

QUEIRÓS, Eça de - *Uma campanha alegre* [Eça nas *Farpas*], *Cartas d'Inglaterra, A cidade e as serras, A ilustre casa de*

Ramires, Frei Genebro, Os Maias, A relíquia, Últimas páginas, Lendas de santos

QUENTAL, Antero

RAMALHO ORTIGÃO - *As Farpas*

RIBEIRO, Bernardim - *Menina e moça, Saudades*

SOUSA, Frei Luís de - *Anais de D. João III*

TOLENTINO Almeida, Nicolau

• LITERATURA EM LÍNGUA INGLESA

BYRON

CAINE, Hall - *O filho pródigo*

CARLYLE

COOPER, Fenimore - *The water-witch*

CRAWFORD, Marion

CROOKES, William

DARWIN

DICKENS – *The posthumous papers of the Pickwick Club*

DOYLE, Conan

EMERSON - *Conduta da vida, Representative men*

GOLDSMITH -*The vicar of Wakefield*

HAGGARD, Ridder

HAUPTMANN - *O caminho dos gatos*

IRVING, Washington - *Salmagundi*

KIPLING - *Os inoitos, Livro da jangal, A mais bela história do mundo, O segundo livro da jungle*

LODGE, Oliver

MACAULAY - *Essays, History of England*

MILTON

POE - *The narrative of Arthur Gordon Pym*

ROBERTSON - *Discovery and conquest of America*

ROOSEVELT, Theodore - *Vida intensa*

RUSKIN, John

SCOTT, Walter - *The bride of Lammermoor*

SHAKESPEARE - *La tempête, Henri IV* [*Oeuvres complètes*]

STERNE
TWAIN, Mark
WELLS, H. G. - *Mr. Lewisham*
WILDE, Oscar - *Dorian Gray*

• LITERATURA BRASILEIRA

ALMEIDA, Júlia Lopes de
ALMEIDA, Manuel Antonio de - *Memórias de um sargento de milícias*
ASSIS, Machado de - *Dom Casmurro, Esaú e Jacó, Helena, Histórias sem data, Iaiá Garcia, Memorial de Aires, Memórias póstumas de Brás Cubas, Quincas Borba, Relíquias de casa velha, Ressurreição*
AZEVEDO, Álvares - *Noite na taverna*
BARBOSA, Rui - *Discursos*
BARRETO, Lima - *Contos, Memórias do escrivão Isaías Caminha, Triste fim de Policarpo Quaresma, Vida e morte de M. J. Gonzaga de Sá*
BERTA, Albertina - *Exaltação*
BILAC, Olavo
CARVALHO, Delgado de - *Galinocultura*
CARVALHO, Vicente de
COELHO Neto - *Turbilhão*
CUNHA, Euclides da - *Os sertões, À margem da História*
DELPECH, Adrien - *Le roman brésilien*
FREIRE, Sampaio - *Sonetos*
GRAÇA, Aranha - *Canaã*
LOPES, Júlia
LORETTI, Jarbas - *Vozes andinas*
NOGUEIRA, J. A. - *Amor imortal, Os deuses morrem*
OLIVEIRA, Alberto de
PAIVA, Manoel de Oliveira - *Dona Guidinha do poço*
POMPÉIA, Raul - *O Ateneu*
TAUNAY - *Inocência*

RANGEL, Alberto - *Inferno verde:* cenas e cenários do Amazonas

RIO, João do

SILVEIRA, Valdomiro

TORRES, Antonio

VAZ, Leo - *O professor Jeremias*

• AUTORES RUSSOS

DOSTOÏEVSKI - *Crime e castigo, Recordações da casa dos mortos*

GOGOL

GORKI

METCHNIKOFF - *Estudos da natureza humana*

TOLSTOI - *Anna Karenina, Guerra e paz, Ivan, o imbecil, Ressurreição, Sonata de Kreutzer*

TURGUENIEV

• LITERATURA ITALIANA

AMICIS, Edmundo d' - *Constantinopla, Cuore, Idioma gentile, Vita militare*

ARETINO

DANTE

MAQUIAVEL - *O Príncipe*

• LITERATURA ALEMÃ

GOETHE - *Conversas com Eckermann, Fausto* (Traduções de Gérard de Nerval e de Castilho), *Wilhelm Meister*

HEINE - *Atta Troll, Germania, Intermezzo, O livro de Lázaro, Mar do norte*

HOFFMANN - *Contos fantásticos*

SCHILLER - *Guilherme Tell, Jeanne D'Arc*

• LITERATURA CLÁSSICA

ARISTÓFANES completo
ÉSQUILO
HOMERO - *Ilíada, Odisséia*
HORÁCIO
MILTON
PETRONIO
VIRGÍLIO - *Bucólicas, Eneida*

• OBRAS DE REFERÊNCIA

AULETE Caldas
ALBALAT
LAURENT - *História Universal*

• FILOSOFIA

ARISTÓTELES
FICHTE
HARTMANN
KANT
LOTZE
MILL, John Stuart
NIETZSCHE - *L'antéchrist, Crépuscule des idoles, Le gai savoir, Ainsi parlait Zarathoustra, Par delà bien et mal*
SCHELLING
SPENCER - *Educação, Primeiros princípios*

• OBRAS GERAIS

Biblioteca internacional de obras célebres
CORAZZI David - *Biblioteca universal* - 30 volumes (Balzac, Byron, Bocage, Camões, Collins, Dickens, Fontenelle, Goethe, Karr, Poe, Voltaire, etc.)
Les mille nouvelles nouvelles (revue mensuelle pour tous)

• MEMÓRIAS

CASANOVA - *Memórias*
CELLINI, Benvenuto - *Vita*
GORON - *Memórias*
CONSTANT - *Memórias*

• REVISTAS E JORNAIS
•• Em inglês

Weekly Times (Londres)
Wide World Magazine
Strand

•• Em francês

Revue philosophique

• BIBLIOTECA DO VISCONDE DE TREMEMBÉ (Avô de Lobato)

AGOSTINI Angelo - Coleção completa da *Revista Ilustrada*
BREASTED
CANTÚ
CHAMPOLLION
GRAND DICTIONNAIRE UNIVERSEL DU XIXe SIÈCLE de Pierre LAROUSSE (16 volumes)
Journal des voyages
Mahabharata
MASPERO
RÉCLUS Elysée
RODRIGUES, J. C. - Coleção da revista *Novo mundo*
SPENCER completo
Zend-Avesta

4.6 Escrita à flor da terra

> *Joyce, ceando com amigos, mostrava-se taciturno, inexplicavelmente preocupado. À hora do licor, sorriu, batendo na testa: 'Encontrei a palavra que estava procurando desde cedo!' E que palavra é essa?* 'The', *respondeu ele.*
>
> Ludmila Savitzky, Prefácio a Joyce, *Dedalus: portrait de l'artiste jeune par lui-même.*

As cartas de Monteiro Lobato a Godofredo Rangel, reunidas no livro *A Barca de Gleyre*, de 1944, constituem um discurso sobre estilística. Para o escritor, ter bom estilo significa buscar a "palavra justa" para nomear determinada situação: "Na propriedade da expressão está a maior beleza; dizer 'chuva' quando chove — 'sol' quando soleja." (v. 11, p. 46). Em outra oportunidade afirma:

> *O que mais aprecio num estilo é a* propriedade *exata de cada palavra e para isso temos de travar conhecimento pessoal, direto, com todos os vocabulos, um por um, em demorada, pensada e meditada vocabulação dicionaristica. Só pelo conhecimento exato do valor de cada um é que alcançaremos aquela qualidade de estilo.* (v. 11, p. 263) [grifo do autor]

Em 1909, Lobato escreve a Rangel que resolvera interromper a elaboração dos contos que pacientemente escrevia, para apurar o estilo. Em busca da palavra exata para descrever o que via, lê e ficha o dicionário de Caldas Aulete, numa leitura deleitosa, comentada *pari passu* com Rangel:

> *Na rua vemos passar cavalos. No dicionario encontramos um CAVALO. 'Quem é você?' E ele muito sério: '... substantivo masculino. Quadrupede domestico; solipede; ramo ou tronco em que se enxerta; banco de tanoeiro, etc., etc.'. A gente regala-se com o monte de coisas que*

o cavalo é, e muitas vezes tambem nos regalamos com as cavalidades do dicionarista. (v. 11, p. 240).

Lobato usa amiúde a imagem da harpa como metáfora para a língua. Para afiná-la, vai buscar nos autores portugueses o conhecimento do vernáculo, preterindo por algum tempo suas leituras em inglês e francês, para não estragar "a lua de mel com a lingua lusiada" (v. 11, p. 272). O apuro lingüístico a que chegou mediante a leitura anotada do dicionário e dos clássicos portugueses levou o estilólogo Rodrigues Lapa a considerá-lo "o maior estilista brasileiro" (Apud Lucas, 1989, p. 92).

Mas, apesar do "ranço camiliano"[93], Tristão de Athayde (1939, p. 223) afirma que "o estilo de Monteiro Lobato é novo, é lidimamente brasileiro, tem o viço e o desconcerto da terra". Cândido de Figueiredo teria aumentado o seu dicionário com mais de setenta expressões extraídas de *Urupês* (Lobato, 1950, v. 1, p. 1).

De onde vem esse sabor brasileiro que encontramos em Lobato? Embora tenha sido o apóstolo da modernização, ele é um homem visceralmente ligado à terra, sua linguagem recende à terra: "a literatura faz *pendant* com a lavoura; ambas só lidam com matas virgens, terras virgens", confidencia a Rangel (v. 11, p. 316). Mais tarde, quando editor, continua com o referencial agrícola, como na carta em que fala a Rangel sobre o êxito da Editora *Revista do Brasil*:

Somos uma leiteria com varias vacas lá fora. Você é uma delas. Temos aqui um leite que você produziu, chamado Tatá — que nunca sai porque nunca ha espaço.

É um leite muito grande — é toda uma lata de leite. Você é vaca holandeza, das que dão leite demais, e dão leite muito compridos. (v. 12, p. 191).

93. A expressão é de Edgard Cavalheiro (1956, v. 1, p. 201).

Como Taine, que dava à virtude a concretude do açúcar e ao vício o corrosivo do vitríolo, Lobato extrai as metáforas para a atividade literária do mundo tangível, especialmente do universo rural. Assim, refere-se a Nietzsche como o "*semeador* de horizontes"; o "homem-*toupeira* que corrói as *raízes* das velhas verdades"; "o *pólen* que fecunda". Machado é "um Himalaia"; Rui é "um Everest", "imenso como o Amazonas". Segundo Cassiano Nunes (1982, p. 69), é a concretude do estilo lobatiano que o oporá aos "estilos artificiais ou intelectuais da modernidade, como o cubismo".

Ao lado da concretude do meio físico, despontam em seu texto expressões cruas, oriundas do estrato fisiológico (usa várias vezes palavras chulas para se referir ao português do Brasil). Escrever é, para Lobato, um ato vital próximo do instinto, das sensações e da veneta, como comer e procriar; é, em suma, uma função natural. Criticando o estilo corrente em 1915, desabafa com Rangel: "Lingua bunda, estilo anal, ideias de toda-gente, aninhadas como piolhos dentro de bolas de escaravellho." (v. 12, p. 52).

Taine é uma figura fundamental para se entender o estilo de Lobato, que lera a *História da literatura inglesa*, em cujo prefácio o crítico francês expõe sua teoria do determinismo científico, resumido nas três forças que regem o destino humano: a raça, o meio e o momento. Em carta de 21/7/1907, fica patente a influência de Taine: "Parece-me erro supor que o artista cria independente do meio. Meio pifio, artista pifio — obra d'arte pifia." (v. 11, p. 176).

Taine, teórico do naturalismo, ligava todos os fatos psicológicos a fatos fisiológicos, o que se traduz em literatura, pela noção de que no homem imperam as sensações e os instintos. Vejamos um trecho de uma carta de Taine a um amigo:

> *Je fais de la physiologie en matières morales, rien de plus. J'ai emprunté à la philosophie et aux sciences*

positives des méthodes qui m'ont semblé puissantes, et je les ai appliquées dans les sciences psychologiques. Je traite des sentiments et des idées, comme on fait des fonctions et des organes. Et dans L'Introduction à l'histoire de la littérature anglaise*: 'Que les faits soient physiques ou moraux, il n'importe, ils ont toujours des causes; ... le vice et la vertu sont des produits como le vitriol et le sucre.* (Apud Malet-Isaac, 1964, p. 533-534).

A própria idéia de atingir a palavra exata parece advir de Taine, que numa carta a Cornélis de Witt escreve aquilo que mais pareceria ser uma profissão de fé do próprio Lobato:

> *J'ai toujours cherché l'expression la plus exacte, la plus nette, bref, la formule: je n'ai jamais cherché autre chose; et je crois que le droit et le devoir d'un écrivain est, coûte que coûte, lorsqu'il a bien réfléchi, d'exprimer sa pensée avec toute la précision et toute la force possible, sans songer aux atermoiments et aux compromis.* (Taine, 1909b, p. 29).

Outra peculiaridade do léxico de Lobato são os neologismos de cunho metonímico: nomes próprios ou comuns transformados em verbos como "luademelar" ou "zefernandear jacinticamente", expressão oriunda do nome de personagens de *As cidades e as serras*, de Eça de Queirós. Rodrigues Lapa detecta em Camilo essa tendência em criar advérbios terminados em "mente", a partir de substantivos: "É do mesmo Camilo esta frase: 'Deixou, bem definido, o método de matar clistermente'" (Lapa, 1959, p. 205). Oswald de Andrade, vinte anos depois, usará esse tipo de construção vocabular em *Memórias sentimentais de João Miramar*[94].

94. "Albornoz e cafetãs de pele cúprica turcavam no expresso internacional guardanapando suores velhos./ O lago gilete monoculava para o sol entre litografias convexas" (ANDRADE, 1964, p. 84-85).

Já os provincianismos são escassos na prosa lobatiana, aparecendo apenas na fala de alguns personagens. Como exemplos do próprio Lobato: "relar" por "tocar", "umas par delas" por "algumas".

Para Lobato, o bom estilo deveria revelar, além da propriedade de expressão, o que Aristóteles chamou de *enteléquia* (v. 11, p. 47), isto é, o estilo deve ser a atualização perfeita e completa de algo previamente concebido. É uma culminância, em que quedam invisíveis a técnica e o processo, em oposição ao que é inacabado, incompleto, imperfeito. Terra-a-terra, Lobato não se embaraça com conceitos filosóficos. Ao traduzir para Rangel o conceito de enteléquia, assimila-o a uma árvore que traz em si o seu devir; é inútil agregar-se-lhe algo para que ela culmine em ser ela própria. Em estilo poético, ninguém definiu melhor "enteléquia" do que o poeta Manoel de Barros (1996, p. 330) quando diz: "frondar é pertinência de ser árvore".

Essa concepção faz com que Lobato rejeite estilos rebuscados e o leva à paulatina simplificação de sua linguagem, pois, a seu ver, torturar a forma nada acrescentaria à obra. Por isso, descartava Flaubert, cujo estilo arrastado ("estilo taturana") contaminaria o leitor com o cansaço advindo da excessiva lapidação da frase. Flaubert aplica-se a registrar os momentos baixos da ação que, longe de contribuírem para um clímax, fazem a narrativa patinar, girar em falso, tal como ocorre em romances de Rangel. Os "brancos", as imperfeições na estrutura, a falta de tempos fortes, as pausas sobrecarregadas de detalhes são os defeitos que Lobato aponta em Flaubert. Essa crítica coincide com a apreciação do próprio Flaubert, que admite carecer da "*innéité*" que configura um mestre (Genette, 1982, p. 139).

Na opinião de Lobato, Camilo Castelo Branco realiza a literatura como "enteléquia", isto é, seus textos parecem brotar, prontos, dum jorro: "Camilo é a maior fonte, o maior chafariz moderno donde a lingua portuguesa brota mijadamente, saida inconcientemente, com a maior naturalidade fisiologica." (v. 11, p. 241). Em outra passagem, Lobato diz que o estilo de Camilo lembra um "vergalho de boi estorricado ao sol".

Uma metáfora recorrente na correspondência de Lobato é a do parto. Lobato escreve ao escritor Flávio de Campos, em 1938, longa carta onde descreve, em terceira pessoa, o seu processo criativo: "Não escrevia deliberadamente; só quando *a coisa* vinha, quando a bolsa das águas rebentava e não havia remédio senão parir." (Nunes, 1986, p. 50). Se no início, o escritor define o processo criativo como enteléquia, aos poucos assimila-o a um tumor que vem a furo, a um abcesso, a um furúnculo. "Escrevo porque tenho de escrever, porque sou forçado a escrever, para dar vasão ao pus do furunculo *scribendi* de incurável intermitencia" (v. 12, p. 122), desabafa Lobato numa linguagem ao gosto naturalista.

Embora possamos detectar várias influências no texto lobatiano, domina a concepção de estilo como a feição peculiar, o nariz, a marca individual, que não é possível alterar em essência (v. 11, p. 302), e cuja plataforma filosófica vem do "*Vade mecum? — Vade tecum!*", da *Gaia Ciência*, de Nietzsche.

Quando afirma preferir os escritores que misturam ácido fórmico à tinta, está pensando sobretudo em Nietzsche, a quem considerava "o Grande Sabão dissolvente das velhas verdades" (v. 11, p. 162), pois seus textos livrariam o leitor de aderências prévias, de caráter ideológico.

> *Não há Nietzsches nas livrarias desta Zululandia. Estes me vieram da França. Considero Nietzsche o maior genio da filosofia moderna e o que vai exercer maior influencia.* [...].
>
> *Dum banho em Nietzsche saimos lavados de todas as cracas vindas do mundo exterior e que nos desnaturam a individualidade. Da obra de Spencer saimos*

spencerianos; da de Kant saimos kantistas; da de Comte saimos comtistas — da de Nietzsche saimos tremendamente nós mesmos. O meio de segui-lo é seguir-nos. 'Queres seguir-me? Segue-te!'. [...] *Nietzsche é potassa caustica. Tira todas as gafeiras.* (v. 11, p. 65-66).

Partidário de um individualismo feroz, rejeitando modismos e filiações a escolas, Lobato buscava em Nietzsche força para ser ele próprio, para assumir posições descomprometidas com os interesses vigentes: Queria seguir-se a si mesmo em vez de "byronizar", "hugoar", "zolaizar" ou "marinetizar", para retomar seus neologismos. Desde os tempos do Minarete, no início do século, Lobato expressa sua aversão pelos clichês, pelos lugares-comuns, pela imitação. O substrato estilístico de sua obra também é inspirado em Nietzsche, cujo estilo considera "maravilhoso, cheio de invenções e liberdades": é o estilo "cabrito", em oposição ao estilo "taturana", de Flaubert. No livro *Mundo da lua,* de 1923, é flagrante a influência do estilo de Nietzsche — o livro constitui-se de manchas e reflexões, e tem uma dicção formular que lembra os fragmentos nietzscheanos.

Em 15/11/1904, Lobato escreve a Rangel:

Estamos moços e dentro da barca. Vamos partir. Que é a nossa lira? Um instrumento que temos de apurar, de modo que fique mais sensivel que o galvanometro, mais penetrante que o microscopio: a lira eolia do nosso senso estetico. Saber sentir, saber ver, saber dizer. E tem você de rangelizar a tua lira, e o Edgard tem de edgardizar a dele, e eu de lobatizar a minha. (v. 11, p. 81).

Esse trecho é uma profissão de fé. Note-se o vocabulário científico (instrumento, galvanômetro, microscópio); a importância das sensações (o senso estético seria um sexto sentido); o individualismo, a originalidade que se espera do artista, traduzido nos neologismos "rangelizar', "edgardizar" e "lobatizar"; e a mistura de pessoa gramatical (você/tu).

Se no início da carreira, Lobato usa o português castiço, haurido na leitura dos clássicos portugueses, ao longo da obra vai despojando o estilo. Em 1943, depois de ler *Éramos seis*, da escritora paulista Maria José Dupré, afirma: "*o certo em literatura é escrever com o minimo possivel de literatura!*" (v. 12, p. 338) [grifo do autor]. Na sua ânsia de atingir o público, Lobato despede-se da tradição lusitana, procedendo a uma desliteralização de seus textos, eliminando expressões pedantes ou requintadas. Ao reler as cartas da juventude, considera-se "pernóstico e suficiente" àquela época, quando preferia termos como "atascal" a "lamaçal", "abantesma" a "fantasma", "ergástulo" a "cárcere", "esquírola" a "sinal", "poliantéia" a "miscelânea", etc.

Se os êmulos de Lobato levam-nos a um mergulho na grande literatura do século XIX, a leitura feita por alguns personagens de seus contos remetem-nos, todavia, ao universo da literatura popular. Em "A vida em Oblivion", de *Cidades mortas*, circulam apenas três livros cujos autores são Paul de Kock, Ponson du Terrail e Bernardo Guimarães.

> *Promovem-se tres livros venerandos, encardidos pelo uso, com as capas sujas, consteladas de pingos de vela — lidos e relidos que foram em longos serões por sucessivas gerações. São eles:* La mare d'Auteuil, *de Paulo de Kock, para uso dos conhecedores do francês; uns volumes truncados do* Rocambole, *para enlevo das imaginações femininas; e a* Ilha Maldita, *de Bernardo Guimarães, para deleite dos paladares nacionalistas.* (Lobato, 1950, v. 2, p. 10).

O pai do medicastro do conto "*Pollice verso*" também lê Ponson du Terrail. E em "O Comprador de fazendas", a personagem Zilda lê Henrique Pérez Escrich, autor do popularíssimo *O mártir do Gólgota* (Meyer, 1996, p. 324).

Se, ao escrever seus contos, Lobato faz esse registro de leitura com visível ironia, paulatinamente começa a escrever seus *sueltos*[95]. Não por acaso, no final da vida, chamou de "Rocambole" (Lobato, 1943, p. xxxvii), personagem de Ponson du Terrail, a sua literatura infantil, contradizendo a crônica acima. Seus livros eram desdobrados em fascículos, vendidos separadamente. De *Os Doze trabalhos de Hércules*, que fecha a saga infantil, Lobato afirma: "O trabalho de escrever 12 livrinhos de 96 páginas em 36 dias está-me parecendo que é o Décimo Terceiro Trabalho de Hércules." (Lobato, 1959b, v. 2, p. 134).

Lobato escreveu também inúmeras plaquetas: *O voto secreto, How Henry Ford is regarded in Brazil, O poço de Araquá, O memorial sobre o problema siderúrgico, Conto industrial, Jeca Tatuzinho, Zé Brasil, As aventuras do Barão de Muncausen, Sonho na caverna, Georgismo ou comunismo (o imposto único), A criança é a humanidade de amanhã*, entre outros.

4.7 Lobato e a linguagem pré-modernista

Enquanto a modernidade literária traduziu-se pela desconfiança na palavra e na linguagem, considerada "a pior convenção que existe"[96], enquanto Joyce trama seu *Finnegans Wake* em quarenta e cinco línguas decriptadas até agora[97], o "panaroma de todas as flores da fala" (Campos, 1962, p. 17), esfacelando as línguas nacionais, os escritores brasileiros

95. Vale lembrar também que tanto *Vida ociosa*, de Rangel, em 1917, quanto *O presidente negro*, de Monteiro Lobato, em 1926, foram inicialmente publicados em folhetins.

96. André Breton (*apud* Meschonnic, 1985, p. 254).

97. Cf. Jean-Louis Houdebine, notas de curso, Universidade Paris VII, 1980.

chamados de pré-modernistas depois de Tristão de Athayde (1939), muito longe do colapso da linguagem como discurso, parecem ter uma confiança inabalável na linguagem e em seu poder de traduzir o mundo palpável e concreto. A língua é ampla, está confinada nos dicionários, há que conhecê-la para com ela repertoriar o "vasto mundo".

A crença no poder da palavra — que se traduz amiúde pela opulência vocabular —, característica de um grupo de escritores que incluem Olavo Bilac, Coelho Neto e Rui Barbosa, passando por Euclides da Cunha, Monteiro Lobato e Godofredo Rangel, acompanha a confiança no progresso e no desenvolvimento científico, no limiar do século XX[98]. Enquanto o conhecimento da microbiologia e da fisiologia ampliam o horizonte do visível, esses escritores esmiuçam o idioma, lavrando numa língua elástica todos os matizes do meio que os cerca.

Se a opulência vernacular é expressiva em Rui Barbosa — o texto "Pornéia" estampa uma orgia de sinônimos (Barbosa, [195?], p. 194-199), Silviano Santiago (1982, 1983) aponta a redundância como um dos traços estilísticos da escrita pré-modernista, detendo-se no exame da obra de Lima Barreto. Quanto a Lobato, a redundância não se manifesta no plano lexical, pois era partidário da concisão, da poda. Nesse sentido, o autor posicionava-se contra o empastamento, buscando um estilo transparente e limpo. Se Bilac falava em arte "asseada", Lobato, por sua vez, escreve a Rangel que "sem limpidez, sem asseio de forma, a ideia vem embaciada, como copo mal lavado" (v. 11, p. 222), e critica-lhe o estilo, onde haveria resquícios de "flaubertite" e de "ecite", doenças que exigiriam melhor lavagem do texto.

98. Haja vista a influência do livro de Claude Bernard — *L'introduction à l'étude de la medécine expérimentale* (1865) — sobre Émile Zola (BERNARD, 1968).

A redundância, na obra lobatiana, verifica-se antes pela repetição de algumas palavras-temas[99]: o *urupê* desdobra-se no mata-pau e em outros parasitas (o piolho, o carrapato, a lêndea, o chupim, o berne, a erva-de-passarinho, o chapéu-de-sapo) até cristalizar-se no parasitismo da máquina administrativa, alvo de sua virulência. Eis algumas de suas expressões para falar do Estado brasileiro: "a carrapatosa vaca do Estado"; "redoleira"; "cipoeira"; "boi coberto de carrapatos sanguessugas"; "estafermos orçamentívoros"; "carrapatos orçamentívoros"; o ácaro político"; "inação da piolheira[100] vitalícia". O *marasmo* das *Cidades mortas* reaparece na idéia de uma país em ruínas: o Brasil é "um tartarugal", "um pântano", "um atoleiro", "um gigante deitado e amarrado", "um gigante encipoado", "um país cocainizado". O *macaco* desdobra-se na cólera contra a imitação de cânones alienígenas. O

99. No trecho abaixo de *Os doze trabalhos de Hércules* (1944), podemos observar também o processo frásico de redundância: Dias depois chegaram ao *velhíssimo palácio* do *velho* Nereu: *velho, velho, velho.* Não podia haver maior *velhice*. De tão *velho*, estava já todo coberto de musgos e algas, ostras e mariscos. Parecia menos um deus do que um *casco* de navio *encalhado.* O seu *palácio* era uma *gruta* de *velhíssimos* e carcomidos rochedos à beira-mar. As *ondas entravam* e saíam, e *entravam* novamente — e assim já de *séculos* e *séculos* — *sécula seculórum.* Cada *ondada* das *ondas* era como bafo de ar que o *velho* deus craquento respirava — e assim ia *vivendo* a sua *vida* sem fim, porque enquanto houver *ondas* haverá *vida* em Nereu. Foi o que os pica-pauzinhos sentiram ao espiar de longe aquele *casco* de deus *encalhado* lá na *gruta* imensa que lhe servia de *palácio.*/ Tudo pedra, com o teto de *estalac*tites em cima e *pontas* e mais *pontas* de *estalag*mites em baixo. E *quanta* alga verdinha como cana, e vermelha, e de todas as cores do limo! E *quantas* conchas e *quantos* caramujos dos enormes! E polvos passeando por ali, e *caranguejos caranguejando.* (LOBATO, 1982, p. 1534) [o grifo é nosso].

100. Lobato colhe esse vocábulo em Fialho d'Almeida, conforme podemos averiguar: "Sim, era um tal Carlos, sempre cercado de gastrônomos e de toureiros, e que chamava *piolheira* ao país de que era rei" (ALMEIDA, Fialho d', 1927, p. 248] [o grifo é nosso].

Jeca reverbera no homem de cócoras e na figura recorrente das marionetes. A *harpa*, ora eólia[101] ora de mil cordas, representa as antenas do artista que capta as vibrações do meio circundante.

A redundância revela-se igualmente nos títulos publicados. O "Memorial sobre o problema siderúrgico brasileiro" (1931), enviado a Getúlio Vargas e amplamente divulgado pela imprensa é secundado pelo livro *Ferro* (1931). *O poço do visconde*, de 1934, é a versão infantil de O *Escândalo do petróleo*, de 1936, precedidos por cartas divulgadas na imprensa, por conferências depois publicadas, pelo prefácio e revisão do livro de Essad Bey, *Luta pelo petróleo*. publicado pela Companhia Editora Nacional em 1935. O Jeca Tatu reaparece em versão infantil, agora como *Jeca Tatuzinho*, de 1924, reeditado em 1925, para promover os produtos do Laboratório Fontoura. Outro exemplo é o livro *Meu cativeiro entre os índios do Brasil*, de Hans Staden, adaptado por Lobato em 1925, que recebe a versão infantil *Aventuras de Hans Staden*, em 1927. O primeiro livro de Lobato (*O Sacy-Pererê:* resultado de um inquérito, de 1918) é primeiro publicado em rodapés (1917) e tem uma versão infantil, *O Saci*, em 1921. A redundância, em Lobato, insere-se no mesmo caminho da dessacralização da obra de arte e de aproximação com o público leitor, que o escritor empreendera em outros setores de sua atividade profissional.

José Paulo Paes (1985), em "O *art nouveau* na literatura brasileira", analisa a produção pré-modernista usando o conceito de *art nouveau*, estilo ornamental nas artes plásticas e aplicadas — com predomínio de motivos fitomorfos e

101. Designou-se como *harpa eólia* um instrumento de cordas colocado à entrada de grutas ou em aberturas de muralhas, etc., que vibrava com o sopro do vento e cujo som lembrava o jogo de vozes humanas. Segundo Laudelino Freire (1927, p. xii), a *harpa de mil cordas* era uma expressão de Castilho.

biomorfos —, que floresceu entre 1890/1905. Segundo afirma Paes, "uma das diligências do *art nouveau* foi aproximar da natureza a ciência e a técnica, sob o signo da estilização". Entre os artenovistas, cita João do Rio, Raul Pompéia, Graça Aranha, Euclides da Cunha e Augusto dos Anjos. Embora não inclua Lobato, o estilo deste apresenta algumas das características artenovistas como. 1) gosto pela estilização; 2) diálogo com a técnica; 3) interesse pela natureza; 4) acentuação dos contornos; 5) vitalismo calcado em Nietzsche.

Se a classificação de Santiago dá conta de um aspecto do texto de Lobato, a análise de Paes também é profícua. Vejamos, na *Barca*, como as características detectadas por Paes se apresentam: Quanto à estilização, numa das várias vezes que tenta definir "estilo", Lobato recorre precisamente a um termo das artes plásticas. "Antes de nos vir o estilo, o que temos é *temperamento*. Ha na arte do desenho um exemplo claro disso na 'estilização', duma flor, suponhamos. A *flor natural* é o nosso temperamento; a *flor estilizada* é o nosso estilo." (v. 11, p. 102) [grifo do autor]. Lobato compreende a estilização como elaboração: assim, prefere a frase de Camilo — "Um corujão berrou no esgalho de um sobro" —, que traduz a estilização a que procedeu o estilista, a partir da frase original "Uma coruja piou no galho de uma árvore". Quanto à técnica, note-se que já em 1904, Lobato compara "Terra efervescente" de Rangel a "um cinematografo com fonografo ao lado" (v. 11, p. 86). Em *Marabá*, de 1923, parodiando os vezos do romance histórico e indigenista, Lobato escreve um roteiro cinematográfico, com nota endereçada a Cecil B. de Mille. É flagrante, ademais, seu interesse pelos motivos fitomorfos e biomorfos (ver contos "Bucólica", "Bocatorta" e "O mata-pau", por exemplo) Esse interesse revela-se, igualmente, pelo entusiasmo com as pinturas *d'après nature* de Kipling e pode ser detectado no patronímico "tatu" e nas palavras-temas que citamos anteriormente: urupê, pântano, macaco, harpa eólia. Quanto à acentuação de contornos, Lobato foi exímio caricaturista, talhando seus personagens com o corrosivo da água-forte.

Citamos, à guisa de exemplo, um trecho do artigo "Euclides, um genio americano", de Lobato, onde se detectam as características acima arroladas por Paes:

> ... *Euclides, genio que era, foi o primeiro a ver a realidade do conjunto, a tragedia do homem derrotado pelo meio, e a traçar um grandioso painel á Gustavo Doré no* Inferno, *mas sem os arredondamentos classicos de Doré. Quadro estupendo! E pintou-o com tintas ineditas; não com os tubinhos de aquarela Windsor & Newton ou Gunther Wagner, mas com tintas tomadas do chão: a lama negra dos barreiros, o vermelho do sangue em coagulos dos jagunço, as escorrencias sepias do cangaço dos sertões e do cangaço peor da mazela administrativa. E não espalhou essas tintas com pinceisinhos macios de pêlo de marta, sim com estupendas brochas de barba-de bode amarradas com cipó arranha-gato. Na 'casa dos dois mil réis' da nossa literatura,* Os Sertões *de Euclides equivalem a um bloco de pedra, trabalhado a picareta por um Bourdelle mongol e estouvadamente atirado para cima de todos aqueles pentinhos e sabonetinhos e miminhos de celuloide.* (Lobato, 1950, v. 6, p. 251).

Em nenhum momento Lobato contestou a adequação do significado ao significante lingüistico, que ele acreditava traduzir uma "verdade". Nunca sentiu aquele espanto de Alice, no país dos espelhos, ao notar que Humpty Dumpty, enquanto Mestre, atribuía outro significado a uma palavra (Carroll, 1971, p. 159). A valorização da arte mimética e do caráter acabado do texto, o amoroso trabalho de etimólogo ao longo de sua literatura para crianças, onde a cada instante irrompe a palavra do Mestre, detentor do sentido, o afastam da modernidade literária que explodiu a sintaxe e a própria palavra, produzindo contradiscursos que traduzem a irredutibilidade da linguagem ao mundo. Por outro lado, os desvios da norma culta, as criações verbais e sua literatura infantil, colocam o autor num entrelugar no panorama da literatura brasileira. Como Nietzsche lhe temperou o racionalismo, Lobato é um naturalista que rechaça Zola; critica os "pernas-de-pau" modernistas com os quais tem sintonia, quer ser Fradique Mendes, mas zomba do "cigarro lânguido" de Eça de Queirós.

4.8 O "Patinho Feio" do Modernismo

Calar é um tecido de linguagem.
Octavio Paz, *Branco* (trad. de Haroldo de Campos)

Quem se acercar da *Barca de Gleyre* à espera de grandes lances e de revelações sensacionalistas, sentir-se-á logrado. É uma correspondência pautada pela discrição, fundada numa amizade que resistiu ao embate do tempo, e da qual está ausente o sofrimento que se pode vislumbrar nas cartas de Mário de Andrade, por exemplo. Nenhuma polêmica tampouco, o que causa estranheza tratando-se de um escritor que vivia dando e recebendo bordoadas por intermédio dos livros e da imprensa. Ao percorrermos as cartas, como quem lê um romance, temos a expectativa de que falará dos escritores contemporâneos — Drummond, Bandeira, Mário de Andrade, Graciliano Ramos. Mas, excetuando-se raras menções a Bilac, a Menotti del Picchia, a Graça Aranha, a Coelho Neto, a Guilherme de Almeida, a Oswald de Andrade, silêncio total.

Acreditamos que, na divulgação das cartas, prevaleceu o Lobato editor que, no balanço final, cansado de polêmica, publicou uma correspondência edulcorada, *bon enfant*, talvez despojada de seus aspectos mais cáusticos. Na "Escusatória", afirma, com sarcasmo digno de um Brás Cubas: "Tenho serias duvidas sobre se estou ainda vivo — e se as cartas sairem com a minha revisão de semi-vivo, apresentar-se-ão podadas de muitas inconveniencias que um semi-morto já não subscreve."

A nosso juízo, as cartas editadas não correspondem à totalidade das cartas trocadas[102]. A nossa tese de que se omitiram muitas cartas reforça-se com a seguinte afirmação de Lobato, em carta de 15/9/1943 (v. 12, p. 353):

> *Não posso formar opinião definitiva antes da datilografagem de tudo, da poda das pontas e pés e da "limpeza" — a raspagem da cana. Numa das tuas ha uma pequenina confissão que se sair impressa te deixa raso aí em Belo Horizonte. Aquela historia do...*

Como o livro foi publicado em 1944, quando eventuais implicados na correspondência ainda estavam vivos[103], isso pode ter gerado um desbaste dos assuntos mais polêmicos, que poderiam ferir a suscetibilidade de possíveis implicados. Lobato escreve a Rangel em 15/9/1943:

> *Achei otima a ideia de você mesmo bater na maquina as tuas cartas. Farei isso ás minhas, e assim as depuraremos dos gatos, do bagaço, das inconveniencias.*

102. Chamou-nos a atenção, depois de termos lido toda a correspondência editada de Lobato, que não há nenhuma informação, nessas cartas, do projeto fracassado do empresário Henry Ford para extração da borracha na Amazônia. Esse projeto desenvolveu-se de 1928 a 1946, com a fundação de duas cidades, Fordlândia e Belterra. Como Lobato era um fordista, e teve contato com o filho de Ford, julgamos estranho ele ter ignorado esse assunto.

103. A título de exemplo selecionamos alguns dos principais atores brasileiros na primeira metade do século, tanto no cenário político como no literário: Mário de Andrade († em 1945); Oliveira Viana († em 1951); Getúlio Vargas († em 1954); Oswald de Andrade († em 1954); Anita Malfatti († em 1964); Manuel Bandeira († em 1968); Tarsila do Amaral († em 1973); Plínio Salgado († em 1975).

Deixaremos só o bom — como as canas de chupar que a gente atora a ponta e o pé. Depois decidiremos sobre o que fazer. (v. 12, p. 353).

Convém observar que, desde as cartas iniciais, Lobato usa de alguns subterfúgios, para impedir a identificação da pessoa citada. Um escritor mineiro, desafeto de ambos os missivistas, é alcunhado de Frango Sura[104]; o nome de duas mulheres muito elogiadas aparece apenas com as iniciais (M. L. e D. L.). Um literato que desconsideram, espécie de Conselheiro Acácio, recebe o apodo de Macuco.

Outra informação que nos coloca nessa pista é a 186ª carta, de 20/9/1916, em que Lobato escreve: "Arrumando ontem a papelada separei tuas cartas. Devo ter umas 400!" (v. 12, p. 107). Quatrocentas cartas recebidas e só 186 respostas? É estranho. Onde estão as mais de 200 respostas faltantes, se sabemos que o escritor não costumava deixar carta sem resposta[105]?

Na biografia de Cavalheiro há uma confissão de Lobato que confirma nossa hipótese:

> *Há que essas cartas* tinham *que vir a público um dia, e sairiam cheias de coisas que lá no meu estado gasoso eu havia de arrenegar; achei, pois, que o melhor era infringir as regras e desse modo preparar para a paz minha vida no Além.* (Cavalheiro, 1956, v. 2, p. 135) [grifo do autor].

104. Trata-se, segundo Hilda Junqueira Villela Merz, de Manoel Francisco Pinto Pereira, correspondente de Lobato.

105. Em carta manuscrita a Cesídio Ambrogi, de 15/11/1947, Lobato escreve: "Chegou-me agorinha tua carta de 8 de dezembro. As outras sumiram-se pelo caminho. Porisso não respondi. Nunca deixei carta sem resposta. Acho uma grande incivilidade".

Uma correspondência pode ser analisada também pelos seus brancos, pelo seu silêncio, pelos não-ditos. Notamos, de forma especial, que as cartas omitem qualquer polêmica com os modernistas. Como explicar o silêncio sobre a Semana de Arte Moderna, quando muito não fosse para o jornalista Lobato? Como é possível que um escritor de sua verve, editor ainda por cima, vivendo na cidade de São Paulo, palco dos acontecimentos de 22, não transverberasse tais acontecimentos a Rangel, sequioso por informações lá nos socavões mineiros? Nenhum comentário, tampouco, é ventilado em 1917 sobre o episódio entre o crítico de arte Lobato e a pintora Anita Malfatti.

Podemos levantar algumas hipóteses sobre a escassez de cartas nessa época: a amizade postal com Rangel, que já atingira duas décadas, ao longo dos anos arrefecera; Lobato estava assoberbado com sua empresa editorial; ou ainda que toda a polêmica entre Lobato e os modernistas fora expurgada. Nas cinco cartas de 1922 não há uma menção sequer à Semana de Arte Moderna.

Todavia, sabemos que Lobato editou alguns modernistas, solicitou capas a Anita Malfatti[106], freqüentou a *garconnière* de Oswald de Andrade, com quem partilhava o humor e o tom provocativo, e com quem sempre foi solidário, conforme a autobiografia oswaldiana *Um Homem sem profissão:* sob as ordens de mamãe[107]. Mantiveram uma relação amistosa, em-

106. A Monteiro Lobato & Companhia publica, em 1922, *Os Condenados*, de Oswald de Andrade e *O Homem e a Morte*, de Menotti del Picchia, ambos com capa de Anita Malfatti.

107. "Ela está tísica. Procuro avidamente Monteiro Lobato, que me arranja uma casa em São José dos Campos". (Andrade, 1971b, p. 137). Oswald refere-se aqui à Deise, a Miss Cíclone, com quem Oswald se casaria *in extremis*. Lobato freqüentou a *garçonnière* em 1918, participando do diário coletivo *O perfeito cozinheiro das almas deste mundo*, escrevendo sob os pseudônimos Cyclomol q.s.; Frei

bora suas opiniões divergissem em vários pontos. Quando em 1920, Lobato publicou *Vida Ociosa,* de Rangel, escritor que compara a Machado de Assis, Oswald escreveu, pela imprensa: "*Vida Ociosa* de Godofredo Rangel, é um passo atrás no nosso impávido caminho" (Brito, 1964, p. 228). Em 1943, por ocasião do jubileu de *Urupês,* Oswald de Andrade escreve a "Carta a Monteiro Lobato", publicada n'*O Estado de S. Paulo*:

> *E lendo a frase de sua [de Lobato] entrevista: 'Os fatos provam que o verdadeiro* Marco Zero *de Oswald de Andrade é esse livro', não venho retificar e sim esclarecer. De fato* Urupês *é anterior ao* Pau-Brasil *e à obra de Gilberto Freyre.*
>
> *Mas você, Lobato, foi o culpado de não ter a sua merecida parte de leão nas transformações tumultuosas, mas definitivas, que vieram se desdobrando desde a* Semana de Arte de 22. *Você foi o Ghandi do modernismo. Jejuou e produziu, quem sabe, nesse e noutros setores a mais eficaz resistência passiva de que se possa orgulhar uma vocação patriótica. No entanto, martirizaram você por ter falta de patriotismo!* (Andrade, 1971a, p. 4).

As afinidades entre as idéias de Lobato e as do Modernismo foi estudada por Vasda Bonafini Landers. Segundo essa pesquisadora, Jeca Tatu, de 1914, é o protótipo do "herói sem nenhum caráter" do Modernismo.

Se quiséssemos discutir precedência, teríamos que salientar que Lobato foi o primeiro a colocar sob os holofotes a antropofagia. Num curioso artigo de 1919, "A hostefagia", Lobato prega a antropofagia "como o caminho mais curto para a solução do problema alimentar dos exercitos" (Lobato,

Lupus; Ancylostomo; Irmão Ancylostomo; Lob.; Ruvita; Constante leitor; Tutu Lambary; Cuzcuz. Cf. BOAVENTURA (1992).

1950, v. 4, p. 102). Em 1925, publica *Meu cativeiro entre os selvagens do Brasil*, de Hans Staden: texto ordenado literariamente por Monteiro Lobato.

Ainda em 1925, Lobato publica o artigo "Herói nacional", sobre Cunhambebe, chefe dos tupinambás. Segue-se, em 1927, a adaptação para crianças *Aventuras de Hans Staden*. Nesse livro, há um capítulo denominado "Antropofagia" e Cunhambebe nele emerge como herói. Lobato tampouco desconheceu a "antropofagia guindada a escola literária"[108], pois em sua literatura infantil procede a um diálogo deglutidor com a tradição no gênero.

Há muitas afinidades entre o ideário modernista e o projeto nacionalista de Lobato. Se Oswald de Andrade envergava o cocar do tupi, declarando, em 1928, no "Manifesto antropófago", "contra todos os importadores de consciência enlatada", Manuel Bandeira, em "Poética" rebelava-se contra a sintaxe bem comportada, Mário declarava seu ódio ao burguês e apurava no *Macunaíma*, de 1928, o descaráter nacional, Monteiro fustigava o jeca, desde 1914, tentando tirá-lo de sua postura de cócoras.

Mas as diferenças também são muitas. Mário de Andrade, na conferência "O movimento modernista", afirma que "o espírito modernista e as suas modas foram diretamente importadas da Europa" (Andrade, 1942, p. 26), ao passo que Lobato afirma, em *Idéias de Jeca Tatu*, que seu livro é um "grito de guerra contra o macaco", isto é, contra a imitação estrangeira, sobretudo aquilo que ele resumia como "sarna gálica". Outra separação básica é a relação de Lobato com a linguagem, como já falamos, ao abordar sua concepção estilística. Além disso, Lobato jamais conseguiu apreciar a

108. Segundo Wilson Martins (1978b, p. 153), Lobato pecou por anacronismo ao inserir num conto de 1903 ("Por que Lopes se casou") uma "alusão irônica à 'antropofagia guindada a escola estética'".

pintura moderna, rejeição que culmina, na década de 40, com seu apoio à campanha pela não criação do Museu de Arte Moderna da cidade de São Paulo.

Se o artigo "Artes e artistas: a propósito da exposição Malfatti"[109], "assalto desastrado com que Monteiro Lobato encerrou a carreira de Malfatti" (Andrade, 1971a, p. 42), transformou-o num troglodita antimodernista, esse mesmo artigo, segundo Wilson Martins (*Apud* Landers, 1988, p. 14), encerrou também a carreira literária de Lobato, que passou a vida procurando derivativos à literatura. A nosso juízo, nos últimos cinqüenta anos deu-se muito destaque à diatribe contra Malfatti, mas pouco se falou do artigo "As quatro asneiras de Brecheret"[110], no qual Lobato defende o escultor cooptado pelo Modernismo, e que só conseguiu realizar o "Monumento às Bandeiras", trinta e três anos depois da apresentação da maquete.

Com relação a Mário de Andrade, apesar das sérias divergências entre ambos, há pontos coincidentes, se crermos nas poucas cartas reveladas que trocaram. Um dos exemplos é a acentuação esdrúxula de Lobato (que pode ser acompanhada nas citações deste trabalho) e que tem um *pendant* na linguagem popular de Mário, que afirmou aceitar erros desde que não fragilizassem a expressão[111] (Apud Candido, 1975, p. 90).

Comentando com Rangel que a língua francesa perdera a hegemonia para a língua inglesa em virtude da exagerada acentuação, Lobato simplificou as regras: eliminou acentos

109. Depois conhecido como "Paranóia ou mistificação?", publicado na edição vespertina de *O Estado de São Paulo*, em 20/12/1917.

110. As quatro asneiras de Brecheret seriam: 1) ter nascido no Brasil; 2) acreditar que basta ter talento para as portas se abrirem; 3) acreditar na seriedade dos concursos no Brasil; 4) demorar para expor a escultura Eva. (LOBATO, 1950, v. 4, p. 187).

111. Manuel Bandeira escreve, na introdução de *Cartas de Mário de Andrade a Manuel Bandeira*: "outro aspecto anárquico de sua [de Mário] escrita foi o ortográfico".

graves (o "a" craseado é grafado "á"); tremas (recusava-se a ler qualquer texto que os empregasse); a acentuação das proparoxítonas; das paroxítonas terminadas em ditongo e em "l"; do "i" e "u" tônicos em hiato; das oxítonas terminadas em "em/ens".

Embora se possa adivinhar nessa ortografia personalíssima um acerto de contas com uma reprovação num exame de português quando menino[112], acreditamos que seu texto desacentuado representou um ato de rebeldia com que arrostou o Estado Novo. Escritor e editor consagrado, usou de todo o prestígio para lavrar seu ato de desobediência civil, não se curvando, quando coligiu suas obras completas em 1944, à reforma ortográfica implantada pelo "infame Capanema, ministro da imbecilização pública deste infamérrimo Estado Novo" (Nunes, 1986, p. 67)[113].

112. Escreve à mãe, provavelmente em 1895: "Ontem entrei na prova oral de Português e fiz uma prova boa. Todos que viram disseram que eu tinha tirado um 'plenamente', mas quando fui ver eu estava inabilitado" (LOBATO, 1959b, v. 1, p. 23).

113. Esse assunto fica trágico em 1944, quando da edição das *Obras completas* pela Brasiliense, já que, na revisão, Lobato tirava os acentos e os linotipistas o recolocavam. Em bilhete a Bruno di Tolla, chefe das oficinas da "Revista dos Tribunais", onde se imprimiam suas obras, escreve: "Meu caro Bruno: É favor avisar aos linotipistas que o autor deste livro sou eu, e não eles, nem o Capanema, nem aqueles cretinos da Academia de Letras, e mais os f. d. p. que fazem reformas ortograficas e c. em cima de quase todas as palavras as b... que eles chamam "acentos", e só os cretinos iguais a eles aceitam./ O resultado dessa politica acentista dos senhores compositores é a demora no trabalho, imposta pela retirada de todos os acentos, que não figuram nos originais e que eles, de medo do governo vão botando. [. . .] Peço pois ao amigo Bruno que fale com esses homens e convença-os de que o autor do livro sou eu: e ou o livro sai com a minha ortografia ou não sai. Hei de morrer sem concordar com os imbecilissimos reformadores ortograficos que fazem de cada palavra um pinico." (TRAVASSOS, 1964, p. 125). Queremos assinalar que Anatole France, modelo para Lobato, para o mesmo ministério, usa a expressão "Ministro da Traição Pública".

Rebelde, Lobato sempre lutou contra os "gramatiqueiros", misturando os pronomes "você" e "tu". Como Rangel o critica, recebe a seguinte resposta: "Não fujo á pecha de ignorante em gramatica, e até proclamo essa ignorancia. E na realidade guio-me pelo tacto e o faro, pelo aspecto visual e auditivo da frase." (v. 12, p. 55). A birra contra a colocação pronominal também é recorrente em seus textos, resultando no entrecho do conto *O colocador de pronomes*, em que o protagonista nasce e morre vítima de um erro gramatical. Para Lobato, o conhecimento das regras fazia "letrudos", não "letrados".

Outra proximidade entre Lobato e Mário de Andrade seria o bordão de Macunaíma ("pouca saúde e muita saúva os males do Brasil são"). Com efeito, encontramos esses temas ("saúde" e "saúva") no livro *Problema vital* e no conto *Os pequeninos*, de Monteiro Lobato.

Segundo Cassiano Nunes, nas cartas de Lobato a Flávio de Campos, escritor paulista residente no Rio, há revelações surpreendentes sobre a relação entre Lobato e Mário de Andrade. "Quem poderia, por exemplo, adivinhar que Lobato tinha em tão alta conta Mário de Andrade", indaga Nunes (1986, p. 67). Lobato escreve no início da década de quarenta:

> *Mário é um grande crítico. Mário é notabilíssimo. Mário, pelo seu talento sem par no analismo criticista, tem direito a tudo, até de meter o pau em você e em mim. Eu tenho levado pancadinhas dele. Certa feita chegou a publicar o meu necrológio. Matou-me e enterrou-me. Em vez de revidar, conformei-me, e sem mudar minha opinião sobre ele. Ainda esta semana cortei um pedaço de artigo dele sobre a nossa língua, ótimo, Mário é grande. Tem direito até de nos matar à moda dele.* (Nunes, 1986, p. 75).

Mas, se é verdade que Lobato tentou intermediar a tradução de *Macunaíma* para o inglês, em 1930, quando residia nos Estados Unidos[114], não é menos verdade que as ousadias formais de Mário levaram o editor Lobato a recusar-lhe o livro *Paulicéia desvairada.* As relações entre os dois caracteriza-se pela ambigüidade, já que ambos disputavam, à revelia, a posição de corifeus. Eis o que escreve a Mário em 17/9/1921, em papel timbrado da Monteiro Lobato & Cia., carta datilografada, inédita em livro:

> *Prezado amigo Mario*
>
> *Estive relendo a tua Paulicea e... fiquei sem coragem de editá-la. Está uma coisa tão revolucionaria que é capaz de indignar a minha clientela burguesa e fazê-los lançar terrivel anatema sobre todas as produções da casa, levando-nos à falencia. Não sou dos menos corajosos, mas confesso que neste caso a coragem falece-me por completo... Acho que o melhor é tu mesmo editares o vermelho grito de guerra.*

Wilson Martins afirma que Lobato foi vítima de um "parrícidio simbólico", pois Mário, em 1926, refutou o artigo de Lobato "O nosso dualismo" (*Diário de S. Paulo,* 20/3/1926), publicando o necrológio de Lobato (*A Manhã,* Rio de Janeiro, 13/05/1926).

Relemos várias vezes o artigo "O nosso dualismo", procurando entender o que teria provocado a reação de Mário de Andrade. A tese do artigo de Lobato, espécie de balanço da Semana de 22, é que pensamos em francês e escrevemos

114. Eis um trecho da carta, datada de 6 de agosto de 1930, inédita em livro: "Meu caro Mário de Andrade./ Muito há de você espantar-se com esta, vinda dalém túmulo, dum morto que você matou há três anos atrás. Mas há de tudo na vida, até mortos que escrevem cartas aos matadores./ O que me traz é um livro seu — *Macunaíma.* Tenho cá um editor [...]".

em português de Portugal. Lobato esqueceu-se, entretanto, que a língua francesa (e não apenas o pensamento francês) é também um verdadeiro estado de espírito na época. Ramalho Ortigão, ainda em 1887, de passagem pelo Brasil, é saudado por um discurso em francês; Graça Aranha escreve a peça *Malazarte*, representada pela primeira vez em Paris, em 1911; Sérgio Milliet, que escreve o livro de poesias *Par le sentier*, resgata suas origens, adotando o prenome "Serge"; como Brecheret, que substitui "Vitorio" por "Victor". Oswald de Andrade e Guilherme de Almeida escrevem as peças *Mon coeur balance* e *Leur âme*[115].

O trecho abaixo, do artigo "O nosso dualismo", soa antes como elogio que como crítica ao movimento modernista:

> *Esta brincadeira de crianças inteligentes, que outra coisa não é tal movimento, vai desempenhar uma função séria em nossas letras. Vai forçar-nos a uma atenta revisão de valores e apressar o abandono de duas coisas a que andamos aferrados: o espírito da literatura francesa e a língua portuguesa de Portugal. Valerá por um 89 duplo — ou por um novo 7 de setembro. Nestas duas datas está exemplificado o modo de falar da escola antiga, francesa, e da nascente escola nacionalista.* (Lobato, 1950, v. 6, p. 112).

Convém lembrar ainda que, na conferência "O movimento modernista", de 1942, Mário chama Lobato de pintor. Falando da exposição de Anita Malfatti lembra Mário: "O artigo 'contra' do pintor Monteiro Lobato, embora fosse um chorrilho de tolices, sacudiu uma população, modificou uma vida." (Andrade, 1942, p. 28).

115. Lobato ironizou a onipresença da cultura francesa entre nós no artigo "Curioso caso de materialização" (LOBATO, 1950, v. 4, p. 129-135).

A citação abaixo, extraída da carta de 8/7/1917, revela a antipatia de Lobato pela poesia modernista: "Menotti tambem desponta, meio papagaio ainda, meio discursante; mas é capaz de dar coisa. Tem coragem. O resto, meu caro, é saparia de lagôa; coaxam rimadamente." (v. 12, p. 145).

A única referência explícita ao Modernismo na *Barca de Gleyre* é a da carta de 7 de abril de 1924, quando Lobato entrega a direção do mensário *Revista do Brasil* para Paulo Prado e Sérgio Milliet: "Entreguei a *Revista* ao Paulo Prado e Sergio Milliet e não mexo mais naquilo. Eles são modernistas e vão ultramoderniza-la. Vejamos o que sai — e se não houver baixa no cambio das assinaturas, o modernismo está aprovado." (v. 12, p. 264).

Esses comentários sobre a relação de Lobato com os modernistas mostram-nos a amplitude do debate que estava em pauta na primeira metade do século XX e que brilha pela ausência na *Barca de Gleyre*, o que julgamos estranho por se tratar de uma correspondência eminentemente literária. Não se trata, em nossa opinião, de opor os modernistas a Lobato, nem de valorizá-lo por uma suposta antecipação a esse movimento. Isso nos parece tão inócuo quanto se pensar em valorizar Machado de Assis ou Lima Barreto, por exemplo, por terem antecipado traços do Modernismo, o que significaria magnificar a importância de uma corrente literária em detrimento de outras. Lobato, por outros caminhos, comungava alguns ideais modernistas, acrescidos da luta para transformar o *status quo*, como os poetas inconfidentes, aos quais se compara. (v. 15, p. 46).

5 O GARIMPEIRO DO RIO DAS GRAÇAS

5.1 Entre Robinson e Dom Quixote[116]

Observamos, na *Barca*, que o escritor cinde-se entre projetos literários, comerciais e artísticos, saltando da pintura para a literatura, e desta para a indústria ou para o comércio. Destacamos sua campanha como sanitarista, editor e impressor, prospector de petróleo e metalurgista. Em todos esses campos, concebe inúmeros projetos, muitos dos quais se concretizaram. Como aquarelista e chargista, ilustra vários livros seus, e colabora nas seguintes publicações: *Revista moderna*, *Revista feminina*, *O Pirralho*, *O Queixoso*, *A Cigarra* e *Fon-fon*, com desenhos e caricaturas, tendo participado até de um concurso de cartazes. Convém igualmente assinalar seu ensaio sobre a história da caricatura, publicado em 1915, com o título "A caricatura no Brasil", artigo que lhe valeu carta elogiosa do caricaturista J. Carlos. (v. 12, p. 18). Complementa, ademais, seu pendor para a pintura, como crítico de arte, como inúmeros artigos pela imprensa, reunidos no livro *Idéias de Jeca Tatu*, de 1919. É um precursor das histórias em quadrinhos, com seu folheto *Jeca Tatuzinho* e o livro *O garimpeiro do Rio das Garças*, ambos de 1924. O pouco apreço que dá à sua produção gráfica impede-o, todavia, de reuni-la em livro.

Enquanto escreve e revisa seus contos com Rangel, acumulam-se projetos literários: pretende escrever, em parceria com o amigo, os romances "O boiadeiro antropófago" e "Os crimes do abutre negro" e cogita numa gramática históri-

116. Este subtítulo inspira-se no livro de Ian Watt, *Mitos do individualismo moderno*.

ca. Já em 1905, anuncia a Rangel que pretende fazer um livro de ficção científica, à maneira de Wells.

Observe-se que Lobato não tinha pressa. Já vimos que ele se preparara com afinco visando a ser escritor, durante duas décadas, lendo e comentando livros com Rangel. Nenhum estalo de Vieira. Ao contrário, lento aprendizado, que incluiu até a leitura dos vários tomos de um dicionário. Quando publicou sua obra-prima, *A menina do narizinho arrebitado*, tinha 39 anos.

Assim, só concretizará o projeto de ficção científica de 1905 vinte anos depois, em 1926, quando escreve o romance *O Presidente negro ou O Choque*, que foi um fracasso editorial. Em 9/8/1907, Lobato escreve que tem um romance pronto no cérebro e só falta colocá-lo no papel. Dois anos depois, em 1909, planeja um livro ao estilo de *Aventuras do Barão de Münchhausen*, de G. A. Bürger. Apesar de ter editado essa mesma obra pela Companhia Gráfico-Editora Monteiro Lobato, e ter transformado o Barão num personagem em *Pena de papagaio* (1930), Lobato só colocará tal idéia em prática em 1944, quando escreve, na esteira do folheto *Jeca Tatuzinho*, o folheto "As aventuras do Barão de Muncausen narradas por ele mesmo", ilustradas por seu genro J. U. Campos. Brinde do Café Jardim, a plaqueta tinha por subtítulo "Um presente de Jardim, o café que satisfaz"[117]. Note-se a simplificação do título do folheto, compatível com a linguagem publicitária.

Em 1911, começa a falar de uma obra sobre o caipira que mora à beira do rio Paraíba. No fundo, quer "dramatizar o fluir do rio, as tragedias passionais e outras ocorridas nas suas margens, os afogados, os desastres, etc." (v. 11, p. 318). Não chega a escrever o romance sobre o rio Paraíba, mas deslocou, em parte, esse desejo ao traduzir *Aventuras de Huck*, de Mark Twain, livro que narra as peripécias da desci-

117. Tratava-se de uma publicidade para a Cia. Jardim de Cafés Finos, de São Paulo.

da do menino Huck pelo rio Mississipi, em companhia do negro foragido Jim.

Em 1912, Lobato quer escrever um conto sobre o caboclo, cujo título seria "*Porrigo decalvans*", em que compararia o caboclo ao piolho. E pergunta a Rangel: "Já te expus a minha teoria do caboclo como o piolho da terra, o *Porrigo decalvans* das terras virgens? Ando a pensar em coisas com base nessa teoria, um livro profundamente nacional, sem laivos nem sequer remotos de qualquer influencia europeia." (v. 11, p. 326-327).

Ainda em 1914, volta a falar no tema do caboclo como parasita:

> *Gésto uma obra literaria, Rangel, que, realizada, será algo nuevo neste país vitima duma coisa:* entre os olhos dos brasileiros cultos e as coisas da terra ha um maldito prisma que desnatura as realidades. *E ha o francês, o maldito macaqueamento do francês.*
>
> *Não sei como vai ser essa obra. Talvez romance. Talvez uma serie de contos e coisas com uma ideia central. Nessa obra aparecerá o caboclo como piolho da serra, tão espontaneo, tão bem adaptado como nas galinhas o piolho-de-galinha, ou como no pombo o piolho-de-pombo, ou como no besouro o piolho-de-besouro ...* (v. 11, p. 362) [grifo do autor].

O livro sobre o caboclo nunca saiu, e o que sobrou desse projeto foram a carta "Uma velha praga", escrita em novembro de 1914, e o artigo "Urupês"[118], de 23/12/1914, onde cria o Jeca Tatu. Notamos, já nos primeiros textos para o grande público, o deslocamento que o escritor opera da

118. Apesar de tratar-se de um estudo sociológico do caipira paulista, esse texto aparece, às vezes, como conto.

criação literária para a literatura militante e a dificuldade que Lobato tinha em dar o salto da não-ficção para a ficção.

Como Lobato não volta mais ao tema do caboclo, podemos pensar que não foi com esse tema que realizou o "*algo nuevo*", de que fala na carta acima, expressão que colheu na *Correspondência de Fradique Mendes,* de Eça de Queirós. Nesse livro, o narrador conta que, cansado da paisagem cinzenta da Castela, o navegador espanhol Ponce de Léon "se fizera ao mar, para buscar outras terras, e *mirar algo nuevo.*" (Queirós, [s. d.] p. 11) [grifo do autor].

As idéias continuam a pulular na mente de Lobato: além do velho projeto de descrever a humanidade, sob o ponto-de-vista de um extraterrestre ou escrever "*Memórias de um Átomo*" (v. 11, p. 341), quer retratar, de forma satírica, o governo de Hermes da Fonseca, inspirando-se na série "História contemporânea", de Anatole France.

No final de 1915, o novo livro idealizado será um misto de Sterne, Machado e Camilo. Em 1916, já bastante interessado pela História do Brasil, quer escrever um livro sobre as minas gerais: "Imagino-o á maneira de Walter Scott, mas com as tintas modernas de Kipling." (v. 12, p. 75).

Chegamos a 1917, ano de ruptura, quando Lobato vende sua fazenda em Buquira. Não se admite como escritor, afirmando, com repulsiva expressão camiliana, que só se senta à mesa para "esvurmar" um berne, quando chove e não pode sair a cavalo. (v. 12. p. 140).

Em 1917, comunica a Rangel que quer escrever um romance ao estilo folhetinesco de Paul de Kock. Observamos ainda que, a partir de desse ano, excetuando-se o projeto de romance histórico, inspirado em Herculano, "Titila", a marquesa do. Pedro I (v. 12, p. 256), e o projeto de um Webster brasileiro, todos os demais projetos são de literatura infantil ou da "literatura militante". Esses projetos, tão perto da Semana de 22, nos mostram que não havia qualquer inquietação de Lobato quanto à revolução da linguagem que se operara na virada do século e que os modernistas iriam atualizar no Brasil.

Em 1943, quer escrever "O Aconcágua", história da América para crianças, contada pelo vulcão andino. Em 1947, escreve o folheto *Zé Brasil*, para defender a reforma agrária e apoiar Luís Carlos Prestes.

A nota trágica da vida de Lobato reponta quando enumeramos esses projetos literários que *quase* se realizaram. Cabe-nos perguntar por que alguns desses projetos não se concretizaram. Em primeiro lugar, salientamos a dificuldade que Lobato tinha para entregar-se à escrita. Os longos anos de aprendizagem revelam a luta constante com o fazer literário, atividade que ironizou em muitos textos.

Selecionaremos apenas algumas das inúmeras passagens em que se vinca o conflito de Lobato com a escrita. Em 1907, sem nenhum livro publicado ainda, quer abandonar a literatura, "essa sordicia". Em 6/7/1909, depois de constatar que seus contos não passam de crônicas, desabafa com Rangel:

> *No fundo não sou literato, sou pintor*[119]. *Nasci pintor, mas como nunca peguei nos pinceis a serio (pois sinto uma nostalgia profunda ao ve-los* — sinto uma saudade do que eu poderia ser *se me casasse com a pintura), arranjei, sem nenhuma premeditação, este derivativo de literatura, e nada mais tenho feito senão pintar com palavras. Minha impressão predominante é puramente visual.* (v. 11, p. 251-252) [grifo do autor].

119. Vale notar nessa frase a marca da "pintura" que sempre reaparece sob a pena de Lobato, revelando seu sofrimento pela vocação contrariada. Observe-se que identifica seu epistolário com um quadro (*A Barca)* e a si mesmo com um pintor (Gleyre). Apenas nas citações deste trabalho, detectamos cinco vezes a palavra "tintas".

E os inúmeros depoimentos subseqüentes de Lobato enfatizam sempre sua incapacidade para as letras, mesmo quando já se tornara um *best seller*.

Em segundo lugar, como se não bastasse a hesitação inicial entre pintura, agricultura e literatura, o escritor desdobra-se em empresário, à testa dos mais variados empreendimentos, e isso desde muito jovem. Embora concentre as forças nas atividades de editor, siderúrgico e prospector de petróleo[120], dissemina-se nas confidências a Rangel uma pletora de outras atividades que fazem sombra à escrita. Se como defensor do livro, do ferro e do petróleo ainda concilia militância e literatura (haja vista seus livros sobre o assunto), o que dizer dos outros projetos que, em maior ou menor grau, colidem com a atividade intelectual?

Com efeito, entre os projetos de Lobato incluem-se estes: fábrica de geléias; internato para meninos ricos; sanatório; transformação do Viaduto do Chá em rua aérea habitável; loteamento de terrenos; fábrica de banana em pó; exposição permanente industrial em São Paulo; estrada de ferro; restaurante em Nova York[121]; revista infantil ("O sítio de dona Benta"); casa lotérica; fábrica de motores rotativos; editoras; companhias petrolíferas; laboratório farmacêutico; plantação de eucaliptos; de babaçu... (Nunes, 1970, p. 91-92).

Quase todos os projetos extraliterários goraram *ab ovo* ou faliram, nem sempre por inépcia sua, pois estava muito avançado para a época. Basta dizer que a Companhia Siderúrgica Nacional só foi criada em 1941 e a Petrobrás em 1953,

120. Nesses três setores, fundou várias empresas, a saber: Editora da Revista do Brasil, Cia. Gráfico-editora Monteiro Lobato, Cia. Editora Nacional, Editora Brasiliense, Aliança Mineração e Petróleos Ltda., Cia. Petróleos do Brasil, Cia. Petróleo Nacional, Cia. Brasileira de Petróleo Cruzeiro do Sul, Sindicato Nacional da Indústria e Comércio, Cia. Nacional de Ferro Puro.

121. Trata-se de *Brazilian Garden Coffee*, primeiro restaurante brasileiro em Nova York, localizado em Wall Street.

anos depois da campanha heróica de Lobato. Queremos ressaltar que o mesmo individualismo que manifesta no plano literário, manifesta no plano empresarial. Como Spencer, Lobato pregava "um máximo de indivíduo e um mínimo de Estado".

Em todos os momentos de crise (financeira, política, moral), o escritor voltou-se para a literatura, atividade que lhe permitiu alimentar os outros sonhos: se o petróleo não jorrou, como queria, em carta de 1947, de Buenos Aires, revelou que tinha trinta torneiras na Editora Brasiliense e vinte e cinco na Argentina, todas jorrando sem parar.

5.2 O desertor das letras

> "A verdadeira vida dum artista deve ser esta que estou levando — vida de aprendizagem, como a teve o Wilhelm Meister de Goethe. Viver todas as vidas — depois pintar a Vida."
>
> Lobato, carta de 7/8/1911.

Sentimos em Lobato, a partir de 1907, a nostalgia da viagem. Recém-formado, exercendo a magistratura em Areias, sente-se vegetar nessa cidadezinha de pouco mais de mil habitantes. Compensa o marasmo ambiente, impregnando-se de leituras. Há três cartas dessa época em que comenta com Rangel a felicidade de certos escritores (Kipling, Pierre Loti) ou de certos personagens (Wilhelm Meister, os "*chemineaux*" de Maupassant), que vivem uma vida movimentada, em oposição aos "cogumelos" — entre os quais se inclui — que não desgrudam do lugar.

Exaltando o "artista deambulatório" que, com sua harpa, capta os sons da vida para depois aprisioná-los em "livros vividos", em carta de 1908, retoma o elogio à viagem:

Que otimo se pudessemos nos engajar um ano como marinheiro, outro como soldado, outro como garçon de café, outro como cocheiro de tilburi — e assim vivermos nesses pitorescos e variados ambientes, vendo novas facetas da vida, em vez de nos estiolarmos com a fixidez num ponto da terra toda a vida, existindo mais que vivendo. (v. 11, p. 205).

Para Lobato aprende-se lendo, ouvindo histórias, viajando, vivendo. Foi um leitor inveterado, até de dicionários, como já dissemos. Peregrino incorrigível, pulou de uma cidadezinha do interior para a capital paulista e de lá para o Rio de Janeiro, Nova York e Buenos Aires.

A *Barca* aproxima-se de um romance de formação, pois o próprio Lobato sintetiza o livro como "romance mental de duas formações literarias" (v. 12, p. 359). Nele, inscreve-se o itinerário de um homem buscando seu eu literário, questionando sua vocação, tateando, aprendendo ao sabor dos desvios, dos livros, das viagens e dos encontros fortuitos. Desde jovem, Lobato refugava o caminho predeterminado, afirmando, em vários momentos, que só lhe interessava seguir pelo caminho intrilhado.

Observamos certo paralelismo entre a *Barca* e *Os anos de aprendizagem de Wilhelm Meister*, de Goethe, na medida em esse romance, protótipo do *Bildungsroman*, retrata os falsos movimentos de um personagem, joguete nas mãos de um destino inscrito previamente no rolo de pergaminho do Mestre da Torre, sociedade que representa, no livro de Goethe, o destino. Em Lobato, esse pergaminho corresponderia à imagem do tabuleiro de xadrez: somos peças numa partida jogada à nossa revelia. O debate seria, então, entre o livre-arbítrio, que nos permitiria realizar nossos sonhos e, por outro lado, a idéia de Providência, onde nosso destino já estaria cifrado.

Embora não gostasse de chavões, Lobato aconselha Rangel a ser mais seletivo em suas leituras, citando implicitamente a "Carta de aprendizado" que Wilhelm Meister recebe do Mestre da Torre. A Carta começa com o primeiro aforismo de Hipócrates: "Longa é a arte, breve a vida, difícil o juízo, fugaz a ocasião [...]". (Goethe, 1994, p. 482).

Lobato admira a vida de Wilhelm Meister, esquecendo-se dos descaminhos e hesitações que fizeram com que esse personagem renunciasse à sua vocação primeira, o teatro, pela medicina, conforme assinala Rafael Cansinos Assens: "Guillermo renunciará a sus presuntosos sueños de gloria, a su supuesta misión teatral, para coger los adminículos del cirujano, hacer sangrías y sajar bubones, para bien de la Humanidad." (Goethe, 1968, p. 9). Se a busca de Wilhelm levou-o a trair sua vocação (Cansino Assens assinala que o último tomo da gesta tem como subtítulo *Anos de andanças de Wilhelm Meister* ou *Os que renunciam*), a peregrinação de Lobato pulverizou-o em várias atividades: a pintura, o Direito, a agricultura, a literatura, a siderurgia, o petróleo. Só voltou às letras pelo atalho da literatura para crianças.

O tema da profissão e o do vocação foi um dos mais cruciais na vida de Lobato, conforme atesta sua correspondência. Desde cedo, o escritor define-se como *raté*. Em 1909, comentando o projeto de livro *Os Falhos*, de Rangel, afirma: "Lobato é o *raté* enciclopedico — o que falhou na pintura, vai falhar na literatura, vai falhar nos negocios [. . .]". (v. 11, p. 232-233). E isso justamente porque não conseguia fixar uma identidade, maldição que parece acompanhá-lo além da morte, pois é bastante complexo analisar sua produção textual: o que significa, afinal, ser escritor para a infância? Qual é seu lugar no cânone literário brasileiro?

Notamos que, em Nova York, aos quarenta e seis anos, encontra-se no mesmo dilema da juventude: "Quando olho para traz fico sem saber o que realmente sou. Porque tenho sido tudo, e creio que *minha verdadeira vocação é procurar o que valha a pena ser"*, escreve ele em 1928, (v. 12, p. 311) [grifo do autor], quando é um *best seller*. Dois anos depois, ainda tentava forjar-se uma identidade: "Eu virei nem sei o que — cigano, *jumping bean*, tudo-quer-e-nada-pega e acabei expatriado neste mundo tão avesso do nosso mundinho afro-latino." (v. 12, p. 320).

Ao longo da vida, Lobato vai mudando de ofício — advogado, promotor, fazendeiro, escritor, editor, impressor, adido comercial, empresário, publicista. O diálogo com Rangel foi fio tênue que o prendeu à literatura durante os anos de exílio nas atividades extraliterárias.

5.3 Histórias do tempo do Onça

Por intermédio da *Barca de Gleyre*, podemos reconstituir uma teoria do conto segundo Lobato, teoria essa que também se dissemina nas próprias narrativas, num exercício de metalinguagem sobre o gênero. Aqui nos restringiremos à gênese dos contos tal como emerge no epistolário.

Lobato publicou *Urupês*, seu primeiro livro de contos, em 1918. Trata-se de um livro escrito na esteira de Maupassant, cujo título seria "Doze mortes trágicas" (Lobato, 1943, p. xxvii), pois a maioria dos contos terminam em morte violenta. Em carta de 8/7/1917 escreve a Rangel: "Vou dar livro inçado de dramas e mortes horrendas, mas com pantomima comica no fim como nos circos." (v. 12, p. 143).

A história dos contos, porém, é muito mais antiga e começou na alvorada do século, quando Lobato os concebeu nos longos dias em que era promotor e, mais tarde, fazendeiro, no interior paulista, copiando tipos e paisagens do natural, numa clara reação à tradição do "indianismo balsâmico de Alencar", do qual o regionalismo seria o herdeiro. Escritos a espaços durante quase duas décadas, foram arduamente revisados e comentados com Rangel, depois publicados aqui e ali em jornais do interior ou na *Revista do Brasil*, conforme já salientamos.

Contos antibucólicos, anti-rousseauístas, levam a tragédia para a roça. Concebidos e escritos no ambiente marasmático do mundo agrícola e provinciano do vale do Paraíba, os personagens tresandam a modorra dos locais onde nascem. Desses contos, emergem as cidadezinhas do noroeste paulista, com seus objetos peculiares (o monjolo, a moenda, a cevadeira, a cuia, os picuás, a colcha de retalho), com suas profissões (os mestres monjoleiros, o estafeta do correio, o carreiro), com seus doutores e coronéis, com seus hábitos e superstições.

Os contos representam, na opinião de Marisa Lajolo (1989, p. 9), "o rito de passagem de um Brasil pré-capitalista para um Brasil capitalista". Como em uma foto famosa de Levi-Strauss, da década de 30, que registra, na rua da Liberdade, na capital paulista, "o gado disputando a rua com o bonde", na obra de Lobato convivem, de forma conflituosa, o novo e o velho, o urbano e o agrário. Nos contos, esse conflito entre duas temporalidades reflete-se na narração, mediante a onipresença de um narrador, de extração culta, que ouve uma história, geralmente um "causo", contado no registro oral. Conseqüentemente, essa dicotomia reflete-se na linguagem do escritor, a meio caminho entre a prosa ornamental que vicejava no momento em que começou a escrever, e uma linguagem popular, de fundo provinciano-rural.

Lobato mostra-se conhecedor do gênero, conforme carta a Rangel de 27/6/1909:

> *Sou partidario do conto, que é como o soneto na poesia. Mas quero contos como os de Maupassant ou Kipling, contos concentrados em que haja drama ou que deixem entrever dramas. Contos com perspectivas. Contos que façam o leitor interromper a leitura e olhar para*

uma mosca invisível, com olhos grandes, parados. Contos-estopins, deflagradores das coisas, das ideias, das imagens, dos desejos, de tudo quanto exista informe e sem expressão dentro do leitor. E conto que ele possa resumir e contar a um amigo — e que interesse a esse amigo. (v. 11, p. 243-244).

Esse programa não poderia ser mais explícito. Nele, Lobato privilegia os contos de acontecimento e enfatiza o caráter oral do conto, sua capacidade de ser recontado. Note-se a proximidade da concepção do conto-estopim com as idéias de Cortázar que afirma que, como a fotografia, o recorte de realidade a que procede o conto deve atuar "como uma explosão que abra de par em par uma realidade muito mais ampla." (Cortázar, 1993, p. 147).

Lobato segue ora os moldes tradicionais do gênero, ou seja, o conto que caminha, em linha ascendente, para um desfecho, geralmente tragicômico, ora o conto configura-se como crônica. Essas duas formas de narrar foram evidenciadas pelo próprio escritor que, em 1940, procedeu à reedição de seus quatro livros de contos — *Urupês, Cidades mortas, Negrinha* e *O Macaco que se fez homem*, dividindo-os, de forma didática, em dois volumes: *Contos pesados* e *Contos leves.*

Ao equiparar o conto ao soneto, Lobato ressalta a idéia de contenção. Comentando um conto de Rangel, aconselha-o a levá-lo de volta ao fogo para apurá-lo e aumentar o grau de concentração (v. 12, p. 138.). Além da condensação, própria do soneto, que abarca uma cosmovisão em apenas quatorze versos, o conto aproxima-se do soneto, segundo Lobato, pela importância do fecho, essencial nas duas fôrmas literárias. (v. 12, p. 234). Lobato concebia o conto como uma anedota, que era apenas o pretexto para um desfecho. Escreve o conto *O Plágio*, que tem o desenlace por tema.

O contista Lobato não se considera um criador. Colhe pacientemente sua ciência nos livros e na natureza, e muito pouco na imaginação. Tem consciência dos moldes que deseja seguir. Desdenhando entrechos com "amorecos e adulteriozinhos de Paris" (v. 11, p. 244), colhe em Mark Twain[122] o humor e ironia; em Kipling, o exotismo e a aventura; em Maupassant, os *faits divers* com finais trágicos.

No início, Lobato timbra-se naturalista e busca o efeito do visto: "A forma perfeita é *magna pars* numa literatura. Não basta a ideia, como a reação contra o romantismo nos fez crer — a nós *naturalistas*" (v. 11, p. 222) [o grifo é nosso]. Na carta de 20/5/1909, comenta o conto *Bocatorta*, cuja disformidade do personagem homônimo aproxima-o do cânone naturalista e afirma que o desfecho — o negro jogado num atascal — foi influenciado por leituras de um naturalista alemão, que atesta a existência do atoleiro naquela região. Posteriormente, muda de opinião:

> *Tomei-me de tal engulho pelo naturalismo formalistico, impessoal — pedaços da natureza vistos através dum molde — que o considero maquina de fabricar linguiça. Entram pela boca Zola, Aluisio e tutti quanti, sobraçando o assunto, dá-se á manivela e sai do outro lado sempre a mesma linguiça na forma e no comprimento, apenas com leves diferenças no tempero interno.* (v. 12, p. 55-56).

Amiúde Lobato colhia seus tipos na realidade, como confessa a Rangel: "Temos que meter o nosso da Vinci [o colega Beccari] num conto, não ha remedio. Tipos assim a gente empalha e guarda no museu." (v. 11, p. 350). Pode-

122. Lobato traduziu *Aventuras de Huck*, e *As Aventuras de Tom Sawyer*, de Twain; *Jacala, o crocodilo*; *Mowgli, o menino lobo* e *O Livro da jangal*, de Kipling.

ríamos multiplicar os exemplos. Sobre *O Colocador de pronomes*, declara: "Entram na personalidade do Aldrovando Cantagalo meia duzia de gramaticantes cá de S. Paulo." (v. 12, p. 165). Na impossibilidade de aprofundar-se no estudo da psicologia humana, o escritor privilegiou os contornos, o desenho das relações humanas. O conto servia-lhe para a fixação de tipos: o sábio maçante (*Gens ennuyeux*), a professora decadente (*O romance do Chopim*), o roceiro enfermiço (*Bucólica*), o plumitivo (*O plágio*), o gramaticante (*O colocador de pronomes*), o matassanos (*Pollice verso*), o rábula (*Júri na roça*), o funcionário público (*O luzeiro agrícola*), as empregadas domésticas (*Dona Expedita*). Alguns personagens, todavia, escapam de seu olhar impiedoso: Timóteo, Negrinha, o capão de pintos, a esposa em *O bom marido*.

O escritor seguidamente declara-se incapaz de escrever contos, considerando o gênero "como um dos mais difíceis", "coisa só para os grandes mestres" (v. 11, p. 265), enfatizando que seus contos não passam de crônicas. Um exemplo de crônica que aspira a conto é *A morte do camicego* (de *O macaco que se fez homem)*, relato de um episódio burlesco envolvendo seus três filhos pequenos e um morcego na fazenda.[123] Considerava o conto como o relato de um *fait divers* e, como estes são inumeráveis, continuar a escrever contos significava acumular, indefinidamente, história sobre história. Se os contos obtiveram um sucesso extraordinário de público, paradoxalmente, isso não bastou para manter Lobato no trilho da literatura. Depois de publicados em livro, passaram a ter lugar secundário na trajetória de um escritor que logo abandonou as musas pelo ágora.

Os contos de Lobato foram publicados no curto espaço de 1918 a 1923. Edgard Cavalheiro, biógrafo de Lobato, inda-

123. Walnice Galvão, em "Cinco teses sobre o conto", afirma: "o conto quer ser notícia de jornal, a notícia de jornal quer ser conto". (In: PROENÇA, 1983, p. 169).

ga por que o autor teria cessado tão cedo de escrever contos, tendo em vista que, pela primeira no Brasil, um escritor encontrara seu público. A nossa hipótese é que o contista José Bento não parou de escrever contos, apenas criou um *alter ego*, a contadora de histórias Dona Benta, que é o substituto lógico de sua atividade como narrador. Essa metamorfose ocorre já em 1921, quando o escritor edita o livro infantil *A Menina do Narizinho Arrebitado*.

5.4 O escafandrista

> *O tradutor necessita compreender a fundo a obra e o autor, e reescreve-la em português como quem ouve uma historia e depois a conta com palavras suas.* (v. 10, p. 127).

Lobato foi tradutor de mais de cem livros. Na sua biografia, Cavalheiro (1956, v. 2, p. 293-294) arrola oitenta títulos, não computadas as traduções em colaboração, as revisões técnicas e as obras não assinadas. Como Cavalheiro dá o número de páginas de cada livro traduzido, chegamos a mais de vinte e cinco mil páginas traduzidas, vazadas num estilo elevado, numa época em que se desconhecia o computador e em que todas as revisões de provas implicavam trabalho exorbitante. Trabalho descomunal, portanto, se levarmos em conta uma vida relativamente curta, onde a literatura não foi a preocupação principal.

A maioria dos livros que traduziu saíram pelo selo da Companhia Editora Nacional, no período de 1934 a 1946. A temporada que passou nos Estados Unidos permitiu que Lobato se tornasse tradutor profissional, vindo a conferir "novo prestígio à tradução, erguendo-a quase ao mesmo nível da produção original", na opinião de Artur Neves (Apud Lobato, 1943, p. xl). Lobato traduz, portanto, basicamente do inglês, em geral no gênero aventuras, considerado subliteratura. Cabe lembrar que ele fundara a Companhia Editora Nacional nos anos 20, juntamente com Octales Marcondes Ferreira, e só vendeu suas ações a um irmão deste em 1929, para sustentar um investimento na Bolsa de Nova York. Mas continuou sendo o conselheiro de Octales, sugerindo títulos, traduzindo-os e adaptando-os a seu bel prazer. Muitos são romances de aventura, tratando da figura do super-herói: Mowgli, Robinson Crusoe, Robin Hood, Tarzan. Esses livros foram editados nas coleções Terramarear e Paratodos da Companhia Editora Nacional, onde apareceram livros de Edgar Rice Burroughs, Emilio Salgari, Mayne Reid, entre outros autores de romances de aventuras (Xavier, 1996), muitos deles traduzidos por Lobato e por Rangel. Sobre essas duas coleções, Paes (1990, p. 16), afirma: "Não sei se se deve a Monteiro Lobato a idéia de lançá-las, mas sei que foi ele quem traduziu alguns de seus melhores títulos." Dentre as traduções e adaptações de Lobato, destacamos os seguintes autores: Andersen, Wells, Burroughs, Porter, Twain, London, Kipling, Melville, com títulos dirigidos ao público juvenil. Assinalamos, igualmente, o livro *Hans Staden:* suas viagens e cativeiro entre os índios do Brasil, que traz a seguinte indicação: "texto ordenado por Monteiro Lobato". *Hans Staden* é um marco na carreira editorial de Lobato, pois é o primeiro livro escrito sobre o Brasil e a primeira publicação da Companhia Editora Nacional, em 1926. Outra tradução a destacar é *História de uma viagem à terra do Brasil*, de Jean de Léry, livro retraduzido posteriormente por Sérgio Milliet. Como são autores que caíram no domínio público, não se cita o trabalho de Lobato, na divulgação pioneira dessas obras, na coleção "Brasil Antigo" da Companhia Editora Nacional, no final da década de 20.

As primeiríssimas traduções de Lobato são de Nietszche. Em 1906, traduziu "O crepúsculo dos ídolos" e "O Anticristo", a partir da versão francesa de Henri Albert. Mas só em 1910, dá notícias dessas traduções a Rangel, afirmando que já tem editor para "O Anticristo". Esses manuscritos nunca foram publicados, nem quando Lobato era editor. Tratava-se de traduções para consumo próprio, fruto do entusiasmo com a leitura de Nietszche na época, o mesmo entusiasmo que o faz pensar em traduzir, em 1904, *O Príncipe*, de Maquiavel: "Ando com ideia de traduzir o *Principe* de Machiavel. Nossos tempos são corruptos, sem estilo e sem filosofia. Com o Machiavel bem difundido, teriamos um tratado de xadrez para uso destes reles amadores", escreve a Rangel. (v. 11, p. 55).

Em 1909, aproveitando o tempo livre que lhe deixa a promotoria em Areias, lê regularmente o *Weekly Times* e, quando encontra alguma matéria interessante, traduz e publica no jornal *O Estado de São Paulo*, mediante remuneração. Numa época em que todos os olhares intelectuais convergiam para a França, é de se assinalar o pioneirismo de Lobato ao descortinar ao leitor o universo de língua inglesa, fato que o distanciará de seus pares.

Ainda para consumo próprio, em 1916, traduz o *Fausto*, de Goethe, a partir da versão francesa de Gérard de Nerval, afirmando que Goethe a considerava superior ao original.

Brito Broca (1991, p. 61), faz um inventário do início da tradução no Brasil, assinalando a tentativa de Garnier nos meados do século XIX, ao traduzir romances-folhetins, em geral do francês e do espanhol. Cita correspondência de Machado de Assis de 4 de março de 1886 a Lúcio de Mendonça, em que Machado relata as dificuldades do mercado para traduções no final do século XIX:

> *... O Faro e o Garnier não podem tomar a edição; disse-me este último que cessara inteiramente com as edições que dava de obras traduzidas, por ter visto que não eram esgotadas ou por concorrência das de Lisboa, ou porque, em geral, o público prefira ler as obras em francês.*

Foi só a partir de 1930 que a tradução começou a ser feita com regularidade entre nós, abrangendo, além de autores franceses, ingleses e russos. Lobato tem o papel de desbravador no surgimento da tradução no Brasil, primeiro como editor de traduções e de adaptações e, depois, como tradutor ele próprio. Na dificuldade de "encontrar tradutores à altura dos traduzidos", apesar do pouco tempo de que dispõe, Lobato também traduz ou adapta clássicos portugueses, como *Menina e moça* e *Saudades*, de Bernardim Ribeiro, trabalho esse que chama de semi-desarcaização.

Lobato quer editar livros, mas considera ilegíveis as velhas traduções lusitanas existentes. Aqui começa uma nova fase na sua parceria com Rangel que, pelo esmero da prosa meticulosa, é instado a colaborar. "Trabalho clandestino e não remunerado", como definiu Haroldo de Campos numa conferência, a tradução ajustou-se ao temperamento despretensioso de Rangel. Só conhecemos o trabalho do Rangel tradutor em negativo, por uma carta de Lobato. Em 17/9/41, este exclama: "60 livros já traduziu você? Tremendo! Eu não sei quantos tenho, nem quero saber." (v. 12, p. 336).

Rangel começa adaptando para crianças trechos de Shakespeare, para a coleção "Shakespeare dos Meninos", da Companhia Gráfico-editora Monteiro Lobato. Como editor, Lobato dá a Rangel a liberdade de modificar o original. Quando este traduz Michelet, Lobato aconselha-o a reduzir o livro em cerca de cinqüenta páginas, para torná-lo menos volumoso. O próprio Lobato procede a uma "limpeza" em *Memórias de um sargento de milícias*, ao reeditar o livro em 1925. Essa sem-cerimônia com que trata certos textos canônicos é coerente com a atuação do Lobato editor e com sua teoria da arte como "transparência": ele remaneja, adapta, atualiza a linguagem, com o fito de aproximar o livro do leitor.

A cooperação com Rangel torna-se cada vez mais preciosa para Lobato. "Preciso do *Dom Quixote*, do *Gulliver*, do *Robinson*, do diabo! Posso mandar o serviço?", pergunta em carta de 8/3/1925. A falência de 1925 surpreende os dois amigos no auge do trabalho. A ordem de Lobato é não parar. Parar é morrer. Como no momento da turbulência, estão editando a *Tempestade* de Shakespeare, Lobato reage: "Caliban não vencerá" (v. 12, p. 280).

Lobato não parou mais de traduzir, mantendo paralelamente a obra pessoal e as atividades como empresário. Em 1934, em plena campanha do petróleo, adapta o *Robinson Crusoe* em cinco dias. A colaboração com Rangel estreita-se e eles traduzem a quatro mãos a *História da filosofia*, de Will Durant.

Em carta de 16/6/1934, faz o relatório de suas traduções:

> *Tenho empregado as manhãs a traduzir, e num galope. Imagine só a batelada de janeiro até hoje: Grimm, Andersen, Perrault,* Contos *de Conan Doyle,* O homem Invisível *de Wells e* Pollyana Moça, O Livro da Jungle. *E ainda fiz a* Emilia no País da Gramatica. *Tudo isto sem faltar ao meu trabalho diario na Cia. Petroleos do Brasil, com amiudadas visitas ao poço do Araquá124. Positivamente não sei explicar como produzi tanto sem atrapalhar o meu trem normal de vida.* (v. 12, p. 327).

O segredo para tamanha produção é o entusiasmo. Quando traduz Kipling, sente-se um alpinista no Himalaia. Quando traduz Jack London, vibra com as neves do Alasca. Quando verte *Rumo às estrelas*, de Bradley, entusiasma-se com a reencarnação. Se nos tempos do Minarete, Lobato vivia as leituras, agora vive as traduções. Esse trabalho revelou todo o furor na última década de sua vida, fruto também do desalento e dos problemas econômicos que o assolavam.

Lobato traduziu tanto que chegaram a desconfiar de que apenas assinava as traduções. Mas ele defende-se. Em 1942,

124. O poço localizava-se perto da cidade de Araras, no interior de São Paulo, a cerca de 200 quilômetros da capital.

escrevendo a Purezinha, que velava à cabeceira do filho Edgard agonizante, conta que traduzira sessenta e sete páginas num dia e um livro de trezentas páginas em cinco dias.

> *Domingo último (hoje é terça) bati um recorde. Não saí de casa e ninguém veio me amolar; resultado: fiz 67 páginas da minha tradução. Parei porque o dedo estava dormente. Ontem entreguei o livro. Trezentas páginas em 5 dias! Foi o recorde dos recordes. Mas sozinho como estou, o trabalho não tem senão que render.* (Lobato, 1959b, v. 2, p. 90).

Depois dos reveses na extração de petróleo, a tradução virou um vício. Para preencher os dias de espera de uma licença para perfuração que nunca chegou, escreve a Rangel: "Continuo traduzindo. A tradução é a minha pinga. Traduzo como o bebado bebe: para esquecer, para atordoar. Enquanto traduzo, não penso na sabotagem do petroleo." (v. 12, p. 333).

Nem mesmo preso, pára de traduzir. Nos noventa dias de cativeiro, traduziu *Kim*, de Kipling[125], cotejando sua tradução com uma já existente e deleitando-se com as "pérolas" que encontrava[126].

Sua última tradução — o último volume da *História da civilização*, de Will Durant, 700 páginas, é de 1945. Como não poderia deixar de ser, informa o colega Rangel:

125. "Mudei para cá meu escritório — mas tenho visitas demais e o trabalho não rende. Quando me dão folga, traduzo o *Kim*, de Kipling, e mergulho de corpo e alma na Índia." (LOBATO, 1986, P. 240). No catálogo da Companhia Editora Nacional, de 1935, já constava uma tradução de *Kim*, por Baptista Pereira.

126. Gostaríamos de consignar aqui uma pérola que Lobato descobriu: as "onze mil virgens" do poema de Anchieta resultariam de um erro de tradução, tratando-se na verdade de uma só virgem, de nome *Undecimilla*, isto é, "onze mil".

Essa tradução é a última que faço, e fi-la porque já tinha traduzido os primeiros volumes. Uf!... Chega. Mas vou ter saudades. Como é bom, como é absorvente, traduzir um bom livro! (Lobato, 1959a, p. 365).

Na *Barca de Gleyre* podemos rastrear uma teoria translatícia. Lobato entendia a tradução como remodelagem na língua do tradutor. Repudia a tradução como "recriação", acreditando que o dever do tradutor é a honestidade, a correção formal e a fidelidade apenas à matéria de fundo. Se, de acordo com Haroldo de Campo (1992), Odorico Mendes heleniza o português; Hölderlin, o alemão; Klossowski, na *Eneida*, se rebela contra as convenções do francês; Chouraqui, em sua *Bíblia*, cria um processo de hibridação hebraico/francês, para Lobato, ao contrário, o tradutor deve buscar a fidelidade à matéria de fundo, que será vertida em linguagem clara e exata: a linguagem "água de pote" que ele recomendava a Rangel.

... A tradução de fidelidade literal, isto é, de fidelidade à forma literária em que, dentro da sua língua, o autor expressou o seu pensamento, trai e mata a obra traduzida. O bom tradutor deve dizer exatamente a mesma coisa que o autor diz, mas dentro da sua língua, dentro da sua forma literária; só assim estará realmente traduzindo o que importa: a idéia, o pensamento do autor. Quem procura traduzir a forma do autor não faz tradução — faz uma horrível coisa chamada transliteração, e torna-se ininteligível. (Lobato, 1959b, v. 2, p. 147).

Para Lobato, o tradutor é um escafandrista, que deve mergulhar na obra de outrem, entender-lhe o significado e contar na própria língua o que entendeu. Também equipara o tradutor ao alpinista. Vale-se, então, de comparações com esportes desafiadores, de alto risco. Um dos riscos, além da destruição da obra alheia, é o do velamento do eu do tradutor. Em outro momento, assimila o tradutor à formiga e à abelha, artífices da "universalização do pensamento" (Lobato, 1965a, p. 238-245).

John Milton, crítico e professor da Universidade de São Paulo, autor do livro *O poder da tradução*, tacha de traduções "explicativas e esclarecedoras" o tipo de tradução efetuada por Lobato, e coteja trechos de *Huckleberry Finn*, de Mark Twain, mostrando que a linguagem dialetal do negro americano não é recriada em português por Lobato. Lembrando que não temos uma tradição de registro oral popular na literatura brasileira, John Milton destaca uma exceção: *Quarto de despejo*, de Carolina de Jesus. No mesmo sentido, Irene Hirsch (1997), em sua análise da tradução de *Moby Dick*, de Melville, para o português, lembra que há uma tradição, na prática tradutória brasileira, de se elevar o registro lingüistico.

Citaremos abaixo o exemplo mencionado por John Milton (1994, p. 21), cotejando a tradução de Lobato com o original de Mark Twain:

Hucleberry Finn (Ch. 8)

"Have you got hairy arms and a hairy breast, Jim?"

"What's de use to axe dat question? Don' t you see I has?"

"Well, are you rich?

"No, but I been rich wunst, and gwyne to be rich agin. Wunst I had foteen dollars, but I tuck to speculat'n, en got busted out."

— E você? tem pelo nos braços e no peito Jim? Indaguei.

— Para que perguntar? Não está vendo com os seus olhos?

— Então você é rico, Jim?

— Já fui e ainda hei de ser. Já possuí quatorze dólares, mas entrei nuns negócios e perdi tudo.

Tradução de Monteiro Lobato

Quando se estabelece como editor, Lobato dá-se conta de que tudo está por fazer. Também na área da edição, acreditamos que o mito que explica Lobato é o de Robinson, em sua ilha deserta. Com os parcos meios disponíveis e com uma tradição praticamente inexistente na área livreira, ele exerce o papel de desbravador. Tinha um projeto político educacional para o Brasil, onde o livro popular e barato tinha o seu papel. Não nos cabe examinar, no âmbito deste trabalho, se Lobato conseguiu traduzir toda a sutileza lógica dos livros Lewis Carroll, por exemplo, onde o significante lingüístico tem papel preponderante. A prática tradutória de Lobato (o escafandrista) é coerente com a sua visão sobre a arte em geral (a transparência): o fundo mais do que a forma, para educar os cidadãos.

5.5 Algo *nuevo*

Quel travail! Tout à demolir, tout à effacer dans ma tête! Ah! il est heureux, l'enfant abandonné au coin d'une borne, élevé au hasard, parvenant à l'âge d'homme sans aucune idée inculquée par des maîtres ou par une famille; neuf, net, sans principes, sans notions, puisque tout ce qu'on nous enseigne est farce! — et libre, libre de tout!

Rimbaud

Escrever para as crianças é semear em terra roxa virgem — e não praguejada. Cérebro de adulto é solo praguejado.[127]

Lobato

127. Julia Kristeva assinala que o discurso religioso assimila a escrita à geração: "o estilete é uma rocha; escrever iguala lavrar, a página lembra o campo; as letras, os grãos" (KRISTEVA, 1970, p. 143).

Lobato, que se considerava pai de seus livros, lançou sua semente na circulação geral das sementes. Fios invisíveis vinculam seus livros a outras histórias, em outros continentes, em outros tempos, e se estendem até o presente, envolvendo seus pequenos leitores, que "à força de indagar aqui e ali e de escrever cartas a este ou aquele", conseguem localizar o Sítio do Picapau Amarelo e se transformam em personagens, ajudando-o a rescrever o seu "Rocambole" (Lobato, 1943, p. xxxvii). A relação de Lobato com as crianças é tão intensa que ele atendia-lhes as sugestões para escrever novos livros, acreditando que as histórias infantis de todos os tempos foram escritas pelas próprias crianças, que emendavam o que as mães lhes contavam, alterando as narrativas a seu bel-prazer.

Vimos, ao falar da juventude de Lobato, que as histórias dos livros que ele lia saíam para a rua. *Tartarin*, por exemplo, foi vivenciado num jornalzinho do interior paulista. Lobato mergulhava nos textos, vivia nos livros, e queria que as crianças fizessem o mesmo[128]:

> *Ando com ideias de entrar por esse caminho: livros para crianças. De escrever para marmanjos já me enjoei. Bichos sem graça. Mas para as crianças, um livro é todo um mundo. Lembro-me de como vivi dentro do* Robinson Crusoe *do Laemmert. Ainda acabo fazendo livros onde as nossas crianças possam morar. Não ler e jogar fora; sim morar, como morei no* Robinson *e n'*Os Filhos do Capitão Grant. (v. 12, p. 293).

Observamos, então, que apesar de anticlerical, Lobato emprega uma linguagem enxameada de traços que conotam certa deísmo.

128. No capítulo "Os visitantes", do *Picapau Amarelo,* os pequenos correspondentes de Lobato se transformam em personagens, fazendo uma visita ao sítio. Entre os visitantes, incluem-se os dois netos de Lobato, Rodrigo e Joyce.

Por outro lado, Lobato acreditava que a literatura encontrava-se em estado bruto na natureza, como os diamantes, e cabia ao escritor encontrá-los e lapidá-los. Vida e literatura mais uma vez confundiam-se. Seus filhos estão crescendo e ele constata que há pouco para eles lerem, excetuando-se *Menino verde, Robinson Crusoe* e *Coração,* de d'Amicis, feito para as crianças italianas. Há também o livro *João Felpudo*[129], tradução do *Struwwelpeter* escrito pelo pediatra alemao Heinrich Hoffmann em 1876, fábulas aterrorizadoras, impregnadas de castigo e de ameaças para as crianças que ousassem rebelar-se. Lobato ganhara esse livro da mãe, que o identificava com o personagem Simplício-olha-para-o-ar ("O cheira-céu", na tradução de Guilherme de Almeida), menino distraído que vive aos tropeções e trambolhões.

As reminiscências das leituras juvenis fervilham-lhe na mente[130]: o jardim liliputiano de Tartarin que, nas margens do Ródano, cultiva baobás em vasos; a velha Diligência Falante, repudiada como um burro velho; Tartarin caçando leões nas portas do Atlas; o patético camelo que não desgruda do tarasconês...

129. A tradução do título desse livro pode dar a impressão de que se trata de um texto favorável às crianças. Os títulos em alemão (*Struwwelpeter*/João Desgrenhado) e em francês (*Crasse-tignasse*/ Cabeleira ensebada) restituem melhor a idéia dos contos de terror infantil que integram o livro, como por exemplo: a criança que chupa o dedo tem o polegar decepado; a que não come a sopa vai parar numa cova no cemitério; a que brinca com fósforos, reduz-se a um montinho de cinzas. Colocamos aqui essa observação para lembrar o quão benéficos foram os livros infantis de Lobato, que ensinavam as crianças a rejeitar as idéias feitas, num momento em que a educação infantil era conduzida com métodos extremamente autoritários.

130. Assim como Manet, em *Portrait de M. Pertuiset, le chasseur de lions*, vai citar Tartarin, Monteiro Lobato, ao escrever *Caçadas de Pedrinho*, também cita o livro: Tartarin só consegue matar um leão cego; Pedrinho, por sua vez, só consegue matar a onça depois de ter-lhe jogado pólvora nos olhos.

Lobato olhou à sua volta. Seus filhos ouviam avidamente as fábulas contadas por Purezinha, e corriam repeti-las para os amiguinhos. Depois, no terreiro da fazenda, brincavam com bonecas de pano e bonecos feitos de chuchus, sabugos, palitos e feijões. A preta Anastácia acalentava Edgard. Em carta de 1912, Lobato confidencia a Rangel:

> *O peralta é o Edgard. Põe-me doido e é escandalosamente protegido pela mãe e a tia Anastacia, a preta que eu trouxe de Areias e o pega desde pequenininho. Excelente preta, com um marido mais preto ainda, de nome Esaú.* (v. 11, p. 326).

Folheando velhos almanaques portugueses, descobre um nome hilário, o de uma matrona chamada Dona Maria Encerrabodes. O nome de um escritor português contemporâneo também o intriga: o Conde de Sabugosa integrava o grupo "Os Vencidos da Vida", junto com Ramalho Ortigão, Eça de Queirós e Oliveira Martins. Mais uma vez, os misteriosos fios vão tecendo as ligações entre homens e livros. Já tem vários personagens: Dona Benta Encerrabodes, o Visconde de Sabugosa, Tia Nastácia, a boneca de pano...

As falas de seus filhos o inspiravam. "Pai, corta aquela árvore que eu quero pegar os passarinhos". Lobato pede a Rangel que também anote as idéias de seu filho:

> *Colecione as ideias do Nelo, suas agudezas e ingenuidades. Dará materia para um livro que nos falta. Um romance infantil — um campo vasto e nunca tentado! A ideia do Nelo, de matar passarinhos com foguetes de espeto na ponta, é de se requerer patente.* (v. 11, p. 330).

E a sensibilidade que mostra para com o universo infantil, Lobato transpõe para os textos que, no momento, entulham a gaveta. Muitos desses textos sobre a infância integrarão o volume *Mundo da lua*, de 1923.

É ainda na fazenda, em 1916, que lhe surgem as primeiras idéias sobre literatura infantil. Ele pensa refazer as velhas fábulas, com a mesma sem-cerimônia que elas passaram do povo para os livros de Esopo, de Fedro, de La Fontaine... Mas as idéias nacionalistas já trabalham seu cérebro: quer introduzir o Brasil no cenário, através de nosso animais: o urubu, o sabiá, as mutucas, o jabuti.

Em carta de 8/9/1916, escreve a Rangel:

> *Guardo as tuas notas sobre Malazarte. Um dia talvez aborde esse tema. Ando com varias ideias. Uma: vestir á nacional as velhas fabulas de Esopo e La Fontaine, tudo em prosa e mexendo nas moralidades. Coisa para crianças.* (v. 12, p. 104).

Mexer nas moralidades![131] "Contra esperteza, esperteza e meia"; "Quem for amigo da verdade, use couraça no lombo"; "Para os maus, pau"; "Fazei o bem, mas olhai a quem"; "O segredo de certos homens está nesta política do morcego. É vermelho? Tome vermelho. É branco? Viva o branco!"; "Mais vale cair em graça do que ser engraçado". E se não resistimos ao prazer de enumerar alguns fechos das fábulas, é para mostrar que Lobato as escreve a contrapelo dos valores tradicionais, numa *Aufklärung* baseada na esperteza. E isso, é claro, não iria agradar a todos[132]. O escritor queria mudar o

131. Observamos, todavia, que Charles Perrault, em *Contes de ma mère l'Oye*, já oferece, para muitos contos, duas moralidades. Anatole France, por sua vez, inverte a moralidade em *As sete esposas de Barba-azul* (FRANCE, 1983).

132. Alguns livros infantis de Monteiro Lobato foram queimados durante o Estado Novo, proibidos em Portugal e em muitos colégios católicos brasileiros e censurados pela crítica. "Monteiro Lobato criou um estilo próprio, acessível e gracioso, que faz o primeiro encanto de seus livros. Infelizmente a linguagem não pode merecer o mesmo louvor

Brasil e resolveu começar pelas crianças. "Dói-me ter filhos, Rangel. Como educa-los, nesta terra? Em que principios?" (v. 12, p. 165).

Lobato não gosta da escola tradicional e ao longo da correspondência não abordou esse assunto, a não ser em uma oportunidade para fazer uma diatribe contra os pedagogos. Em 1907, a pretexto de comentar a situação de Rangel como professor primário, afirma: "A profissão do pedagogo é coisa para analfabetos. Um homem de algum valor só deve ensinar a si próprio — o mais é perder tempo e burrificar aos outros e a si mesmo." (v. 11, p. 197). Quanto a cartilhas, gramáticas e aritméticas, considerava-as "instrumentos de torturar as crianças".

Como assinalou Regina Zilberman (1982, p. 36), família, religião e escola são instituições ausentes da literatura infantil de Lobato. Ele quer ensinar, mas a seu modo, "sem anular a exceção em favor da regra", como faz a escola. Apesar de bacharel em Direito, afirma ter feito a "Universidade da vida", como o personagem Fradique Mendes, cuja ciência fora colhida no livro da natureza. Não sabemos sequer que estudos seus filhos fizeram. Marta, a primogênita, nasce em 1909 e, no final de 1916, Lobato desabafa: "Ainda não cuidei de ensinar a ler aos meus pequenos, que aliás já conhecem todas as letras. Valerá a pena neste país saber ler? Teria ido á Presidencia da Republica o Hermes, se soubesse ler?" (v. 12, p. 117).

Só em 1919 concretiza, finalmente, seus planos de literatura para crianças. Mas também para isso, houve uma lenta gestação e discussão de projetos com Rangel. Redige um pequeno livro com as fábulas, envia-o ao amigo, em abril de 1919, pedindo-lhe a opinião:

> [...] Não se justifica esse palavreado desagradável, quando não grosseiro [...] Empana a sua obra ter desabafado no Sítio do Picapau as suas amarguras e revoltas, que não raras vezes sobressaem em expressões ou conceitos chocantes" (ALMEIDA, 1971, p. 194-195).

> *Tive ideia do livrinho que vai para experiencia do publico infantil escolar, que em materia fabulistica anda a nenhuma.[...] Tomei de La Fontaine o enredo e vesti-o á minha moda, ao sabor do meu capricho [...]. Quero de ti duas coisas: juizo sobre a sua adaptabilidade á mente infantil e anotação dos defeitos de forma. Mas pelo amor de Deus não os elogie.* (v. 12, p. 193).

Em 1920, publica um pequeno livro de quarenta e três páginas, *A menina do narizinho arrebitado*, com o subtítulo *Livro de figuras por Monteiro Lobato e desenhos de Voltolino.* Como sempre, Lobato está muito atento à recepção do seu público mirim. Manda um exemplar para Rangel que, cioso mestre-escola, tem condições de aferir-lhe a receptividade: "Mando-te o *Narizinho* escolar. Quero tua impressão de professor acostumado a lidar com crianças. Experimente nalgumas, a ver se se interessam. Só procuro isso: que interesse ás crianças." (v. 12, p. 228).

Lobato faz uma tiragem de 50.500 exemplares do livro, destinando 500 exemplares para publicidade nas escolas públicas: "O meu *Narizinho*, do qual tirei 50.500 — a maior edição do mundo! — tem que ser metido bucho a dentro do publico, tal qual fazem as mães com o oleo de ricino. [...]. Gastei 4 contos num anuncio de pagina inteira num jornal daqui." (v. 12, p 230).

A partir de 1921, lança praticamente um livro por ano, sempre às vésperas do Natal, para aproveitar o embalo do consumo. Ao lado da produção própria, Lobato preocupa-se, como editor, em fazer traduções e adaptações. Para tanto, não dispensa a colaboração de Rangel. "Pobres crianças brasileiras! Que traduções galegais! Temos de refazer tudo isso - abrasileirar a linguagem." (v. 12, p. 275).

Acreditamos que, com a literatura infantil, embora dialogue com o gênero, Lobato atingiu o "algo nuevo", a terra nunca antes palmilhada, que incessantemente buscara ao longo da *Barca de Gleyre*. Como seu personagem João Nariz, do livro *O garimpeiro do Rio das Garças*, o escritor descobriu um diamante, Emília, a Rainha Mab, que representa a imaginação suplantando o saber. Parodiando o narrador do livro *A Correspondência de Fradique Mendes*, diremos: "Graças te sejam dadas, [meu Lobato bendito], que na minha velha língua *hé mirado algo nuevo*!" (Queirós, [s. d.], p. 13) [grifo do autor].

6 Conclusão

E como ficou chato ser moderno.
Agora serei eterno.
Carlos Drummond de Andrade, *Eterno*

É um cadáver que se decompõe este pobre Brasil... Os urubus aí vêm...
Graça Aranha, *Canaã*

Em nossa análise do livro *A Barca de Gleyre*, acreditamos ter evidenciado alguns dados inéditos sobre a correspondência entre Monteiro Lobato e Godofredo Rangel. Se Lobato empreendeu suas grandes campanhas mediante cartas, conforme descobrimos, as que enviou a Rangel distinguem-se das epístolas políticas na medida em que constituem um espaço de discussão literária, transformando o epistolário num livro sobre livros, num livro de citações. O paralelismo entre a *Barca* de Lobato e a *Correspondência de Fradique Mendes*, de Eça de Queirós, é um exemplo desse livro dentro do livro.

Levantamos a hipótese da supressão de várias cartas no epistolário, baseando-nos em indícios do fornecidos pelo próprio escritor. Acreditamos que Lobato tenha querido dar a essas epístolas um caráter privado e pessoal, eliminando aspectos públicos de sua vida, como eliminara definitivamente todos os aspectos íntimos. Não há qualquer menção aos diversos episódios que o escritor protagonizou, envolvendo sua querela com os modernistas. Como a *Barca* foi publicado quando o autor ainda vivia, este arrogou-se o legítimo direito de preservar sua intimidade e de elidir assuntos demasiado polêmicos, o que resultou, a nosso ver, na supressão de muitas cartas. Como o autor só morreu quatro anos depois da publicação do livro, surgiram algumas cartas trocadas nesses anos crepusculares. Evidenciamos, ademais, uma censura em uma carta, o que nos leva a concluir pela necessidade de uma reedição da obra, que integre todo o material disponível.

Chegamos à conclusão, a partir da análise das concepções estilísticas de Lobato disseminadas no livro, que o autor está realmente "na contramão do Modernismo", para usar a expressão de Marisa Lajolo (1987). A nosso ver, uma reavaliação de Lobato, atualmente, não implicaria colocá-lo como antecipador do Modernismo. Conforme cartas de Lobato a Mário de Andrade, exibidas na *Exposição O Brasil Mágico de Monteiro Lobato*, em 1998, essa relação não foi tão antagônica quanto se pensa. Apesar de pontos em comum com o movimento modernista, Lobato não foi, nem nunca poderia filiar-se ao modernismo, por um motivo muito simples: concebia a literatura como mímese da realidade, contrariando frontalmente Mário de Andrade, que se opõe à cópia, que se opõe à idéia do escritor como vendedor de espelhos, e afirma, no "Prefácio interessantíssimo", que o belo artístico se afasta do belo natural.

Tributário dos ideais estilísticos de seu tempo, em sua literatura para adultos Lobato não se vincula nem à modernidade literária nem ao Modernismo brasileiro, mas à modernização social do país. É assim que recentramos a discussão sobre a relação de Lobato com o modernismo brasileiro, deslocando o escritor para o campo da modernização social e da literatura popular. Homem do interior, edificador de cercas de arame farpado e criador de galinhas Leghorn, não parou às portas da cidade, acuado pelos novos tempos. Se em seus contos permaneceu com os pés plantados no campo e com os olhos voltados para as grotas, suas musas foram o saneamento básico, o ferro e o petróleo.

Se Lobato atuou em vários campos pela modernização do país, cabe destacar sua atuação na indústria e no comércio livreiro. Nesse setor, sustentado por técnicas modernas de produção, desenvolveu um trabalho de popularização do livro, que o fez recuperar a tradição folhetinesca. Foi o próprio autor que chamou sua saga infantil de *Rocambole*. Os seus livros infantis dividem-se em fascículos onde os mesmos personagens participam de aventuras que proliferam. Os títulos que traduziu e a publicação de inumeráveis folhetos também o associam à literatura popular ou à paraliteratura. Basta citar apenas o almanaque Jeca Tatuzinho, onde o ex-esquálido Jeca, depois tomar o fortificante, esmurra onças, carrega toras de peroba e calça seus porcos e galinhas com botinas ringideiras. Sem falar que seu personagem Jeca Tatu foi encenado por Mazaroppi. É o próprio escritor que nos coloca nessa pista:

> *Minha literatura [...] É literatura de ocasião. É ramo da grande indústria do recuperamento, ou do aproveitamento das coisas do chão. Por isso não escrevo habitualmente — só quando o acaso me favorece com o encontro de uma coisa já feita pela vida e só à espera de quem a tome, lapide e engaste. Indústria.* (Nunes, 1986, p. 57-58).

Lendo a *Barca de Gleyre*, assistimos à gênese da produção textual do autor. Dividido entre inúmeros projetos empresariais, ele abandonou o conto pela literatura infantil, gênero que dominou no Brasil e onde atingiu o "algo nuevo", a terra nova que sempre perseguira. Tradutor de toda uma biblioteca, como quer Paulo Rónai, Lobato teve destacado papel na introdução de autores de língua inglesa no Brasil. Sua produção é desconsiderada, todavia, por vincular-se, em grande parte, à literatura de entretenimento e de vulgarização.

Seu epistolário revela-o alheio ao movimento modernista, crente no progresso, americanófilo, mas também visionário e sonhador. Prevê a violência do trânsito; clama por uma nova escrita da História; antecipa relações comerciais com o cone sul, impulsiona a industrialização; critica a cidade do Rio de Janeiro como sede da capital federal. Vale assinalar que em seu livro de ficção científica, *O Presidente negro* (1926), Lobato prevê a Internet (que chama de "rádio-transporte") e a clonagem humana ("desdobramento anatômico do homem"). Já na *Reforma da natureza* (1941), cria plantas e animais transgênicos.

Lobato foi um paladino do progresso, que passou por Nova York e Buenos Aires, sem perder o sotaque do *terroir*. Na encruzilhada de dois mundos, sua posição social e sua formação o puxavam para o mundo antigo. Trapezista, equilibrou-se mal-e-mal entre a capital paulista e "itaoca"; entre a "Jecatatuásia" (v. 12, p. 40) e os Estados Unidos; entre a pintura acadêmica e as aquarelas em que fixou cenas de sua vida e de seus livros. Cindido, lutava para romper os compartimentos estanques em que se divide até hoje o Brasil, e para fazer a informação e os livros circularem e se popularizarem. A ficção lobatiana está impregnada do mundo rural paulista, o que lhe vale a classificação de escritor regionalista[133]. Isso não deixa de ser uma ironia, pois se trata de um escritor que pensava no Brasil como um todo e cuja obra, segundo Lima Barreto, recende o patriotismo[134].

Lobato sentia-se fora do lugar, tanto na cidade quanto no campo, tanto na literatura quanto na pintura e nas outras atividades que exerceu. Em 25/6/1919 escreve a Rangel: "Ao contrario do conselheiro Rodrigues Alves, temos de dizer:

133. Quando terminou o romance *O presidente negro*, Lobato escreve a Rangel que fizera um romance inteiramente desligado de sua "velha literatura regional" (v. 12, p. 297).

134. "O que acho é que recendes muito o patriotismo e pretendes criar de uma assentada muitas coisas neste Brasil, escreve Lima Barreto em 18/05/1920 (CAVALHEIRO, 1955, p. 46).

'Aqui não é o nosso lugar'. Eu me sinto uma abelha dentro dos tuneis dum formigueiro — e você aí deve sentir-se como flor nascida numa raiz. Desconchavo. Erro." (v. 12, p. 201).

Rangel representou o apoio que o impediu de resvalar para o abismo, de perder a memória de seu vir a ser literário: "Literariamente, vivo pendurado em você, como quem caiu num abismo e se agarrou a uma raiz. Se você me larga, vou ao fundo." (v. 11, p. 295). O escritor mineiro foi um *alter ego* que amparou Lobato a distância por quase meio século. Lá no início do convívio postal, em 1908, Lobato o define como seu "sosia morador em Minas, unico ouvido que hoje o ouve e unico cerebro que o atura." (v. 11, p. 210). É verdade que se tratou de um apoio a distancia, protegido pelo correio, única forma talvez de fazer com que a amizade sobrevivesse aos embates fatais que envolvem os amigos próximos. Essa amizade intelectual deu frutos: Brito Broca (1960, p. 197-198) assinala que ela deu à literatura daquela época seus dois melhores livros, *Urupês* (1918) e *Vida ociosa* (1920).

Ressalta, portanto, nesse epistolário, a importância dessa amizade epistolar como ancoradouro afetivo e identitário, principalmente na despedida da adolescência quando, órfão, Lobato tem que submeter-se à tutela do avô. As cartas representaram um apoio afetivo que chegava religiosamente pelo correio, num momento de fragilidade e de grande ebulição, onde Lobato procurava o caminho que o levaria às artes, caminho esse de que tantas vezes se extraviaria. A emulação arrancava os missivistas da letargia e os impelia pelos atalhos secretos que forjaram ao longo do tempo. O espaço epistolar, onde Lobato se acreditava a salvo do público, representava um refúgio literário, um campo de treino em que se exercitava. Numa trajetória pontuada por falências, mudanças de domicílio e prisão, a correspondência com Rangel constituiu o substrato literário de sua vida, cimentando-lhe a identidade problemática de escritor.

Na penúltima carta (edição de 1944), o próprio Lobato confirma essa asserção:

> *As minhas [cartas] mostram que não houve erva de Santa Maria que matasse a lombriga literaria — nem a pintura, nem a promotoria, nem os porcos lá da fazenda, nem a furia industrial, nem a falencia, nem New York, nem a siderurgia, nem a campanha pelo petroleo, nem a morte dos filhos, nem o odio á literatura, nem a prisão por ofensas ao Presidente — e receio que nem a morte me liberte da lombriga.* (v. 12, p. 357).

A *Barca de Gleyre* esparge luzes sobre o fugidio correspondente de Lobato, o lado que cultivou a sombra. Rangel representou a caixa de ressonância inicial de Lobato, caixa de ressonância que este só teve junto às crianças, o que faz Roberta Jansen (Apud Prada, 1997) compará-lo ao flautista de Hamelin que, "ludibriado pelas autoridades de uma cidade, seduz com o som mágico da sua flauta todas as crianças e as leva embora consigo".

Lobato não deixou a chama da amizade apagar e nas últimas linhas da última carta, doze dias antes de morrer, com a lucidez que sempre o caracterizou, despede-se: "Adeus, Rangel! Nossa viagem a dois está chegando perto do fim. Continuaremos no Além?" (v. 12, p. 363).

Lobato instrumentalizou a escrita, colocando-a a serviço da ação. Começou escrevendo contos camilescos e terminou com folhetos populares. Falhou em inúmeros negócios, mas foi vitorioso na literatura, sendo o *best seller* das letras nacionais. Popularizou a leitura, questionou as idéias feitas e promoveu o intercâmbio cultural com o mundo de língua espanhola. Por isso, transcende os círculos literários e não por acaso Drummond o chamou de "herói civil da literatura brasileira". Sua literatura deve ser encarada como aquilo que é realmente: uma obra clássica e popular. É o que aprendemos lendo *A Barca de Gleyre*, sintetizada de forma lapidar por Antonio Candido:

> *É preciso ler este livro para compreender o Sr. Monteiro Lobato, no dinamismo de sua vida literária — homem complexo e instável, muito moderno para ser passadista, muito ligado à tradição literária para ser modernista, ponto de encontro de duas épocas e de duas mentalidades, símbolo de transição da nossa literatura, exemplo de labor intelectual e de consciência literária.* (Apud Cavalheiro, 1959, v. 2, p. 141).

Com relação ao diálogo do escritor com a tradição, a leitura da correspondência de Lobato com Rangel aponta-nos duas direções.

De um lado, esse diálogo expressa uma reverência à narrativa francesa e portuguesa do século XIX. Situamos Monteiro Lobato na comunidade literária de sua época, evidenciando as influências que recebeu da literatura portuguesa, francesa e brasileira, influências que contrariam a idéia de absoluta originalidade que o escritor apregoava. É assim que no retrato do Jeca, que o consagrou, há laivos de Camilo e Fialho; e nos seus contos, de Maupassant e Kipling. Lobato funda o Cenáculo, mas o Cenáculo remete a Victor Hugo, Balzac e Eça de Queirós. Sua república estudantil é a Tarasca de Alphonse Daudet. Chama sua correspondência de Paradou, terra natal de Zola. Quer buscar na literatura o *algo nuevo*, descrito na *Correspondência de Fradique Mendes*, de Eça de Queirós.

Por outro lado, à mesma época em que Lobato se debatia com os cânones finisseculares, Nietzsche foi presença marcante em sua formação. Por intermédio de Nietzsche, Lobato procura se afastar da racionalidade e valorizar os instintos ou "as vozes misteriosas do nosso ignoto", revelando a dicotomia de seu pensamento. Em 1906, escreve a Rangel: "A razão é uma coisa cheia de padres e bispos, de professores e filosofos, de tiranias e de sedimentações de vontades alheias" (v. 11, p. 127). É através de Nietzsche que Lobato tenta subverter a tradição. Essa ruptura revela-se, a nosso ver, em alguns livros de literatura infantil em que o escritor deglute modelos, procurando "algo nuevo". Inédito na década de 20, esse procedimento banalizou-se a seguir na literatura infantil. Mas também na literatura infantil, Lobato paga tributo à tradição dos fabulistas que querem instruir e divertir.

A personagem Emília parece ser uma reedição do mito do "super-homem" em chave feminina, infantil e popular (Vasconcelos, 1982, p. 58). Em um espaço utópico, o Sítio do Picapau Amarelo, a boneca de pano vai de encontro às expectativas vigentes em relação a uma heroína infantil: casa-se por interesse, divorcia-se e safa-se de todas as dificuldades pela esperteza.

Essas são as perspectivas de leitura da obra de Monteiro Lobato, sugeridas pelo epistolário *A Barca de Gleyre*.

7. Referências bibliográficas

ALMEIDA Fialho d'. *Lisboa galante*: episódios e aspectos da cidade. Porto: Chardron, 1920.

—. *O País das uvas*. Pref. de Álvaro Júlio da Costa Pimpão. Lisboa: Clássica, 1946.

—. *Os Gatos*. Lisboa: Clássica, 1927. v. 1.

—. *Os Gatos*. Sel. e Pref. de José Lins do Rego. Rio de Janeiro: Edições de Ouro, 1969.

ALMEIDA, Renato. Literatura infantil. In: COUTINHO, Afrânio (Dir.). *A Literatura no Brasil*. Rio de Janeiro: Sul Americana, 1971. p. 183-204. v. 6 : Teatro. Conto. Crônica. A Nova Literatura.

AMARAL, Bruno Ferraz do. *A Literatura em São Paulo em 1922*. São Paulo: Comissão Estadual de Literatura, 1973.

ANDERSEN. *Histórias maravilhosas de Andersen*. Trad. de Heloísa Jahn. São Paulo: Companhia das Letrinhas, 1995.

ANDRADE, Carlos Drummond de. *Obras completas*. Rio de Janeiro: Companhia Aguilar, 1964. p. 713-716 : Godofredo Rangel: um delicado.

— *Tempo, vida, poesia*: Confissões no rádio. Rio de Janeiro: Record, 1986.

ANDRADE, Eugenio de. *Cartas portuguesas atribuídas a Mariana Alcoforado*. Porto: Limiar, 1977.

ANDRADE, Mário de. *O movimento modernista*. Rio de Janeiro: Casa do Estudante do Brasil, 1942.

ANDRADE, Mário. *Aspectos da literatura brasileira*. São Paulo: Martins, 1972, p. 89-108: Machado de Assis (1939).

ANDRADE, Oswald de. *Memórias sentimentais de João Miramar*. São Paulo: DIFEL, 1964.

—. *Obras completas*. Rio de Janeiro: Civilização Brasileira, 1971a. v. 5 : Ponta de lança.

—. *Obras completas*. Rio de Janeiro: Civilização Brasileira,

1971b. v. 9 : Um homem sem profissão: sob as ordens de mamãe.

ARANHA, Graça. *Canaã.* Rio de Janeiro: F. Briguiet, 1968.

—. *Machado de Assis e Joaquim Nabuco*: comentários e notas à correspondência entre estes dois escritores. São Paulo: Monteiro Lobato, 1923.

ASSIS, Machado de. *Obra completa.* v. 1. Rio de Janeiro: Aguilar, 1959.

ATHANÁZIO, Enéas. *Godofredo Rangel.* Curitiba: Editora 73, 1977.

ATHAYDE, Tristão de. *Contribuição à história do modernismo.* Rio de Janeiro: José Olympio, 1939. v. 1, p. 222-227: O pai do Jeca.

AVANCINI, José Augusto. Mário de Andrade correspondente. *Letras*, Santa Maria, n. 7, p. 122-129, 1993.

AZEVEDO, Carmen Lucia de, CAMARGO, Marcia, SACCHETTA, Vladimir. *Furacão na Botocúndia.* São Paulo: SENAC, 1997.

BALZAC, Honoré de. *As ilusões perdidas.* São Paulo: Abril Cultural, 1978.

—. *Illusions perdues.* Pref. de Gaëtan Picon. Paris: Gallimard, 1978. v. 1.

BARBOSA, Francisco de Assis. Monteiro Lobato e o direito de sonhar. In. LOBATO, Monteiro. *A menina do narizinho arrebitado.* São Paulo: Metal Leve, 1982. p. 47-57.

BARBOSA, Rui. *Campanha presidencial 1919.* Salvador: Catilina, 1919a.

—. *Cartas políticas e literárias.* Pref. de Homero Pires. Salvador: Catilina, 1919b. v. 1.

—. *Collectanea literária:* (1868-1922). PEREIRA Baptista (Org.). São Paulo: Nacional, [195?].

BARRETO, Lima. *Correspondência.* São Paulo: Brasiliense, 1961. v. 2

—. *Impressões de leitura:* crítica. São Paulo: Brasiliense, 1956.

—. *Triste fim de Policarpo Quaresma.* São Paulo: Ática, 1996.

BARROS, Manoel de. *Gramática expositiva do chão:* (poesia quase toda). Rio de Janeiro: Civilização Brasileira, 1996.

BARTHES, Roland. *S/Z*. Paris: Seuil, 1970.

—. *Le degré zéro de l'écriture*. Paris: Seuil, 1972.

BAUDELAIRE, Charles. *A modernidade de Baudelaire*. Trad. de Sueli Barros Cassal. São Paulo: Paz e Terra, 1988.

BERNARD, Marc. *Zola par lui-même*. Paris: Seuil, 1968.

BLANCHOT, Maurice. *L'espace littéraire*. Paris: Gallimard, 1978.

BOAVENTURA, Maria Eugenia. Uma leitura do *Perfeito cozinheiro*. In: CANDIDO, Antonio et al. *A crônica*: gênero, sua fixação e suas transformações no Brasil. Campinas: UNICAMP; Rio de Janeiro: Casa de Rui Barbosa, 1992. p. 271-283.

BORGES, Jorge Luis. *Discusión*. Buenos Aires: Emecé, 1957.

—. *Siete noches*. México: Fondo de Cultura Económica, 1980.

BOSI, Alfredo. As letras na Primeira República. In: FAUSTO, Boris (Dir.). *História geral da civilização brasileira*. São Paulo: DIFEL, 1978. v.2, tomo 3, p. 295-319.

—. *O pré-modernismo*. São Paulo: Cultrix. 1967. v. 5.

BRITO, Mário da Silva. *História do modernismo brasileiro I:* Antecedentes da Semana de Arte Moderna. Rio de Janeiro: Civilização Brasileira, 1964.

BROCA, Brito. *Naturalistas, parnasianos e decadistas:* vida literária do realismo ao pré-modernismo. Campinas: UNICAMP, 1991. p. 312-315 : Camilo e Monteiro Lobato.

—. *Naturalistas, parnasianos e decadistas:* vida literária do realismo ao pré-modernismo. Campinas: UNICAMP, 1991. p. 346-350 : De Catulo ao Jeca Tatu.

—. *Naturalistas, parnasianos e decadistas:* vida literária do realismo ao pré-modernismo. Campinas: UNICAMP, 1991. p. 361-364 : Um debate sobre "literatura paulista".

—. *Naturalistas, parnasianos e decadistas:* vida literária do realismo ao pré-modernismo. Campinas: UNICAMP, 1991. p. 58-61 : Quando se começou a traduzir no Brasil.

—. *A vida literária no Brasil:* 1900. Rio de Janeiro: José Olympio, 1960.

CAMPOS, Augusto de, CAMPOS, Haroldo de. *Panaroma do Finnegans Wake,* São Paulo: Conselho Estadual da Cultura, 1962.

CAMPOS, Haroldo de. Arte pobre, tempo de pobreza, poesia menos. In: SCHWARZ, Roberto (Org.). *Os pobres na literatura brasileira.* São Paulo: Brasiliense, 1983. p.181-189.

—. Odorico Mendes, o patriarca da transcriação. In: HOMERO. *Odisséia.* Tradução de Manuel Odorico Mendes. São Paulo: Edusp, 1992.

CANDIDO, Antonio. *Formação da literatura brasileira:* momentos decisivos. Belo Horizonte: Itatiaia, 1975. p. 244-267, v. 1 : Os gêneros públicos.

—. *Formação da literatura brasileira:* momentos decisivos. Belo Horizonte: Ed. Itatiaia, 1975. p. 238-243, v. 1 : A nossa *Aufklärung.*

—. *Presença da literatura brasileira.* São Paulo: DIFEL, 1975. v. 2.

—. *Literatura e sociedade.* São Paulo: Nacional, 1985.

CARROLL, Lewis. *De l'autre côté du mirroir et ce qu'Alice y trouva.* Paris: Aubier-Flammarion, 1971.

CARVALHO, José Murilo de et al. *Sobre o pré-modernismo.* Rio de Janeiro: Fundação Casa de Rui Barbosa. 1988.

CAVALHEIRO, Edgard (Org.). *A correspondência entre Monteiro Lobato e Lima Barreto.* Rio de Janeiro: MEC, 1955.

—. *Monteiro Lobato:* vida e obra. 2. ed. São Paulo: Companhia Editora Nacional, 1956. 2 v.

CESAR, Guilhermino. Dois momentos de Lobato. *Letras de Hoje,* Porto Alegre, v. 15, n. 3, p. 7-14, set. 1982.

COELHO, Nelly Novaes. *Panorama histórico da literatura infantil/juvenil.* São Paulo: Quíron, 1985.

CONTE, Alberto. *Monteiro Lobato*: o homem e a obra. São Paulo: Brasiliense, 1948.

CORTÁZAR, Julio. *Valise de cronópio*. Trad. de Davi Arrigucci Jr. São Paulo: Perspectiva, 1993. p. 147-163 : Alguns aspectos do conto.

COUTINHO, Afrânio (Dir.). *A Literatura no Brasil:* era realista. era de transição. Rio de Janeiro: José Olympio, 1986. v. 4, p. 4-67.

CUNHA, Euclides da. *Contrastes e confrontos*. Pref. de José Pereira de Sampaio. Porto: Empresa litteraria e typographica, 1907.

—. *Os sertões:* campanha de Canudos. Rio de Janeiro: Francisco Alves, 1911.

CUNHA, Fausto, DUTRA Waltensir. *Biografia crítica das letras mineiras:* Esboço de uma história da literatura em Minas Gerais. Rio de Janeiro: MEC-INL, 1956. p. 87-94 : Período intervalar: o Pré-modernismo.

CUNHA, Fausto. Recursos acumulativos em Coelho Neto. *Revista do livro,* Rio de Janeiro, n. 21-22, p. 75-81, mar.-jun. 1961.

DAUDET, Alphonse. *Tartarin de Tarascon*. Paris: Alphonse Lemerre, [1933?].

DELEUZE, Gilles. *L'Oiseau philosophie*. Paris: Seuil, 1997.

DIAS, Rosa Maria. *Nietzsche educador*. São Paulo: Scipione, 1993.

FOUCAULT, Michel. *Les mots et les choses*. Paris: Gallimard, 1966. p. 32-59 : La prose du monde.

FRANCE, Anatole. *O Sr. Bergeret em Paris*. Rio de Janeiro: Vecchi, 1943.

—. *As sete esposas de Barba-azul*. Rio de Janeiro: Francisco Alves, 1983.

—. *Sur la pierre blanche*. Paris: Calmann Lévy, [193?].

FREIRE, Laudelino. *Livro de Camillo*. Rio de Janeiro: Revista de Língua Portuguesa, 1927. v. 1.

FREYRE, Gilberto. *Cartas do próprio punho sobre pessoas e coisas do Brasil e do estrangeiro*. Pref. de Josué Montello, Brasília: MEC, 1978.

FRYE, Northrop. *Anatomia da crítica*. Trad. de Péricles Eugênio da Silva Ramos. São Paulo: Cultrix, 1989.

GENETTE, Gérard. *Palimpsestes:* la littérature au second degré. Paris: Seuil, 1982.

GOETHE. *Obras completas*. Trad. e Prólogo de Rafael Cansino Assens. Madri: Aguilar, 1968. v. 2 : Ciclo de Guillermo Meister: Años de aprendijaze.

—. *Os anos de aprendizagem de Wilhelm Meister*. Trad. de Nicolino Simone Neto. São Paulo: Ensaio, 1994.

GULLAR, Ferreira. *Vanguarda e subdesenvolvimento:* ensaios sobre arte. Rio de Janeiro: Civilização Brasileira, 1969.

HARDMAN, Francisco Foot. Antigos modernistas. In: A. NOVAES (Org.). *Tempo e História*. São Paulo: Companhia das Letras-SMC, 1992. p. 289-305.

—. *Nem pátria nem patrão!* (Vida operária e cultura anarquista no Brasil). São Paulo: Brasiliense, 1984. p. 110-149 : Epílogo: Sinais do vulcão extinto.

—. Palavra de ouro, cidade de palha/ *literatura anarquista*. SCHWARZ, Roberto (Org.). *Os pobres na literatura brasileira*. São Paulo: Brasiliense, 1983. P. 79-87.

HIRSCH, Irene. A baleia traduzida: traduções de Herman Melville. *Cadernos de Literatura em Tradução*, São Paulo, n. 1, p. 93-106, 1997.

JOYCE, James. *Dedalus:* portrait de l'artiste jeune par lui-même. Trad. e Pref. de Ludmila Savitzky. Paris: Gallimard, 1980.

KRISTEVA, Julia. *Le texte du roman*. Paris: Mouton Publishers, 1970.

—. *Polylogue*. Paris: Seuil, 1977.

LAJOLO, Marisa. *A modernidade do contra*. São Paulo: Brasiliense, 1985.

—. A modernidade em Monteiro Lobato. *Letras de hoje*, Porto Alegre, v. 15, n. 3, p. 15-22, set. 1982.

—. *Monteiro Lobato:* Contos escolhidos. São Paulo: Brasiliense, 1989.

—. O regionalismo lobatiano na contramão do Modernismo. *Remate de males*, Campinas, n. 7, p. 39-48, 1987.

LAJOLO, Marisa et al. *Monteiro Lobato:* literatura comentada. São Paulo: Abril Educação, 1981.

LANDERS, Vasda Bonafini. *De Jeca a Macunaíma:* Monteiro Lobato e o modernismo. Rio de Janeiro: Civilização Brasileira, 1988.

LAPA, Rodrigues M. *Estilística da língua portuguesa*. Rio de Janeiro: Acadêmica, 1959.

LEITE, Sylvia Helena Telarolli de Almeida. *Chapéus de palha, panamás, plumas, cartolas:* a caricatura na literatura paulista (1920-1922). São Paulo: Unesp, 1996.

LOBATO, Monteiro. *A Barca de Gleyre*. São Paulo: Nacional, 1944.

—. *A Barca de Gleyre*. São Paulo: Brasiliense, 1959a.

—. *Cartas escolhidas*. São Paulo: Brasiliense, 1959b. 2 v.

—. *Conferências, artigos e crônicas*. São Paulo: Brasiliense, 1964.

—. *Críticas e outras notas*. São Paulo: Brasiliense, 1965a.

—. *Literatura do Minarete*. São Paulo: Brasiliense, 1965b.

— *Obras completas:* literatura geral. São Paulo: Brasiliense, 1950. 13 v.

—. *Obra infantil completa* .São Paulo: Brasiliense, 1982 [Edição do centenário]

—. *O Sacy-Pererê:* resultado de um inquérito. 1918. Edição fac-similar, Fundação Odebrecht, 1998.

—. *Urupês, outros contos e coisas*. São Paulo: Nacional. 1943.

LUCAS, Fabio. *A escrita, a crítica e a estética nas cartas de Monteiro Lobato*. In: ZILBERMAN, Regina (Org.). *Atualidade de Monteiro Lobato:* uma revisão crítica. Porto Alegre: Mercado Aberto. 1986.

—. *Do barroco ao moderno*. São Paulo: Ática, 1989.

—. O mundo das cartas de Monteiro Lobato. *Letras de hoje*, Porto Alegre, v. 15, n. 3, p. 47-59, set. 1982.

LUKÁCS, György. *A teoria do romance*. Trad. de Alfredo Margarido. Lisboa: Presença, 1962. p. 141-154 : Os anos de aprendizagem de Wilhelm Meister.

—. Os anos de aprendizagem de Wilhelm Meister. In: GOETHE. *Os anos de aprendizagem de Wilhelm Meister*. São Paulo: Ensaio, 1994. p. 593-613.

—. *Ensaios sobre literatura*. Coord. e Pref. de Leandro Konder. Rio de Janeiro: Civilização Brasileira, 1965. p. 95-114 : Balzac: *Les illusions perdues*.

MALET-ISAAC. *Cours d'histoire:* de 1848 a 1914. Paris: Hachette, 1964.

MALLARMÉ, Stéphane. *Oeuvres complètes*. Paris: Gallimard, 1979. p. 360-368 : Crise de vers.

MARTINS, Wilson. *História da inteligência brasileira:* 1897-1914. São Paulo: Cultrix, 1978a. v. 5

—. *História da inteligência brasileira:* 1915-1933. São Paulo: Cultrix, 1978b. v. 6.

MELLO, Ana Maria Lisboa de. A chave do tamanho: a instauração de uma nova ordem. *Letras de hoje,* Porto Alegre, n. 43, p. 67-74, mar. 1981.

MESCHONNIC, Henri. *Les états de la poétique*. Paris: PUF, 1985.

MEYER, Augusto. *Preto & branco*. Rio de Janeiro: Grifo, 1971.

MEYER, Marlyse. *Folhetim:* uma história. São Paulo: Companhia das Letras, 1996.

MICELI, Sergio. *Intelectuais e classe dirigente no Brasil:* 1920-1945. São Paulo: DIFEL, 1979.

—. *Poder, sexo e letras na República Velha*: estudo clínico dos anatolianos. São Paulo: Perspectiva, 1977.

MILLIET, Sérgio. *Diário crítico*. São Paulo: Brasiliense, 1945. v. 2.

—. *Diário crítico*. São Paulo: Martins, 1947. v. 4.

MILTON, John. A tradução de romances "clássicos" do inglês para o português no Brasil. *Trabalhos Lingüísticos Aplicados*. Campinas, n. 24, p. 19-33, jul.-dez. 1994.

MONTAIGNE. *Essais de Montaigne*. Choix et présentation par Paul Galleret. Paris: Union Générale d'Éditions, 1978.

MOREIRA, José Carlos Barbosa. *Monteiro Lobato:* textos escolhidos. Rio de Janeiro: Agir, 1962.

NESTROVSKI, Arthur. *Ironias da modernidade*. São Paulo: Ática, 1996.

NUNES, Benedito. *A filosofia contemporânea*. São Paulo: USP, 1967.

NUNES, Cassiano. *Cartas de Monteiro Lobato a uma senhora amiga*. São Paulo: [s. n.], 1983.

—. A correspondência de Monteiro Lobato. *Letras de hoje*, Porto Alegre, v. 15, n. 3, p. 61-85, set. 1982.

— A correspondência de Monteiro Lobato. *Folha de S. Paulo*, 28 jun. 1998. Suplemento MAIS.

—. *Monteiro Lobato e Fortunato Bulcão*: o sonho do aço brasileiro. Brasília: Thesaurus, 1985

—. *Monteiro Lobato vivo*. Rio de Janeiro: MPM-Record, 1986.

—. *Norte-americanos*. São Paulo: Conselho Estadual de Cultura, 1970.

—. *Novos estudos sobre Monteiro Lobato*. Brasília: Universidade de Brasília, 1998.

—. *O patriotismo difícil:* a correspondência entre Monteiro Lobato e Artur Neiva. São Paulo: [s. n.] 1981.

—. *O sonho brasileiro de Lobato*. Brasília: [s. n.] 1979.

—. O último sonho de Monteiro Lobato: o georgismo. In: ZILBERMAN Regina (Org.). *Atualidade de Monteiro Lobato:* uma revisão crítica. Porto Alegre: Mercado Aberto, 1986.

PAES, José Paulo. *A aventura literária*: ensaios sobre ficção e ficções. São Paulo: Cia da Letras, 1990.

—. *Gregos e baianos*. São Paulo: Brasiliense, 1985. p. 64-80 : O *art nouveau* na literatura brasileira.

—. *Grandes cartas da História*. São Paulo: Cultrix, 1969.

PAES, José Paulo, MASSAUD, Moisés. *Pequeno dicionário de literatura brasileira*. São Paulo: Cultrix, 1969.

PEREIRA, Lucia Miguel. *Escritos da maturidade*. Rio de Janeiro: Graphia, 1994. p. 49-51 : De Peri a Jeca Tatu.

PEREIRA, Maria Tereza Gonçalves. Processos expressivos na literatura infantil de Monteiro Lobato. *Cadernos da PUC*, Rio de Janeiro, v. 35, n. 10, p. 71-102, 1982.

PICCHIA, Menotti del. *Poemas*. São Paulo: Martins, 1957.

PINTO, Cristina Ferreira. *O Bildungsroman feminino:* quatro exemplos brasileiros. São Paulo: Perspectiva, 1990.

PRADA, Cecília. O Andersen da América Latina. Disponível na Internet. SESC on line. 07 agosto 1997.

PROENÇA Filho, Domício et al. *O livro do seminário*: ensaios. São Paulo: LRE, 1983.

QUEIRÓS, Eça de. *A correspondência de Fradique Mendes*. Lisboa: Livros do Brasil, [s. d.]

RAEDERS, Georges; MORAES, Domingos de Vilhena. *La littérature française par les textes et l'explication*. São Paulo: Nacional, 1943.

RANGEL, Godofredo de Moura. *Os bem-casados*. São Paulo: Melhoramentos, 1953.

—. *Falange gloriosa*. São Paulo: Melhoramentos, [195?].

—. *Os humildes*. São Paulo: Universitária, 1944.

—. *Vida ociosa*. Pref. de Hilário Tácito. São Paulo: Melhoramentos, [195?].

REGO, Enylton de Sá. *O calundu e a panacéia:* Machado de Assis, a sátira menipéia e a tradição luciânica. Rio de Janeiro: Forense Universitária, 1989.

RILKE, R. M. *Poemas*. Trad. de José Paulo Paes. São Paulo: Companhia das Letras, 1993.

ROBERT, Paul. *Le petit Robert 2:* dictionnaire universel des noms propres. Paris: SEPRET, 1974.

RÓNAI, Paulo. *Encontros com o Brasil*. Rio de Janeiro: MEC-INL, 1958.

SANDRONI, Laura. A função transgressora de Emília no universo do Picapau Amarelo. *Letras de hoje*, Porto Alegre, v. 15, n. 3, p. 87-96, set. 1982.

SANDRONI, Luciana. *Minhas memórias de Lobato*. São Paulo: Companhia das Letrinhas, 1997.

SANTIAGO, Silviano. Fechado para balanço: 60 anos de modernismo. In: PROENÇA FILHO, Domício et al. *O livro do seminário:* ensaios. São Paulo: LRE, 1983. p. 73-100.

—. Modernidade e tradição oral. In: CARVALHO, Abigail de Oliveira, SOUZA, Eneida Maria de, MIRANDA, Wander Melo (Org.). *Presença de Henriqueta*. Rio de Janeiro: José Olympio, 1992. p. 101-111.

—. *Vale quanto pesa:* ensaios sobre questões político-culturais. Rio de Janeiro: Paz e Terra, 1982. p. 163-181 : Uma ferroada no peito do pé.

—. *Nas malhas da letra*. São Paulo: Companhia das Letras, 1989. p. 94-123 : A permanência do discurso da tradição no Modernismo.

SARAIVA, António José, LOPES Óscar. *História da literatura portuguesa*. Porto: Porto, [ca1960].

SCHWARZ, Roberto (Org.). *Os pobres na literatura brasileira.* São Paulo: Brasiliense, 1983.

SEVCENKO, Nicolau. *Literatura como missão* São Paulo: Brasiliense, 1983.

SILVA, Antonio Manoel dos Santos. Contos sobre contos e processos de contar. *Revista de letras,* Assis, n. 23, 1983. p. 1-9.

SILVA, Julio Cesar da. *O conto de Monteiro Lobato:* análise semiológica. Rio de janeiro: 1977. Dissertação de mestrado. Pontifícia Universidade Católica do Rio de Janeiro, 1977.

STEINER, George. *Extraterritorial:* a literatura e a revolução da linguagem. São Paulo: Companhia das Letras, 1990.

SÜSSEKIND, Flora. *Cinematógrafo de letras:* literatura, técnica e modernização no Brasil. São Paulo: Companhia das Letras, 1987.

TAINE. *Derniers essais de critique et d'histoire*. Paris: Hachette, 1909a. p. 237-263: Gleyre.

—. *Pages choisies*. GIRAUD Victor (Org.). Paris: Hachette, 1909b.

TRAVASSOS, Nelson Palma. *Minhas memórias dos Monteiros Lobatos*. São Paulo: Edart, 1964.

VASCONCELLOS, Eliane. Carta-missiva. *Remate de males*, Campinas, n. 18, p. 61-70, 1998.

VASCONCELLOS, Zinda. O universo ideológico da obra infantil de Monteiro Lobato. *Cadernos da PUC*, Rio de Janeiro, v. 10, n. 35, p. 31-70, 1982.

VAZ, Leo. *Páginas vadias*. Rio de Janeiro: José Olympio, 1957.

VECCHI, Roberto. Algumas trilhas dannunzianas no pré-modernismo brasileiro, *Remate de males*, Campinas, n. 18, p. 123-150, 1998.

VERÍSSIMO, José. *História da literatura brasileira*. Rio de Janeiro: José Olympio, 1954. p. 282-292 : O modernismo.

—. *História da Literatura Brasileira*. Rio de Janeiro: José Olympio, 1954. p. 293-308 : O naturalismo e o parnasianismo.

WEBER, Eugen. *França fin-de-siècle*. Trad. de Rosaura Eichenberg. São Paulo: Companhia das Letras, 1988.

XAVIER, Valêncio. Monteiro Lobato também inovou com HQs. *O Estado de S. Paulo*, 6 de jun. 1996.

ZILBERMAN, Regina. Monteiro Lobato e a aventura do imaginário. *Letras de Hoje*, Porto Alegre, v. 15, n. 3, p. 35-46, set. 1982.

ZILBERMAN, Regina et al. *Atualidade de Monteiro Lobato:* uma revisão crítica. Porto Alegre: Mercado Aberto, 1986.

ZWEIG, Stefan. *Balzac*. Trad. de Odillon Galotti. Rio de Janeiro: Guanabara, 1946.

As Ilusões Perdidas, de Gleyre (Fonte: Azevedo, 1997, p. 47).

Godofredo Rangel aos 57 anos (Fonte: Athanazio, 1977, p.7).

Monteiro Lobato: um utopista na Jecatatuásia[*]

* Publicado originalmente em *Ciências & Letras*, Revista da Faculdade Porto-Alegrense de Educação, Ciências e Letras (nº 28, jul-dez/2000).

I – Monteiro Lobato, leitor de utopias

O mosaico de títulos que emerge da correspondência literária entre Monteiro Lobato e Godofredo Rangel, que se estendeu por 45 anos, e está reunida no livro *A barca de Gleyre*, mostra-nos que Lobato leu vários autores de utopias[1]: Platão, Rabelais, Rétif de la Bretonne, Bernardin de Saint-Pierre, Swift, Voltaire, Anatole France, Zola e Wells. Nessa lista de autores, cabe distinguir contra-utopistas (Rabelais e Swift); pensadores utópicos de tendência socializante (Anatole France e Zola), e pensadores de utopias científicas (Jules Verne e H. G. Wells, considerado o "utopista-tipo"[2]). Desses autores, quatro influenciaram particularmente Lobato: Anatole France, Zola, Jules Verne e Wells.

O romance *Sobre a pedra branca* (1903), de Anatole France, fascinou Lobato. Esse livro tem apenas um capítulo de caráter

1. Platão (*A República*); Rabelais (*Gargantua*, 1534); Swift (*Viagens de Gulliver*, 1726); Voltaire (*Candide, ou l'optimisme*, 1759); Rétif de la Bretonne (*La Découverte australe par un homme-volant ou le Dédale français*, 1781; *L'an deux-mille*, 1790); Bernardin de Saint-Pierre (*Arcadie*, 1781); Anatole France (*Sur la pierre blanche*, 1903;, *L'île des pingouins*, 1908); Zola (*Le Docteur Pascal; Travail*). Lobato leu também Cyrano de Bergerac (*Histoire comique des états et empires de la lune*,1657, e *des états et empires du soleil*, 1662), autor citado em *Viagem ao céu*: "Um dos "lueiros" mais interessantes foi um tal Cirano de Bergerac, que por lá andou e escreveu a respeito uma obra célebre". Ademais, entre os livros tombados de sua biblioteca, consta *Aventures de Télémaque*, 1699, de Fénelon.
2. Cf. Trousson, 1979, p. 230.

utópico: trata-se de "Pela porta córnea ou pela porta ebúrnea[3], no qual o personagem Hyppolite Dufresne, depois de um longo sono, acorda no ano 2270, época em que a humanidade vive uma nova era, baseada no coletivismo e no progresso científico. Nesse texto profético, Anatole France prevê a revolução russa, a supremacia econômica do Japão, a guerra eletrônica, a federação européia, chamada de "Estados Unidos da Europa", numa época sem tribunais, exércitos, comércio ou propriedade individual. Já o romance *A ilha dos pingüins* (1908), que Lobato assinala na correspondência com Rangel, apresenta uma versão negativa do progresso no seu capítulo final "*Tempos futuros*", conforme assinalou Trousson (1998, p. 68).

Com relação a Zola, Lobato cita *Le docteur Pascal* e *Travail*. Em carta de 20/1/1904, escreve a Rangel: "E eu estava cansado, esmagado pela genial estopada do maçante Zola no *Travail*", livro de inspiração fourierista. Em *Mundo da lua* (1923), coletânea das reflexões juvenis do diário de Lobato, encontramos o seguinte trecho sobre *Le docteur Pascal*:

> *Le docteur Pascal. A sensação de quem sai dum romance de Zola é sempre a mesma, de reconciliação com o mau presente e de imensa esperança no futuro. Pascal é o homem por vir, cidadão desse mundo de verdade e justiça que Zola sonhou.* [...]
>
> *É grande Zola, nestes revôos pelos países quiméricos donde traz criações deste jaez. E é o maior dos românticos. Abandona o passado e romantiza o futuro.* (v. 10, p. 38-39)[4].

Quanto a Jules Verne, Lobato reputa-o como um dos formadores de seu espírito. O capitão Nemo, comandante do sub-

3. Título referente ao Livro XIX da *Odisséia*, em que Penélope conta a um desconhecido (o próprio Ulisses) o seu sonho (vinte gansos devorados por uma águia). Penélope fala que os sonhos vêm através de duas portas: os falazes, através da de marfim e os verdadeiros, da de chifre.
4. Todas as citações de Lobato remetem à seguinte edição: *Obras Completas: literatura geral*, 3ª edição, São Paulo, Brasiliense, 1950, v. 1 a 13. Os demais volumes estão indicados na bibliografia. Procedemos à atualização ortográfica.

marino Nautilus de *Vinte mil léguas submarinas*, serve de modelo para o personagem Professor Benson de *O presidente negro*, de Lobato. Quando enveredou pela literatura infantil, Lobato refere-se a Jules Verne, afirmando que pretendia escrever livros onde as crianças pudessem morar, como ele próprio morara no *Robinson* e n'*Os filhos do Capitão Grant*."[5] (v. 12, p. 293).

Com suas *Viagens extraordinárias*, Jules Verne foi um grande divulgador da ciência e da técnica. Segundo Maria José Queiroz (1998, p. 169), em seu belo livro *Os males da ausência ou a literatura do exílio*, "seduzido pelo tema da insularidade, Júlio Verne refez com os náufragos da *Ilha misteriosa* todo o trajeto cumprido pelo *homo faber*". Lobato também não busca outra coisa, quando escreve sua obra infantil. No *Sítio do Picapau Amarelo*, obra de caráter enciclopédico, reforma-se a natureza, estuda-se geologia, descobre-se petróleo. Em *Viagem ao céu*, Lobato cita Verne (*Da terra à lua*). Cria, em *O Minotauro*, à semelhança do Nautilus, o navio "Beija-flor das ondas", para levar seus personagens à Grécia Antiga; e, em *Geografia de Dona Benta*, o navio "Terror dos mares", para conduzir seus personagens a um périplo pela geografia.

H. G. Wells, autor de *Uma utopia moderna* (1905), também exerceu influência decisiva sobre o pensamento de Lobato, que foi seu introdutor no Brasil, traduzindo-lhe na década de 30 os seguintes títulos: *O homem invisível, A ilha das almas selvagens, História do futuro, O destino da espécie humana, A construção do mundo*, todos pela Companhia Editora Nacional, que fundara no final da década de 20, juntamente com Octales Marcondes Ferreira.

Em carta a Rangel, de 1905, Lobato afirma estar "semeando" uma obra de antecipação. Se, no final da vida, autodenominou-se o "Andersen da América Latina", no início da carreira ambicionava ser o "Wells de Taubaté":

5. *Les enfants du capitaine Grant* (1867-68) integram as *Voyages extraordinaires* de Verne.

Ando com idéias dumas coisas à Wells em que entrem imaginação, a fantasia possível e vislumbres do futuro — não o futuro próximo de Júlio Verne, futurinho de 50 anos, mas um futuro de mil anos.[...] Se a terra dos meus canteiros mentais não for propícia a essas sementinhas, então é que não estou destinado a ser o H. G. Wells de Taubaté, e paciência. (v. 11, p. 113).

Já em carta ao escritor Flávio de Campos, de 29/10/1939, Lobato escreve:

Demorei-me para atracar-me com V. porque estava concluindo a tradução de um livro que terás de ler, porque é básico — The Shape of Things to Come,[6] *que vamos dar com o título de História do Futuro. Havemos mais tarde de conversar sobre esse monumento de* utopia científica. *Todas as utopias anteriores, da de Platão à de Moro, foram apenas filosóficas.* (Lobato, 1986, p. 63). [grifo do autor].

Em 1947, pouco antes de morrer, Lobato escreve, da Argentina, uma carta a um jovem amigo, Hernani Ferreira, totalmente dedicada a Wells:

A leitura de Wells é indispensável. Não compreendo um intelectual moderno sem muito Wells na cabeça. Sobretudo o da Formação do Mundo. *É indispensável para nós mais do que para qualquer outra gente, dada a nossa falta de cultura, ou de base científica. A biologia, ciência hoje fundamental, foi ele quem a vulgarizou chegando até a* Science of Life, *que te recomendo acima de tudo. Estamos na era da vitória absoluta da ciência, culminada com a abertura de um mundo novo, a nova América que vai nascer da física atômica e que é o amanhã [...]. Wells é a penicilina da teologia. [...] Devo muito a Wells. Foi um dos meus desasnadores, talvez o meu San Martín.* (Lobato, 1986, p. 72).

Influenciado por Wells, Lobato concretizará seu projeto de ficção científica em 1926, quando escreveu o romance *O Presidente negro*, livro de antecipação, "meio á Wells, com visão do futuro", conforme afirma. Esse livro é um exemplo de ucronia,

6. Trousson (1998) já aproxima esse livro da contra-utopia.

ou seja, é a projeção de uma comunidade no futuro. Nesse romance, cuja tônica é a eugenia, o personagem Professor Benson inventa um instrumento de nome "porviroscópio"[7], que pode perscrutar o futuro. O porviroscópio focaliza os Estados Unidos do ano 2228, onde, diante da vitória nas urnas de um presidente negro, os chefes da raça branca inventam um estratagema fraudulento, baseado na ciência (a esterilização mediante um produto de alisamento para cabelos), visando à exterminação dos negros americanos.

Em uma de suas últimas entrevistas, Lobato responde ao jornalista que lhe perguntara sobre o mundo que deseja, invocando o país do futuro sob os traços daquele descrito por Wells.

> — *Ah, eu desejo aquele mundo que Wells pinta na "História do Futuro", tão bom que até desaparece a classe das lavadeiras: a roupa é feita duma substância nova e baratíssima e usada uma vez só...* (v. 13, p. 299).

Notamos que foi antes o sociólogo, o enciclopedista Wells que influenciou Lobato e não o escritor de contos fantásticos como "O caso do falecido Sr. Elvesham".

7. "uma espécie de globo cristalino"(...) "o *porviroscópio*, o aparelho que toma o corte anatômico do futuro, como pitorescamente diz Jane, e o desdobra na multiplicidade infinita das formas de vida futura que estão em latência dentro da corrente congelada." (v. 5, p. 165).

Em sua correspondência com Rangel, em 1904, Lobato transcreve em francês uma frase do prefácio de *Assim falou Zaratustra*, de Nietzsche, frase que mostra a importância que o jovem Lobato, então com 22 anos, atribuía aos homens visionários: "Amo todos aqueles que são como gotas pesadas caindo uma a uma da nuvem sombria: eles anunciam o relâmpago que vem, e sucumbem como visionários".

Lobato considerava-se a si próprio como profeta[8] e a linguagem colérica de muitos de seus textos lembra o tom vociferante dos profetas bíblicos.

> *Incríveis as prebendas que o Destino dá a certas criaturas no Brasil. A mim coube a de profeta, imagine. No livro* O Poço do Visconde *profetizei os pontos em que vamos ter petróleo no Brasil, e na pág. 158 está a profecia do "Lobato", com acerto até da qualidade do óleo.*
>
> *Os profetas antigamente eram corridos a pedradas, porque profetizavam desgraças. Os de hoje, apesar de profetizarem "bonanças", também recebem seus castigozinhos. Ainda agora tive um, curioso. O Ministério da Justiça negou-me autorização para lançar uma revista infantil, com o título* O Sítio de D. Benta... (Lobato, 1986, p. 195).

De forma geral, os utopistas foram antecipadores. Sabemos que muitas das previsões de Jules Verne — como as de Lobato — se concretizaram, pois eram calcadas em conhecimento científico. O fato de Lobato ter sido um prospector de petróleo explica a profecia do Visconde de Sabugosa, em *O poço do*

8. Em carta a Getúlio Vargas, escreve: "Dr. Getúlio, pelo amor de Deus, ponha de lado a sua displicência e ouça a voz de Jeremias" (v. 7, p. 169).

Visconde. Em *O presidente negro*, livro em que defende as idéias antecipatórias de escritores e de cientistas como sendo profecias rigorosas, Lobato aventa a possibilidade de "clonagem", fato que acabou se verificando no final deste século. Com relação à realidade brasileira, as profecias captadas pelo porviroscópio vislumbram o Mercosul. Em *A reforma da natureza*, Emília e o Visconde de Sabugosa manipulam geneticamente animais e plantas, mutações só obtidas nos anos 90 deste século, porém imaginadas, segundo Trousson (1998, p. 54), desde os século XVII pelos utopistas Foigny, Cyrano de Bergerac ou Rétif de la Bretonne.

A linguagem profética de Lobato manifesta-se através de imprecações e de exortações. O estilo profético, que se caracteriza por anunciar, denunciar e exortar, tem como marcas estilísticas o uso do futuro e do imperativo, da hipérbole e da simbologia animal.

Em *O presidente negro*, Lobato prefigura a internet, que ele chama de rádio-transporte, recorrendo ao tempo verbal futuro:

> [...] *o rádio-transporte* tornará *inútil o corre-corre atual. Em vez de ir todos os dias o empregado para o escritório e voltar pendurado num bonde que desliza sobre barulhentas rodas de aço,* fará *ele seu serviço em casa e o* radiará *para o escritório. Em suma:* trabalhar-se-á *a distância*. (v. 5, p. 174).

Notam-se, ademais, certos traços messiânicos no discurso de Lobato. Em correspondência a Rangel, de 1943, ele escreve: "Este Brasil, Rangel, é uma coisa que só eu era capaz de endireitar — e meu ódio por tudo vem de não me terem deixado endireitar nem o petróleo! Tudo torto..." (v. 12, p. 355). Diante da derrota de seus projetos e exasperado com a situação política brasileira, em entrevista, prega, apocalipticamente a morte, a "antiutopia" por excelência, segundo Ernst Bloch.

> — *Uma coisa que sempre desejei fazer e até agora não pude, era dirigir um apelo ao Brasil, ao povo brasileiro. Quem sabe se o seu jornal se dispõe a veicular minhas palavras? Proponho que todos no Brasil nos suicidemos no mesmo dia e fiquemos, os 40 milhões que somos, fedendo no nariz da Ditadura...* (v. 13, p. 308).

III – Da satira à utopia

Lobato não tinha em alta conta a espécie humana (sob certos aspectos, é misantropo), nem o Brasil e os brasileiros, em particular. Sua literatura "geral" ressuma negatividade. No conto *Era no paraíso*, 1924, o autor parodia o Gênese, contrapondo uma versão darwiniana à teoria criacionista do universo. O homem é apresentado como o resultado patológico da evolução de um chimpanzé lesado após a queda de uma árvore. O resultado da "chimpanzeização" do mundo é drástico:

> [...] *E viu que os homens de penacho organizadores das chacinas eram tidos em elevadíssima conta. Todos os aplaudiam, delirantes e os carregavam em charolas de apoteose. E viu que a multidão caminhava sempre inquieta e em guarda, porque o irmão roubava o irmão, e o filho matava o pai, e o amigo enganava o amigo, e todos se maldiziam e se caluniavam, e se detestavam e jamais se compreendiam...* (v. 2, p. 209-210)

Estamos muito longe do mito do homem naturalmente bom. Antes, o ser humano desse conto lembra os repugnantes Yahoos de Swift, personagens da quarta viagem de Gulliver, que representam "os seres humanos, perdidos de vícios, apodrecendo no lixo, caídos no mais baixo grau da animalidade". (Trousson, 1979, p. 173). Entende-se a virulência de Lobato, pois como diz João Cabral de Melo Neto, "para falar dos *Yahoos*, se necessita/ que as palavras funcionem de pedra".

Em uma carta da década de 40, podem-se aquilatar idéias de teor malthusiano:

> *Traduzi um livro de Wells, o* Do Destino do Homo Sapiens, *em que ele prevê a autodestruição desse antropóide.* [...]
> *A desgraça da guerra atual é matar muito pouca gente e*

> *destruir muita "coisa feita".* [...] *Destruir isso é o maior dos crimes imagináveis — ao passo que destruir gente é apenas sangria aliviadora do grande mal que é o excesso de gente.* (v. 17, p. 131).

Encontramos igualmente em numerosos textos de Lobato um discurso permeado de negatividade sobre a realidade do país e de seus habitantes. Há, em sua obra, recorrência da imagem do país como um campo de ruínas: o Brasil é "um imenso tartarugal"; "um atoleiro"; "um gigante deitado e amarrado"; "um gigante encipoado"; "um país cocainizado"; uma "Zululândia"; "um pântano com 40 milhões de rãs coaxantes"; "um complexo sistema de parasitismo em repouso sobre um larguíssimo pedestal de escravos andrajosos e roídos de todas as doenças endêmicas"; "um gigante deitado e amarrado"; um "pátio dos milagres"; "um país de tavolagem"; "mamonal"; "papuásia"; "jecatatuásia"; para citar apenas algumas das inúmeras passagens em que apresenta o país como uma distopia, como um mau lugar.

Com relação ao homem brasileiro, o discurso segue o mesmo teor de negatividade. Lobato considera a população brasileira como "40 milhões de mendigos, de cócoras sobre um tesouro"; "um ajuntamento de aventureiros e de dirigentes profundamente desonestos"; "dezessete milhões de opilados"; "três milhões de idiotas e papudos"; "dez milhões de impaludados". Usa freqüentemente a imagem do parasita (o urupê, o carrapato, a lêndea, o chupim, o berne, a erva-de-passarinho, o chapéu-de-sapo, o mata-pau) e define o Jeca-tatu como um parasita infestado de parasitas.

> *O que nos campos a gente vê, deambulando pelas estradas com ar abobado, é um lamentável náufrago da fisiologia, a que chamamos homem por escassez de sinonímia. Feíssimo, torto, amarelo, cansado, exangue, faminto, fatalista, geófago — viveiro ambulante do verme destruidor.* (v. 8, p. 234).

A máquina administrativa também é alvo da virulência do escritor. Eis algumas de suas expressões para falar do Estado brasileiro, onde a imagem do parasita é recorrente: "máquina de tapear o pobre Brasil", "a carrapatosa vaca do Estado"; "redoleira"; "cipoeira"; "boi coberto de carrapatos sanguessugas"; "estafermos orçamentívoros"; "carrapatos orçamentívoros"; "o ácaro político"; "inação da piolheira vitalícia"; "mediocracia rapinante".

Notamos que esse mesmo discurso permeado de negatividade continua em seus contos, reunidos em *Urupês outros contos e coisas* (1943), que apresenta uma galeria de personagens satirizados: o sábio maçante (*Gens ennuyeux*), a professora decadente (*O romance do Chopim*), o roceiro enfermiço (*Bucólica*), o plumitivo (*O plágio*), o gramaticante (*O colocador de pronomes*), o matassanos (*Pollice verso*), o rábula (*Júri na roça*), o funcionário público (*O luzeiro agrícola*), as empregadas domésticas (*Dona Expedita*). Da Argentina, já no final da vida, escreve a Edgard Cavalheiro: "O Brasil é aquele tremedal que eu descrevo no *Bocatorta*".

Com esse discurso impregnado de sátira, Monteiro Lobato dava uma resposta à corrente ufanista da literatura brasileira e, como o fizera Lima Barreto (em *Triste fim de Policarpo Quaresma, Os Bruzundangas*, entre outros), pinta um universo distópico, em réplica ao pensamento vigente, que encontra sua síntese em *Por que me ufano do meu país*, de Afonso Celso, passando, segundo Lobato, pelo "balsâmico indianismo" de Alencar. "Vem de longe o vezo ditirâmbico dos mistagogos que oficiam no altar de Pangloss a eterna apoteose de Rocha Pitta", afirma Lobato, com sua linguagem opulenta.

Mas o autor não pára na crítica contundente, onde se pode sentir a influência de Nietzsche e dos polemistas portugueses finisseculares (Camilo Castelo Branco, Fialho e Eça de Queirós). Ao mesmo tempo que lança suas "farpas", tenta transferir sua energia para o meio circundante (cujo protótipo é o homem de cócoras, a marionete, o Jeca Tatu). Após ter dilatado até à sátira os males de nossa realidade, Lobato quer construir um mundo diferente: outra família (afastamento dos pais); outro espaço (sítio); outra economia (desvalorização do ouro e da terra). Também quer outro homem brasileiro: não mais o Jeca (camponês expropriado e doente), mas o Zé Brasil (beneficiário da reforma agrária). Segundo afirma Alfredo Bosi, em "Poesia resistência", há um arco que liga o pensamento profético-satírico ao pensamento utópico:

> *Há um denominador comum que sustenta o imaginário profético e o apocalíptico: é o eixo presente-futuro com a sua vigorosa e concreta antinomia, pela qual o presente é o cenário da maldição, objeto de escarmento, e o futuro é antecipado pelo sentimento como o reino da justiça e da liberdade.* (Bosi, 1997, p. 161).

Acreditamos, portanto, que a obra predominantemente satírica (a negação do agora), que Lobato parou de escrever no início da década de 20, deu lugar à obra predominantemente utópica (o "ainda-não"), que inicia justamente em 1921[9]: José Bento *versus* Dona Benta. É sintomático que o industrial Lobato não conseguiu extrair petróleo, mas o petróleo jorrou, justamente, no Sítio do Picapau Amarelo (*O Poço do Visconde*).

Contrapondo-se às imagens de negatividade citadas acima, podem-se detectar as *imagens-desejo* (*Wunschbilder*) que impulsionam o autor para o que *ainda-não-é* (*Noch-nich-Sein*), na terminologia de Bloch: *algo nuevo*, liberdade, porviroscópio, livro, ferro, petróleo, Hércules. A obra de Lobato começa sob o signo negativo do Jeca Tatu e se fecha sob a égide positiva de Emília, a super-heroína.

9. Bosi assinala estrutura análoga em textos do profeta Isaías, Dante e Victor Hugo. De nossa parte, verificamos que a *Utopia* de More também apresenta, no Livro Primeiro um quadro de uma sociedade distópica (a Inglaterra de seu tempo) e, no Livro Segundo, a descrição da Ilha Utopia propriamente dita.

IV - O utopismo-iluminista-desenvolvimentista

Segundo Raymond Trousson (1979), deve-se distinguir utopismo, como mentalidade, e utopia propriamente dita, como construção literária, ou seja, a utopia caracteriza quer um pensamento, quer um gênero literário. Por utopismo, compreende-se o pensamento que visa melhorar as condições sociais do homem e que tem como substrato uma crença no desenvolvimento das ciências e na continuidade do progresso. Via de regra, trata-se de um pensamento anticlerical, que desvaloriza a propriedade privada, o dinheiro, a família, com substrato eugenista.

Trousson define a utopia como gênero literário, diferenciando-a do que chama de "mundo pelo avesso" (a contra-utopia, como em Swift), da robinsonada, da Idade de Ouro, do país de Cocanha, do milenarismo, da arcádia, das viagens imaginárias e dos tratados sobre sociedades ideais, *topoi* esses relacionados com a utopia.

Acreditamos que o pensamento de Monteiro Lobato abriga essas duas tendências: a utopia escrita e a praticada. Literariamente, cria um mundo ideal, o *Sítio do Picapau Amarelo*, que Marisa Lajolo chamou de "sede da utopia", espaço ilhado que serve de trampolim para espaços alternativos. Outrossim, mediante suas atividades como capitão de indústria, tenta corrigir, por intermédio da modernização, o mau presente, pois como afirmou Paul Ricoeur (1997, p. 306), "uma utopia não é apenas um sonho, mas um sonho que aspira a realizar-se".

Como empresário, Lobato levou a cabo quatro campanhas básicas: a do saneamento, a do livro, a do ferro e a do petróleo. Nessas campanhas, fala-se do gigantismo do sonho, do titanismo de Lobato. Loraine Luz definiu o autor com a feliz expressão "um perfurador de poços impossíveis". O educador Anísio Teixeira também o considera um homem voltado para o amanhã. Em carta endereçada a Lobato, elogia seus livros infantis de caráter didático: "As idéias que lhe roem a cabeça como piolhos são do tope das que roíam a cabeça daquele outro visionário que foi Bacon. Com ferro, petróleo e inteligência se hão de afinal construir a 'componente nova' do Euclides". Ao analisar a correspondência entre Anísio Teixeira e Lobato, Cassiano Nunes afirma que, nessas cartas, ressoa a "utopia pedagógica de *O jogo das contas de vidro*, de Herman Hesse. Regina Zilberman, por sua vez, também assinala que o *Sítio do Picapau Amarelo* é o contraponto utópico à estrutura social brasileira vigente.

Se a campanha pelo saneamento básico dá prosseguimento a um amplo movimento iniciado no final do século XIX, baseado nas pesquisas científicas de Oswaldo Cruz, a campanha pelo livro leva Lobato a vender sua fazenda de dois mil alqueires e inverter todo seu capital na indústria livreira. Nessa atividade, a desmesura de seus empreendimentos somada à conjuntura política e econômica brasileira, levou-a à falência. Seus inúmeros insucessos comerciais são tributados, pelos amigos, ao fato de ele ser um sonhador.

Acreditamos que é sobretudo nas campanhas pelo ferro e pelo petróleo que se destaca o utopismo do pensamento de Monteiro Lobato: um homem sozinho, literato por acréscimo, contra uma máquina burocrática baseada historicamente na prática da corrupção, do favor e do apadrinhamento, vai tentar concretizar empreendimentos do porte da extração de ferro e de petróleo, num país de estruturas arcaicas como o Brasil, com o objetivo de promover o progresso social.

Alicerçado na idéia de que o progresso técnico elevará o nível de riqueza e beneficiará toda a população, Lobato escreve a Anísio Teixeira em 1932:

> *Como anima e levanta a alma da gente, isto de iniciar uma coisa grande, uma coisa que pode crescer indefinidamente e da qual todos poderão se beneficiar! Em vista disso, mergulhei-me no OIL de corpo inteiro e não mais me interessam o caso mineiro, o caso paulista e mais a infinidade de casos MEXE ANGU. Só me preocupa o problema da solução prática do AUMENTA ANGU. E em vez de pregar para que os outros façam, pegar e fazer.* (Lobato, 1986, p. 94).

Desde o início dos anos 20, Lobato volta-se para os Estados Unidos, modelo em termos econômicos (ferro e petróleo) e político (liberalismo). No livro *América* (1932), resume o seu entusiasmo pela civilização americana: "Inda há de surgir o Nietzsche americano que ponha em filosofia e imponha ao mundo, como dogma novo, a impetuosidade alegre dos grandes Vândalos que estão a criar o mundo de amanhã" (v. 9, p. 122).

Examinemos em que medida as características do utopismo aparecem no pensamento de Monteiro Lobato:

a) Crença na ciência e importância da educação

A educação sempre foi o alvo primeiro de Lobato. Quando resolve abandonar a carreira de contista pela de contador de histórias infantis, volta-se basicamente para a pedagogia. A maioria de seus textos para crianças tem caráter didático. Lê-se Lobato para aprender. Até Hércules extasia-se diante dos conhecimentos da turminha do Picapau Amarelo: "[...] E Hércules, com toda a sua burrice, 'teve uma idéia', talvez a primeira idéia de sua vida: que é a educação que faz as criaturas".

No final da vida, Lobato sonhava construir um grande centro educacional. Em carta a Anísio Teixeira, escreve:

> *Nós, do alto de nossa Education-City, servida por todas as máquinas existentes e as que hão de vir, pairaremos sobre o país qual uma nuvem de luz. Um corpo de cérebros, dirigidos por você [Anísio], prepara; a máquina multiplicadora, dissemina. Iremos fazer com um pugilo de auxiliares o que o Estado — essa besta do Apocalipse — não faz com milhares e milhares de infecções chamadas escolas e de cágados chamados professores. A 'nossa educação' cairá como uma chuva de neve sobre o país, sem saber e sem querer saber onde os flocos irão pousar.* (Lobato, 1986, p. 101).

Notamos aqui algumas imagens utópicas, a saber: o sonho de um espaço alternativo (Education-city), que se revela através da luz (Iluminismo). O cientificismo aparece através da presença expressiva da máquina. Nota-se igualmente a laicização do pensamento religioso. A nuvem é um elemento teofânico: a educação cairá do céu, lembrando o maná bíblico (o pão branco como flocos de neve), alimento para o espírito.

b) anticlericalismo

Em relação ao problema religioso, as obras utópicas apresentam diferentes soluções. Podemos afirmar, todavia, que há um ecletismo religioso no pensamento utópico, a começar por More, mesmo se este, em seu livro, elogie ao cristianismo.

> *Suas religiões variam de uma cidade a outra, e mesmo no interior de uma única cidade. Uns adoram o sol, outros a lua ou algum planeta. Há também os que veneram como deus supremo um homem que se destacou em vida por sua coragem e por sua glória.* (Morus, 1997, p. 144-145).

É claro que, dentro de uma mentalidade antropocêntrica que quer plasmar o paraíso na terra, nas utopias sobra pouco espaço para religiões como o cristianismo que se revelam como uma negação da vida, na espera da recompensa no além.

Em todo caso, o anticlericalismo presente na obra de Lobato vem diretamente de Nietzsche, de quem traduziu o *Anticristo* e *O crepúsculo dos ídolos*, em 1906. Lendo-se a passagem abaixo, compreende-se porque Lobato foi expurgado de muitos colégios católicos:

> *O grande princípio da justiça humana, consagrado pelo Deus carniceiro inventado pelo homem à sua imagem e semelhança, resume-se nesta coisa horrenda: o inocente pagará o crime do pecador. Princípio bíblico! Divino!* [...] (v. 4, p. 61).

Em lugar desse "deus carniceiro", Lobato considera que o homem, amparado pela ciência, transforma-se em deus. Registrando o progresso da aviação, o autor afirma que é hora de os deuses do Olimpo se aposentarem ou se naturalizarem homens, já que é a única forma de voltarem a ser deuses. Essa idéia de o homem equiparar-se aos deuses remete ao mito de Prometeu que, segundo Gilbert Durand (1982, p. 99), reflete a mentalidade do século XIX: "anticlerical, anti-religioso, Prometeu é um titã que rouba o fogo aos deuses supremos, e isto é um mito bakuniano, um bocado anarquista mas que entra na ordem da ciência, na ordem das luzes". Gostaria de assinalar que em *O minotauro*, Prometeu é apresentado como "o titã amigo dos homens". Prometeu, símbolo da liberdade, alça os homens à altura dos deuses: "Homens somos, e à nossa imagem e semelhança faremos os deuses do Olimpo". (Lobato, 1982, p. 1263)

c) rebaixamento do dinheiro

Monteiro Lobato ganhou e perdeu muito dinheiro. Neto de visconde, herdeiro de uma fazenda vendida em 1917 por 40 mil dólares, acabou a vida em um apartamento cedido pela Editora Brasiliense, que fundara juntamente com Caio Prado. Investiu na Bolsa de Nova York em 1929, onde perdeu todo o seu capital, sendo obrigado a vender suas ações da Cia. Editora Nacional. Na década de 30 e 40, teve que sobreviver fazendo traduções (traduziu mais de cem livros), trabalhando "a galope".

Em certa oportunidade, quis comprar uma paineira florida. Para tanto, teve também que comprar, é claro, a casa onde a paineira estava. Insistiu, certa época, em doar parte de sua fazenda ao amigo Godofredo Rangel, para curá-lo da neurastenia. Esses dados mostram a falta de cerimônia que Lobato tinha para com o dinheiro pois, impulsionado pelo sonho, não fetichizava nenhuma mercadoria, nem mesmo o ouro.

Focalizemos seu artigo "Moeda regressiva", de cunho político-financeiro, que à primeira vista poderia parecer incongruente tal o despropósito das soluções financeiras ali apontadas. Publicado também no México, no jornal *El Economista*, sob o título "*La moneda rescindible*", o diretor do jornal não deixou de assinalar a "viva imaginación del autor", surpreendente em um artigo de cunho técnico.

Cotejado com o universo utópico, porém, tal artigo, até hoje nunca mencionado pela crítica, ganha especial relevo. Nesse artigo, Lobato propõe um plano econômico baseado na desvalorização constante da moeda retirada da circulação pelos usurários ou poupadores. Ou seja, a moeda se tornaria deteriorável e, de forma alguma, seria remunerada, como ocorre habitualmente. Seus detentores seriam obrigados a trocá-la por mercadorias, o que geraria a valorização do trabalho humano, em detrimento da desvalorização do dinheiro, como ocorre na ilha Utopia, onde paralelamente à desvalorização da moeda há a valorização do trabalho. "Guardar moeda equivalerá a guardar sorvete no forno", assevera Lobato (v. 10, p. 208).

Dessacralizando o ouro, pregando o seu rebaixamento como padrão monetário, Lobato exalta as virtudes das moedas de níquel, em constante circulação devido a seu baixo valor. A moeda regressiva não mais teria lastro em ouro:

> [...] *o ouro volta ao seu papel de simples metal, de mercadoria como qualquer outra, carvão, trigo ou sapatos; volta a ser um simples produto do trabalho humano — trabalho extrativo.* (v. 10, p. 204-205).

Essa posição de Lobato aproxima-se da de More, na *Utopia*, onde o ouro destina-se à confecção de correntes para prisioneiros e de recipientes destinados a uso pouco nobre. Segundo Oswald de Andrade, o rebaixamento do ouro, vigente nas comunidades indígenas pré-colombianas — que representaram para o homem do Renascimento a concretização da utopia — teria influenciado More.

> *Ao mesmo tempo que comem e bebem em utensílios de terracota ou de vidro, de forma elegante, mas sem valor, eles fazem de ouro e de prata, tanto para as casas privadas quanto para os salões comuns, vasos noturnos e recipientes destinados aos usos mais imundos.* (Morus, 1997, p. 97-98).

Esse rebaixamento também está presente em *As aventuras de Telêmaco*, de Fénelon, onde o ouro serve para fabricar lâminas de arado

d) rebaixamento da propriedade privada e importância da agricultura

Dentro do universo utópico geralmente a propriedade privada da terra é abolida, como acontece na *Utopia* de More, por exemplo. Quando é mantida, as terras improdutivas devem ser taxadas, como em *Aventuras de Telêmaco*. (Trousson, 1979, p. 99).

Assim como propõe a "moeda regressiva", Lobato também prega que a terra deve escapar da propriedade individual: "Teria que ficar como o ar — que todos respiramos mas que ninguém apropria". Coerente com esses idéias, defende a reforma agrária (conforme folheto *Zé Brasil*) e sua última campanha foi pela instauração do imposto único sobre a terra (o georgismo), forma de penalizar os detentores da terra, que se apropriaram de um bem comum, que ele compara à água e ao ar. Para Lobato, a terra deveria pertencer ao Estado, que a cederia para exploração, mediante pagamento.

O georgismo baseia-se nas idéias de Henry George, publicista e político americano que, em seu livro *Progresso e pobreza* (1879), preconizou a instauração do imposto único sobre a terra, como meio de lutar contra os latifundiários. Segundo Cassiano Nunes (1983), as idéias de George teriam influenciado Tolstoi, Gandhi, Einstein, entre outros.

Citemos trecho do folheto *Georgismo e comunismo*: o imposto único:

> [...] *o imposto único, isto é, a eliminação de quaisquer outros impostos que ainda existam, ficando apenas o territorial — que então poderia mudar de nome e passar a chamar-se Imposto Único. O primeiro país a alcançar esse alvo terá, ipso facto, atingido o Milênio e será o Paraíso na Terra.* (v. 15, p. 290).

É a única oportunidade em que Lobato utiliza a expressão "Milênio" em sua obra. O milenarismo, parente remoto da utopia, é a expectativa do retorno de Cristo na terra (a *parousia*), para nela estabelecer o Reino de Deus — a Jerusalém Celeste —, de acordo com o *Apocalipse* de São João. No pensamento laicizado de Lobato, a deidade assume os traços do progresso. Só que, depois de ter lutado durante duas décadas pela industrialização brasileira, a agricultura continua a ser um componente fundamental do universo lobatiano como na *Utopia*, de More. No final da vida, o escritor concebia o paraíso terrestre sob forma de um país agrário. E, coerente com essa idéia, situa sua utopia literária também no campo.

e) eugenia, ou a bela raça

O pensamento eugênico é compartilhado por quase todos os criadores de utopias, desde Platão, o qual prevê o infanticídio para as crianças defeituosas. Outro exemplo: em Campanella, o almirante genovês que descobriu a Cidade do Sol afirma que as uniões amorosas visam produzir "uma excelente prole". "Seus habitantes" — afirma — "escarnecem de nós por nos esforçarmos pelo melhoramento das raças dos cães e dos cavalos, e nos descuidarmos totalmente da raça dos homens". (Campanella, 1978, p. 249).

As idéias eugênicas reaparecem em vários momentos da obra lobatiana, em especial no livro *O presidente negro* e na carta aberta *O Voto Secreto,* anexada ao livro *América.* Nesse livro, o personagem Mr. Slang assevera:

> *Temos de chegar à Eugenia. Esta sim. Esta será o grande remédio, o depurativo curador das raças. Pela Eugenia teremos afinal o homem e a mulher perfeitos — perfeitos como os cavalos e éguas de puro sangue.* (v. 9, p. 208).

Embora com algumas exceções ("A violeta orgulhosa", de *Histórias diversas*, por exemplo), o negro na obra de Lobato é representado em posição subalterna. Apesar da libertação dos escravos em 1888, Tia Nastácia ainda aparece como escrava. Em *Reinações de Narizinho*, podemos ver a comparação da negra com um animal de estimação: "Na casa ainda existem duas pessoas — Tia Nastácia, negra de estimação que carregou Lúcia em pequena, e Emília, uma boneca de pano bastante desajeitada de corpo".

Para Lobato, o sujeito das transformações esperadas para o novo Brasil seria o imigrante branco. Essa carta data de 1908, mas as mesmas idéias reaparecem em carta de 1946, desta vez referindo-se à Argentina:

> *Semear homens europeus de boa qualidade nas terras desertas da América é criar mundos. Com os músculos do imigrante entra também cérebro — e o rendimento de um cérebro importado é muitas vezes fabuloso.* (Lobato, 1986, p. 120).

Convém notar, além disso, que a campanha pelo saneamento levada a cabo por Lobato traduziu-se no livro *Problema vital*, que trazia em sua primeira edição a informação de que era patrocinado pela Sociedade Eugênica de São Paulo e pela Liga Pró-saneamento do Brasil. Esses artigos participam, então, da eugenia em seu caráter positivo, ou seja, o esforço para melhorar geneticamente o ser humano, enquanto que em *O Presidente negro* verifica-se a eugenia negativa, isto é, a que visa à exterminação dos indesejáveis.

f) crença no progresso

Segundo Oswald de Andrade, o progresso seria a etapa inevitável para se chegar ao ideal utópico do ócio. É somente quando os fusos trabalharem sozinhos (Aristóteles), que o homem poderá se liberar. É nessa ótica que podemos analisar o livro *Histórias das invenções*, onde dona Benta explica para os netos que todas as invenções vão sendo plasmadas para aperfeiçoar o trabalho humano e dominar a natureza. Assim, a roupa secundou a pele; os instrumentos aumentaram a força das mãos; a roda deu mais alcance ao pé humano; os microfones auxiliaram o ouvido; as lentes, o olho humano, etc.

Um ano antes de morrer, todavia, Monteiro Lobato vê abalada sua fé no progresso, que mostra sua face sombria. Em carta da Argentina escreve: "O progresso marcha acompanhado da miséria. Debalde surgiu a Máquina economizadora do trabalho humano. Inutilmente os governos concebem planos qüinqüenais. Quanto mais progride o homem, mais a miséria aumenta [...]

O pessimismo de Lobato encontra eco em Wells: em *A Máquina do tempo* (1895)[10], um explorador percorre o futuro, passando por paisagens habitadas por estranhos seres (no ano 800.000, os cândidos Elóis que habitam a superfície são devorados pelos repugnantes Morlocks antropófagos, que habitam as entranhas da terra). Ao chegar a 30 milhões de anos futuros, o explorador depara com enormes caranguejos que habitam uma paisagem desolada, onde o ar é rarefeito e o sol, baço. Tudo fora varrido da superfície da terra: é o ocaso do nosso planeta. E o narrador do livro indaga, no fim, se valeu a pena tanto progresso para se chegar a essa "terra devastada". Eis uma amostra do pessimismo cósmico de Wells[11].

f) o homem natural

Temos que salientar que, no século XX, Lobato foi o primeiro a colocar sob os holofotes a antropofagia. Em 1925, publica *Meu cativeiro entre os selvagens do Brasil*[12], de Hans Staden: texto ordenado literariamente por Monteiro Lobato. Ainda em 1925, publica o artigo "Herói nacional", sobre Cunhambebe, chefe dos tupinambás. Segue-se, em 1927, a adaptação para crianças *Aventuras de Hans Staden*. Nesse livro, há um capítulo denominado "Antropofagia" e Cunhambebe nele emerge como herói. Lobato tampouco desconheceu a "antropofagia guindada a escola literária", pois em sua literatura infantil procede a um diálogo deglutidor com a tradição no gênero.

São dados que merecem uma reflexão de nossa parte, depois de conhecermos a interpretação pioneira de Oswald de

10. Lobato nos dá um resumo desse livro em seu artigo "Rondônia" (v. 4, p. 137).
11. Segundo TROUSSON (1979, p. 237), o que está em jogo nas utopias ao estilo de Wells , "é o devir psico-biológico do homem, sua história enquanto espécie e não mais enquanto ser social".
12. Esse livro foi retraduzido em 1998, na esteira da comemoração dos 500 anos da descoberta do Brasil, com o título *Portinari devora Hans Staden*.

Andrade, que responsabiliza os documentos que falam das terras novas (as cartas de Vespúcio, o livro de Hans Staden) pelo reavivamento do imaginário utópico ocidental. Ou seja, no horizonte das utopias, com More, Campanella e Bacon, vislumbra-se a aventura do descobrimento da América, onde o europeu se deparou com o homem natural, livre, sem doenças, vivendo no ócio, em contato com a natureza pródiga, num perfeito Eldorado, que lembrava a Idade de Ouro perdida.

Citemos um trecho do Hans Staden, em tradução de Lobato, onde o artilheiro alemão descreve a Idade de Ouro que encontrou no Brasil: "Quais são suas riquezas/ Não há divisão de bens. Nada sabem de dinheiro. As riquezas não passam de penas de aves, e quem possui muitas é rico. Também são ricos os de pedra nos beiços" (Lobato, 1945, p. 49).

V – A utopia picapau-amarelista

O antigo latifundiário do Buquira possui hoje uma única propriedade — o famoso 'Sítio do Pica-pau Amarelo', esse 'Shangri-lá' das crianças brasileiras.

Artur Neves (Lobato, 1943, p. xxxix).

Ao longo da correspondência reunida no livro *A Barca de Gleyre*, Monteiro Lobato fala insistentemente em sua busca de "algo nuevo" na literatura brasileira. Rastreando suas leituras, descobrimos que essa expressão foi colhida em Eça de Queiroz, e é atribuída pelo narrador do livro *Correspondência de Fradique Mendes* a Ponce de León, o descobridor da Flórida, que "se fizera ao mar para buscar outras terras e mirar "algo nuevo".

Monteiro Lobato, como Ponce de Léon, também persegue "algo nuevo", território esse vislumbrado mas não atingido, qual Canaã. Daí o título de seu epistolário, que remete ao quadro *Ilusões perdidas*, de Gleyre, título que nos dá uma estrutura em abismo da figura do "falho", do "*raté*". Lobato também não alcançou a Terra da Promissão, como a personagem Mignon, do *Wilhelm Meister*, de Goethe, a desterrada, que jamais retornou ao país onde "florescem os limoeiros".

Sem caixa de ressonância em seu meio, pregando uma arte verista quando as estruturas da linguagem estética tinham sido irremediavelmente abaladas, só restou a Lobato, como a Platão, More e outros utopistas, criar mundos alternativos. Situou seu mundo outro não mais numa cidade, mas no campo. Não se dirige mais a adultos, mas às crianças, pois "a criança é a humanidade de amanhã".

O escritor compara a saga do Sítio do Picapau Amarelo à *República* de Platão, em entrevista a Mario da Silva Brito:

Emília e Tia Anastácia têm idéias muito sérias a respeito do Brasil. Ambas desejam que este "gigante deitado em berço esplên-

> *dido" seja como o sítio de Dona Benta, esse lugar onde todos vivem felizes, contentes uns com os outros, e onde há plena liberdade de pensamento. Querem que o país se torne um sítio de Dona Benta, o abençoado refúgio onde não há opressão nem cárceres — lá não se prende nem um passarinho na gaiola. Todos são comunistas à sua moda, e* estão realizando a república de Platão, com um rei-filósofo na pessoa de uma mulher: Dona Benta. (v. 13, p. 308-309). [o grifo é nosso].

Trousson assinala a presença do legislador na maioria das utopias, citando Hoh em Campanella; Salomão em Bacon; Olphaus em Harrington; Sévarias em Veiras e Icar em Cabet. A essa lista de legisladores utópicos, cabe então acrescentar D. Benta (e Tia Nastácia, seu duplo).

A admiração por sociedades ideais está presente em Lobato desde o início da obra infantil. Em *Reinações de Narizinho*, logo depois da incursão pelo Reino das Águas Claras, as crianças do Sítio vão conhecer o reino das abelhas, animais sociais capazes de realizar, na opinião de Lobato, a comunidade utópica:

> *— Já reparou, Emília, como é bem arrumado este reino? Uma verdadeira maravilha de ordem, economia e inteligência!* [...] *O que admiro é como as abelhas sabem aproveitar* [o tempo] *de modo que a colméia funcione como se fosse um relógio. Ah, se no nosso reino também fosse assim... Aqui não há pobres nem ricos. Não se vê um aleijado, um cego, um tuberculoso. Todos trabalham felizes e contentes.* (Lobato, 1982, p. 35)

No livro *História das invenções*, Dona Benta fala do "mel humano, alimento que deveria ser descoberto e que seria "a maior das invenções". Ora, o mel é o alimento que corre, juntamente com o leite, nos rios das terras prometidas.

Para apreender a especificidade da utopia lobatiana, cumpre-nos definir utopia e o seu oposto, a contra-utopia. Teixeira Coelho (1981, p. 45) considera a expressão "contra-utopia" inadequada, sugerindo que se use "distopia", já que o contrário de utopia é "topia" (o lugar concreto de instauração da prática utópica) e as espécies do gênero "utopia" são eutopia (o bom lugar; do grego *eu* = belo) e distopia (o mau lugar; do grego *dys* = em mau estado, dificuldade).

Numa utopia, busca-se a comunidade de bens, a felicidade do grupo, que é assegurada por uma espécie de Estado-providência. Esse pensamento exacerbado, porém, desemboca na distopia, ou naquilo que Oswald de Andrade (1970, p. 168) chama de "avesso da utopia". Como exemplos de distopia, citam-se os livros *Admirável mundo novo* (1932), de Aldous Huxley (distopia científica) e *1984* (1949), de George Orwell (distopia política), livro de crítica ao totalitarismo stalinista, onde o ideal comunitário, levado às últimas conseqüências, esmaga o indivíduo.

Ora, o totalitarismo se confronta radicalmente com o pensamento de Lobato, que era extremamente individualista e sempre rejeitou filiações a partidos ou a escolas literárias. A divisa da personagem Emília — que poderia se estender a toda sua obra — é: "Sou a Independência ou Morte" (v. 12, p. 341).

Certa feita, questionado sobre o que faria se tivesse o poder, Lobato respondeu:

> — *Restauraria todas as liberdades. Tristão de Athayde chamou-me "libertário". Fui ao dicionário ver que era isso. Encontrei: "Amigo da liberdade em todos os sentidos". Emília mandou um abraço ao homem que me classificou tão bem* (v. 3, p. 234).

É por essa ênfase na liberdade e no pensamento antiautoritário que a saga infantil de Lobato destoa dos mundos utópicos, dos quais é herdeira. Lobato procede a uma dissolução da utopia tradicional, considerada como um mundo estandardizado, obediente à lei. Apesar de detectarmos em sua obra alguns traços característicos do pensamento utópico (a viagem maravilhosa, a importância da pedagogia, a ausência da família tradicional, a crença na ciência), Lobato detesta regras e busca a liberdade. Não por acaso se autodenominou cigano. Seus personagens estão em férias num sítio e de lá partem para aventuras rocambolescas, onde há inversão de valores (nos *Doze trabalhos de Hércules*, é a boneca Emília — a super-mulher — que, com os poderes do faz-de conta, ajuda Hércules — o super-homem — a vencer suas tarefas).

Acreditamos que a ênfase no individualismo, característica básica de Lobato, seja de raiz nietzscheana. A divisa de Lobato é um verso da *Gaya Scienza,* de Nietzsche: "Queres seguir-me? Segue-te". Ora, o individualismo está nos antípodas do mundo utópico, uma nomocracia, que privilegia a homogeneidade (o mesmo tipo de vestuário, de habitação), o grupo, a felicidade coletiva.

Lobato lutava contra o poder instituído e centralizador e, através da personagem Emília, pregava a insubmissão. Ele próprio, usando de seu prestígio junto às crianças, ao receber uma cartinha de pedido de ajuda para uma escola, aconselha suas correspondentes a incendiarem a escola. Transcrevemos tal carta, de 18/11/1944, pois é um documento importante para caracterizar o pensamento de Lobato, visceralmente antiestatal:

> *Meninas Nilda, Margarida e Rute:/ Em mãos a cartinha de 25 do mês passado, sobre a falta de gabinete dentário aí. Que vergonha! Uma escola da Prefeitura do Distrito Federal em que as crianças precisam andar pedindo esmola para cuidar dos dentes! Vergonha das vergonhas — mas eu não me admiro, porque uma prefeitura que chegou ao ponto de mandar retirar das bibliotecas das suas escolas os meus livros infantis e queimou-os é naturalíssimo que não pense nos dentes das crianças. É uma prefeitura amiga da Cárie.* Asinus asinum fricat, *diz o latim.* Qui ressemble s'assemble, *diz o francês. Para tal Prefeitura, só mesmo a Cárie Dentária./ Querem vocês que eu contribua... Pois não. Vou mandar uma caixa de fósforos para vocês porem fogo nessa escola da Prefeitura — venham todos brincar no Sítio do Picapau Amarelo. O Quindim virou dentista e bom dentista. Ele trata dos dentes de vocês todas, de graça.../ Do amigo velho/ Monteiro Lobato.* (Lobato, 1959, v. 1, p. 143).

Notamos que, nesta carta, Lobato convida as crianças para irem brincar no seu *Sítio.* Roberta Jansen (Apud Cecília Prada, 1997) comparou o autor ao flautista de Hamelin que, "ludibriado pelas autoridades de uma cidade, seduz com o som mágico da sua flauta todas as crianças e as leva embora consigo". Observamos, todavia, na carta acima, elementos que caracterizam a mentalidade do utopista: a contestação de determinada ordem, o confronto com o poder e a proposta de um lugar alternativo para essa nova ordem.

Para implantar seus projetos econômicos no Brasil, Lobato afrontou o poder estabelecido, questionando sua legitimidade. Sugeriu certa feita que se suprimisse o ministério da Agricultura ("tênia burocrática") e se arrasasse a sua sede.

Por outro lado, embora com uma postura crítica, Lobato gravitou em torno do poder. Foi adido comercial em Nova York no governo de Washington Luís e correspondente de Getúlio Vargas, a quem tentou, inutilmente, insuflar suas idéias sobre o ferro e o petróleo. No final da vida, tentou fazer com que Ademar de Barros implantasse o georgismo em São Paulo. Em 1947, morando na Argentina, escreveu um *best-seller* de propaganda política sob o pseudônimo de Miguel P. Garcia, o livro *La nueva Argentina*, onde explica às crianças argentinas o plano qüinqüenal de Perón.

A respeito do flerte dos utopistas com o poder, Trousson fala da "ingenuidade de alguns utopistas que ofereciam aos poderosos de seu tempo a maquete imaculada de sua cidade: é Platão sonhando convencer Dionísio, ou Campanella diante do rei da Espanha, ou Harrington dedicando a Cromwell seu *Oceana*".

Cumpre-nos, então, caracterizar o *Sítio do Picapau Amarelo* como uma utopia diferente das outras, ou seja, como um espaço de liberdade, espelhando as posições de seu autor.

a) um lugar outro: o Sítio do Picapau Amarelo

O pássaro, que dá nome ao lugar ideal criado por Lobato é associado, em várias mitologias, à proteção da espécie humana. Segundo Jung " (Apud Chevalier, 1982, p. 761)., "é a volta ao seio materno que representa esse pássaro prestativo, imagem liberadora do pensamento, desejo nascido de introversão". Notamos, então, que a própria simbologia do nome da obra já nos remete a um lugar-refúgio. Segundo o *Dicionário de Símbolos* de Chevalier, pelo fato de cavar os troncos, o pica-pau simboliza o renascimento. Notamos uma coerência nos símbolos lobatianos, já que, paralelamente ao pica-pau, adota como símbolo outro animal cavador, o tatu[13]. É como se fossem os dois pratos de uma balança: de um lado, o tatu, símbolo subterrâneo da obra de negatividade; de outro, o pica-pau, símbolo aéreo do espaço utópico. "No Sítio do Picapau Amarelo não bate geada, não há fogo-de-mato, nem broca de café, nem exploração do caboclo. Lá tudo corre como no melhor dos mundos possíveis", afirma Lobato (1943, p. xxxix-xl).

O pica-pau é também considerado um pássaro-profeta, que guia os viajantes. Conforme já falamos anteriormente, Lobato se considerava profeta. Orígenes Lessa chamou-o de "Amós[14] caboclo", pois como um Amós, deixou o campo e saiu anunciando a boa nova desenvolvimentista. Durante a campanha do petróleo, uma *charge* de Belmonte retratou-o como João Batista pregando no deserto.

Outro detalhe que se deve levar em consideração é a cor da plumagem do pica-pau: trata-se de um pássaro de coloração amarela. Assim, paralelamente ao rebaixamento da realidade brasileira (urupê e tatu), o pássaro (verde) amarelo vai configurar a idéia de um novo espaço nacional regido pelo liberdade, aventura e conhecimento.

Ainda com relação à imagem do "pica-pau", convém lembrar que, no livro *América,* Nova York é chamada de "Cidade dos Picapaus", porque o ruído das britadeiras lembra o ruído dos

13. Vale dizer que Nietzsche, inspirador de Lobato, também se define como um animal cavador, a toupeira, "que anda debaixo da terra roendo as raízes das velhas verdades" (v. 11, p. 162). A toupeira, aliás, parente europeu do tatu, é um animal que simboliza os cultos agrários. O tatu é tão importante como símbolo que, em o *Poço do Visconde*, é alçado a prospector de petróleo.
14. Amós é considerado o mais antigo dos profetas escritores. Cf. *Bíblia*, São Paulo, Ed. Loyola, 1983, p. 1387. Cassiano NUNES (1982, p. 82) transcreve as palavras de Orígenes Lessa: "De poucos homens ouvi ou li mais desvairados libelos, mais tremendas acusações contra o Brasil do seu e do nosso tempo. Ele está contra pelo menos há 25 anos. Ele acusa e denuncia, pelo menos há um quarto de século, como um Amós caboclo que substituísse as grandes apóstrofes de arrepiar pelo sarcasmo impiedoso, pela ironia de tirar sangue. [...]".

pica-paus na floresta. Mais uma vez, a idéia que emana do "pica-pau" é a de construção de um espaço idealizado (o espaço urbano tecnizado).

> [...] *New York é a Cidade dos Picapaus.*
> *Mr. Slang não entendeu. Enrugou a testa.*
> *— Já ouviu no mato o picapau picando pau? perguntei-lhe. Pois o ruído que fazem é exatamente este dos martelos de ar comprimido.* (v. 9, p. 154).

b) insularismo

O espaço geográfico das utopias geralmente é uma paisagem longínqua. A ilha é um *topos* constante, pois representa um espaço fechado e autônomo, onde os homens vivem em harmonia.

Como Lobato, ex-fazendeiro, é um homem visceralmente ligado à terra, situou seu espaço ilhado no campo, que tradicionalmente representa o lugar de exílio ou de refúgio da sociedade humana. Daí a escolha do sítio, que é situado vagamente em *Reinações de Narizinho*: "Numa casinha branca, lá no sítio do Picapau Amarelo, mora uma velha de mais de sessenta anos". Já no livro *O Picapau Amarelo*, há uma referência mais explícita ao território. O sítio teria aproximadamente cem alqueires, revelando-se um espaço exíguo para abrigar todos os personagens do Mundo da Fábula que para lá se mudariam, obrigando D. Benta a adquirir, para abrigá-los, as terras limítrofes, que passaram a chamar-se Terras Novas.

Esse insularismo no espaço conjuga-se com um insularismo no tempo. Acabou a corda do relógio e o tempo é uma ficção. Tanto se pode estar na Grécia da época heróica (século XV a. C.) quanto na Grécia da época áurea (século V a. C.): "Aqui no Sítio nós fizemos guerra ao tamanho e empacamos. Ninguém cresce. Pedrinho e Narizinho estao parados há anos — como Peter Pan", diz Emília em *A reforma da natureza*.

Sabemos que a tentativa de elaborar um novo calendário, uma nova contagem do tempo, é uma forma de utopia. Curiosamente, no início de sua correspondência com Godofredo Rangel, Lobato imita o calendário republicano francês.

c) universalismo

Apesar do insularismo que caracteriza as utopias literárias, elas têm um sentido cósmico, e buscam realizar aquilo que John Donne falava na sua "Meditação 17": *"No man is an island entire of itself; every man is a piece of the continent, a part of the main"*.

Vamos citar abaixo um trecho de *A reforma da natureza* em que o Sítio do Picapau Amarelo é descrito como modelo para a felicidade planetária. As suas fronteiras são ilusórias, pois ele visa expandir-se para o mundo todo.

> *— Muito bem! aprovou o Duque de Windsor, que era o representante dos ingleses. — A Duquesa me leu a história desse maravilhoso pequeno país, um verdadeiro paraíso na terra, e também estou convencido de que unicamente por meio da sabedoria de Dona Benta e do bom senso de tia Nastácia o mundo poderá ser consertado. No dia em que o nosso planeta ficar inteirinho como é o sítio, não só teremos paz eterna como a mais perfeita felicidade.* (Lobato, 1982, p. 1186).

Notem-se, nesse fragmento, as reiteradas alusões ao sítio como um Terreal Paraíso.

d) matriarcado

Notamos que a figura da mulher é dominante na obra de Lobato e que, mediante seu livro *América*, ele introduziu no Brasil, na década de 30, o debate feminista que vivenciara nos Estados Unidos, quando lá trabalhou como adido comercial de 1926 a 1930. Nesse sentido, aproxima-se da visão de Oswald de Andrade[15], que repetidas vezes fala em matriarcado no *Manifesto*

15. A visão utópica de sociedade, de Oswald de Andrade tem pontos de contato com a de Lobato. Como em Oswald de Andrade, o tema da antropofagia também preocupou Lobato. Vários artigos

Antropófago. Oswald de Andrade entende o matriarcado como a primeira forma de relação humana (anterior ao patriarcado), onde a criança se desvincula de sua família biológica, tornando-se filho do grupo, numa época anterior à propriedade privada, ao casamento monogâmico e à herança, corolários da sociedade patriarcal.

Embora Tatiana Belinky (apud Coelho, 1985, p. 194) afirme que a constelação familiar esboçada por Lobato em sua literatura infantil seja a mais apta a aplainar os conflitos familiares (eliminação de pais e irmãos), acreditamos que é mais plausível examiná-la à luz da perspectiva utópica: criação socializada dos filhos (no caso, pela avó Dona Benta e seu duplo, a cozinheira Tia Nastácia), tal qual preconizava Platão, na *República*.

e) a viagem imaginária

Em sua correspondência, Lobato exalta o "artista deambulatório" que, com sua harpa, capta os sons da vida para depois aprisioná-los em "livros vividos". Em carta a Godofredo Rangel, em 1908, faz o elogio à viagem:

> *Que ótimo se pudéssemos nos engajar um ano como marinheiro, outro como soldado, outro como garçon de café, outro como cocheiro de tílburi — e assim vivermos nesses pitorescos e variados ambientes, vendo novas facetas da vida, em vez de nos estiolarmos com a fixidez num ponto da terra toda a vida, existindo mais que vivendo.* (v. 11, p. 205).

seus versam sobre o tema: Cunhambebe, o livro Hans Staden, artigo Hostefagia, etc. Segundo Haroldo de CAMPOS (1981, p. xli), Oswald de Andrade vislumbra "una nueva 'Edad de Oro', post moderna, una cultura antropófago-tecnológica, en la cual el hombre natural tecnificado (o sea, rescatado de sus servidumbres por el uso progresista de las conquistas tecnológicas), y bajo la égida del matriarcado (vale decir sin las amarras de la família, la propriedad y el estado de clases, propias de la cultura patriarcal, 'mesiánica'), redescubrirá la felicidad social y el ócio lúdico, propicio a las artes".

Sabemos que tanto *Robinson Crusoe,* de Defoe, *quanto Viagens de Gulliver,* de Swift, foram livros fundamentais para Lobato.

Esse amor pela viagem reflete-se na obra infantil de Lobato. As viagens extraordinárias representam um invariante do gênero utópico. Os pica-pauzinhos viajam ao país das fábulas (*Pena de papagaio*); à Grécia antiga (*O Minotauro* e *Os doze trabalhos de Hércules*); ao redor do mundo (*Geografia de D. Benta*); à lua (*Viagem ao céu*); ao reino das águas e das abelhas (*Reinações de Narizinho*), e interagem, de modo irreverente, com heróis míticos, sábios e animais fabulosos.

As viagens representam ritos de iniciação. Os pica-pauzinhos viajam para aprender, liderados por um guia espiritual (D. Benta). Mas também agem como super-heróis que, com sua astúcia, resolvem, no decorrer dos périplos, os mais intricados problemas. É assim que, em *O Minotauro,* Sócrates confessa que a conversa com D. Benta vai levá-lo a mudar alguns de seus pontos de vista; Tia Nastácia vence o Minotauro com seus bolinhos; Narizinho e D. Benta participam da Panatenéia, etc.

f) uma ordem nova

Monteiro Lobato acreditava que para instaurar uma ordem nova era necessário fazer tábula rasa da ordem estabelecida. Nesse sentido, acreditamos que o livro *A chave do tamanho* (1942) é um marco em sua obra infantil. Esse livro tem um tom apocalíptico e pessimista. Depois de ter feito a apologia do ferro, o autor parece recuar em suas posições desenvolvimentistas: o mundo da idade do ferro está em ruínas, é preciso voltar a viver segundo a natureza. Dentro do mundo do "destamanho" criado pela boneca Emília, há uma micro-utopia – *Pail city* (a cidade do Balde), que se organiza de forma primitiva, com o reaproveitamento do lixo (um balde rachado) e o retorno à vida natural. Observe-se que essa cidade tem como legislador um sábio, um ex-professor de antropologia da Universidade de Princeton, o Dr. Barnes, que o narrador compara a Robinson em sua ilha.

g) domínio da natureza

A vitória sobre a natureza é um dos *topoi* da utopia. Diferentemente da generosidade da natureza na Idade de Ouro ou no País de Cocanha, na utopia a natureza é domada graças ao voluntarismo e à técnica do homem. Vale lembrar que, em More, o território Utopia não era inicialmente uma ilha e foi uma criação artificial de Utopus. É nessa ótica que podemos analisar o livro *A reforma da natureza*.

Depois da partida de Dona Benta e dos pica-pauzinhos para pacificar a Europa no final da Segunda Guerra, Emília, sozinha no Sítio, com Quindim e o Burro Falante, resolve reformar a natureza. Cria o passarinho-ninho, a vaca com torneirinhas, os pernilongos e moscas sem asa, os percevejos que carregam perfumes, os livros comestíveis, as laranjas sem casca, etc. Depois do desastre de suas experiências, une-se ao Visconde de Sabugosa que, no seu laboratório, no oco de uma figueira, faz diversas experimentações em animais. Criam a pulga gigantesca, a noventaequatropéia, o minhocão de seis pernas, o grilão.

Emília justifica suas reformas:

> *A obra da Natureza está tão cheia de "bissurdos' como a obra dos homens. A natureza vive experimentando e errando. Dá cem pés à centopéia e nem um para as minhocas — por que tanta injustiça? Faz um pêssego tão bonito e deixa que as moscas ponham ovos lá dentro e dos ovos saiam bichos que apodrecem a linda carne dos pêssegos — não é uma judiação? Veste os besouros com uma casca grossa demais e deixa as minhocas mais nuas do que a careca do Quindó — isso é erro. Quanto mais observo as coisas mais acho tudo torto e errado.* (Lobato, 1982, p. 1202).

Bibliografia

ANDRADE, Oswald de. *Do Pau-brasil à antropofagia e às utopias*: manifestos, teses de concursos e ensaios. Rio de Janeiro: Civilização Brasileira, 1970.

BOSI, Alfredo. *O ser e o tempo da poesia,* São Paulo: Cultrix, 1997.

BLOCH, Ernst. *Le principe espérance.* Paris: Gallimard. v. 1 1976; v. 2, 1982; v. 3, 1991.

CAMPANELLA, Tommaso. *A cidade do sol.* São Paulo: Abril Cultural, 1978 (Os pensadores).

CAMPOS, Haroldo de. "Prólogo". In: ANDRADE, Oswald de. *Obra escogida.* Caracas: Ayacucho, 1981.

CHEVALIER, Jean et al. *Dictionnaire des symboles.* Paris: Laffont/ Jupiter, 1982.

COELHO, Nelly Novaes. *Panorama histórico da literatura infantil/ juvenil.* São Paulo: Quíron, 1985.

COELHO, Teixeira. *O que é utopia.* São Paulo: Brasiliense, 1981.

DURAND, Gilbert. *Mito, símbolo e mitodologia.* Lisboa: Editorial Presença, 1982.

ENCLYCLOPAEDIA UNIVERSALIS. Paris, 1985, v. 2, v. 15 e v.18.

LAJOLO, Marisa et alii. *Monteiro Lobato:* literatura comentada. São Paulo: Abril Educação, 1981.

LOBATO, Monteiro. *A barca de Gleyre :* quarenta anos de correspondência literária entre Monteiro Lobato e Godofredo Rangel. São Paulo: Nacional. 1944

—. *Cartas escolhidas.* São Paulo: Brasiliense, 1959. 2 v.

—. *Conferências, artigos e crônicas.* São Paulo: Brasiliense, 1964.

—. *Hans Staden:* suas viagens e cativeiro entre os índios do Brasil. Cia Editora nacional, 1945.

—. *Monteiro Lobato vivo.* Cassiano Nunes (Org.). Rio de Janeiro: MPM-Record, 1986.

—. *Obra infantil completa.* Edição do centenário. São Paulo: Brasiliense, 1982.

—. *Urupês, outros contos e coisas.* São Paulo: Nacional. 1943.

MELLO NETO, João Cabral. *A educação pela pedra.* Rio de Janeiro: Editora do Autor, 1966.

MOREIRA, Pedro Paulo. Conversando sobre Lobato. In: LOPES, Eliane Marta Teixeira et al. (Org.). *Lendo e escrevendo Lobato.* Belo Horizonte: Autêntica, 1999.

MORUS, Tomás. *A Utopia.* Porto Alegre: L&PM, 1997.

NAXARA, Marcia Regina Capelari. *Estrangeiro em sua própria terra:* representações do brasileiro 1870/1920. São Paulo: Annablume, 1998.

NUNES, Cassiano. A correspondência de Monteiro Lobato. *Letras de hoje,* Porto Alegre, v. 15, n. 3, p. 61-85, set. 1982.

— O último sonho de Monteiro Lobato: o georgismo. In: ZILBERMAN, Regina (Org.). *Atualidade de Monteiro Lobato:* uma revisão crítica. Porto Alegre: Mercado Aberto. 1986.

—. Monteiro Lobato e Anísio Teixeira: o sonho da educação no Brasil. *Letras de hoje,* Porto Alegre, v.19, n.2, p. 25-54, jun. 1986.

PRADA, Cecília. O Andersen da América Latina. Disponível na Internet. SESC on line. 07 agosto 1997.

QUEIROZ, Maria José de. *Os males da ausência ou a literatura do exílio.* Rio de Janeiro: Topbooks, 1998.

RICOEUR, Paul. *Ideologia y utopia.* Barcelona: Gedisa, 1997.

ROUSSEAU, J.-J. *Oeuvres complètes.* Paris: Seuil, 1971. v. 3 (*Émile ou de l'éducation*)

TROUSSON, Raymond. *Voyages aux pays de nulle part:* histoire littéraire de la pensée utopique. Bruxelles: Éditions de l'Université de Bruxelles, 1979.

—. *D'utopie et d'utopistes.* Paris: L'Harmattan, 1998.

Utopie: la quête de la société idéal en Occident. Exposição da Biblioteca Nacional da França, 2000. Disponível na Internet.

VECCHI, Roberto. Algumas trilhas dannunzianas no pré-modernismo brasileiro, *Remate de males,* Campinas, n. 18, p. 123-150, 1998.

ZILBERMAN, Regina. Monteiro Lobato e a aventura do imaginário. *Letras de Hoje,* Porto Alegre, v. 15, n. 3, p. 35-46, set. 1982.

Amigos escritos
&
Monteiro Lobato:
um utopista na Jecatatuásia
de
Sueli Tomazini Barros Cassal
volume 35 da
Coleção Memória
foi produzido por
Giordanus
para a
Oficina do Livro Rubens Borba de Moraes
e
Imprensa Oficial-SP,
que se incumbiu da produção gráfica.
Primavera de 2002.
São Paulo.